みかん一座

輝け瞳！

この指とまれの35年

この指とまれ！
すべてはそこからはじまった。

はじめに

♪みかんの花が咲いている～

「みかんの花咲く丘」を、南海放送のアナウンサー採用試験で大声で歌ったのは昭和55年（1980）の秋、早生みかんのおいしい時期でした。そして、「私は自分の故郷で、人と人が手をつなぎ、心をつなぐヒューマンチェーンの輪を広げたいと思います」と、緊張しながら話しました。

次の年の春、私はアナウンサーとして南海放送に入社し、その3年後の昭和59年にアマチュア・ミュージカル劇団「みかん一座」を仲間と立ち上げました。

みかん一座は、愛媛の特産品「蜜柑」と、「未完成」をかけてつけた名前です。ふるさとの人たちが夢のかけらを持ち寄って、足りないところは助け合い、手をつないでひとつの夢に向かっていけば、きっと花が咲き、実をつけることができる……そんな思いを込めています。そして合言葉は「サンシャイン・アイズ～輝け瞳！～」。

26歳だった私は、娘から妻に母に……と、どんどん変化していき、そんな中で見える世界も変わっていきました。また、仕事を通して出会った多くの人たちやできごとから心が熱くなる感動があり、どうしても伝えたいと思うことが次々と出てきて、それをミュージカルという形で表現してきました。

愛媛の歴史や人物を題材にしたり、子どものいじめ、男女共生、高齢化、災害、戦争と平和、ひきこもり、市町村合併、地球環境などのテーマにも取り組んできました。

今年（平成30）8月1日に35年目に入ったみかん一座。これまでにたくさんの作品が生まれ、それぞれの時代でメンバーは変わっていきましたが、一緒に汗をかき、みかん一座をつないでくれた人たちは、年齢もさまざまなら、職業もさまざま。子どもたちのお母さん方も裏方として公演を支えてくれました。正確な数を数えたことはないのですが、おそらく延べ人数にして3000人を超える人たちが、役者やスタッフとして関わってくれたと思います。障がいや国籍も越え、多くの人が手をつなぎ、心をつないできました。

アナウンサーの仕事と、みかん一座の活動。それは、私にとって両輪だったように思います。ただ、どこまで行くとかゴールを定めることなく、目の前のことをひたすら必死で頑張りました。ひとつひとつこつこつと……。

そうしているうちに、長い年月が経っていたのです。

私は4月に還暦になり、南海放送を定年退職いたしました。それを機に、みかん一座のことを記しておこうと思いました。旗揚げ公演からすべてを知っているのは私だけですから、みかん一座がどんなことをしてきたのか、それを整理して、きちんとした記録にしておきたい、今しなければ、「いつか…」は来ないかもしれないから。

この本は、オールカラーで240ページあります。たくさんの写真を載せていますので、書籍というより、ぶ厚い雑誌のように感じる方が多いかもしれませんが、そのようにした理由は、出演してくれた人たちの姿をアルバムのように残したかったからです。パンフレットはいつも白黒でしたから、せめて最後は一人ひとりの顔がわかりやすいよう、その時その時の場面が鮮やかによみがえってくるようにしたかったのです。

膨大な写真を整理しながら、みんなの顔が浮かんできて胸が熱くなりました。


一緒に泣いたり笑ったりして頑張った仲間たち。一度だけの人もいれば25年以上続けてくれている人、天国に逝ってしまった大好きな人たちもいます。

みかん一座はアマチュアの劇団なので、学業や仕事をしながらの、いわゆる部活のような集団です。稽古場は、南海放送の会議室をお借りしていました。こんなに長く活動ができたのは、稽古する場所があったこと、そして応援してくださる多くの方々がいたおかげです。

この本をまとめるにあたって、メッセージを寄せて下った方々、思い出話をしてくれた仲間たち、作業を手伝ってくれたメンバー、そして編集に携わってくださった皆さんに心から感謝いたします。

ありがとうございました。

平成30年8月吉日

みかん一座座長　**戒田　節子**

※みかん一座の活動はあまりにも多くのことがあり、私一人でそれを書き起こすのはとうてい無理でした。そこで、公演のいきさつについてはライターの川崎佳代子さんにインタビューしてもらい、第三者の目線で書いてもらっています。

contents

みかん一座　**輝け瞳！**　～この指とまれの35年～

みかん一座へのプロローグ

初めてのミュージカル？

私がまだおかっぱ頭の少女の頃、町内のクリスマス会で配られるバタークリームのケーキは嬉しいものでした。そのクリスマス会で出し物をすることになり、私は何をしようかと考えました。その時、こたつの上にどっさり盛られていたのが、みかん。私の実家はみかん農家なので、みかんに囲まれていたのです。思わず一つ取って、みかんにマジックで顔を描き、人差し指にさして手を動かしてみると、まるでみかんが踊っているようで♪ラララ～♪と歌っていました。

簡単な台詞を作り、クリスマスソングに合わせてみかん人形を踊らせて、友達数人と発表したのが、私の最初の小さな小さなミュージカルだったかな？

宝塚しらゆり組！

高校2年の時。3年生を送る予餞《よせん》会（送別会）でミュージカルのようなものをしようと、仲良しの女子に呼びかけ、宝塚しらゆり組を結成。ベルサイユのばらのマリー・アントワネットやオスカル、アンドレ、また女子が憧れていた3年生の先輩方の名前を使わせていただき、台本を書いて、当時人気だったテレビドラマ「われら青春」の挿入歌「青春貴族」をテーマ曲に、学園ミュージカルもどきを熱演しました。

バンドの名前も

東京での大学生時代、友達に誘われてバンド（3人組）に入り、ボーカルをすることになりました。ギターも練習しましたが、なかなか上達せず、カウベルを叩くくらい。

リーダーが作ったオリジナル曲を中心に、かぐや姫や風、イルカさんの曲を歌っていろんなところでコンサートをしました。

そのバンドの名前は、なんと、「オレンジハウス」。愛媛を離れて思い出すのは、やっぱりみかん山だったのです。

ミュージカルって面白い！

大学時代、お店のサテライトでディスクジョッキーのアルバイトをしていた時、ある人に劇団四季の研究生のオーディションを受けてみないかと言われました。アナウンサー志望だった私は、「いろんなことを学んでみたい」と思い挑戦。幸い研究所に通えるようになり、そこで発声練習やクラシックバレエ、地唄舞、体力作りなどを経験。ミュージカルの舞台裏を見る機会も得ました。

ただ、4年生だったので就職活動に突入し、約3カ月で研究所に別れを告げることになりました。

南海放送で4年ぶりにアナウンサーの募集があり、両親と「卒業後は帰郷する」約束をしていた私は、入社試験を受けることに。当時、劇団四季の主宰者だった浅利慶太先生は、「これからは地方の時代だから、自分のふるさとで自分が経験したことを生かしなさい」と励ましてくださり、その言葉は私の心に深く残りました。

入社13年後、浅利先生と再会
（平成30年7月ご逝去）

たった3カ月だったけど、どんなことをレッスンしているのか、入り口だけでも経験できたことは貴重でした。そして、授業の一環で日生劇場に行き、生まれて初めて観たミュージカルが「赤毛のアン」でした。久野綾希子さんのアンに魅了され、舞台の全てに目がまんまる。楽しくて、会場を出てからも心が躍っていました。

みかん一座 旗揚げ公演

サンシャイン・アイズ

【公演日】昭和59年（1984）12月21日
【会　場】松山市民会館 中ホール

作・演出／戒田 節子

若者たちが輝く場所を！

節ちゃんが南海放送に入社したのは、昭和56年（1981）。その頃、ラジオはまだ、若者たちの間で憩いの場だった。入社して間もなくラジオの深夜番組やサテライト番組を担当した節ちゃんのもとには、毎日、中高生たちからたくさんのハガキや手紙が届いた。恋愛相談、友達や家族のこと、詩を書いていたり、夢を綴っていたり。毎晩、節ちゃんは彼らにいろんなことを語りかけ、サテライトスタジオに毎週集まってくる若者たちとふれあい、リスナーとの関係はどんどん深くなっていった。

当時、若者たちは、無気力、無関心、無責任、無感動など、三無主義、四無主義と言われていた時代だった。しかし、節ちゃんは彼らと接する中で思った。「若者たちの体には、エネルギーが溜まり、心は何かを求めている。だけど、何をすればいいのか、わからないんじゃないか」と。ならば、夢を持って情熱を燃やせる場所作りをしてみようと、あれこれ考えた。

そして、思い出したのが、劇団四季のミュージカル。

「観てあんなに楽しかったんだから、やってみたらどんなにか楽しいだろう。私の周りには、ミュージシャンもいれば、ダンサーもいる。そうだ！ ミュージカルをやろう！」昭和59年の春の初めだった。（川崎）

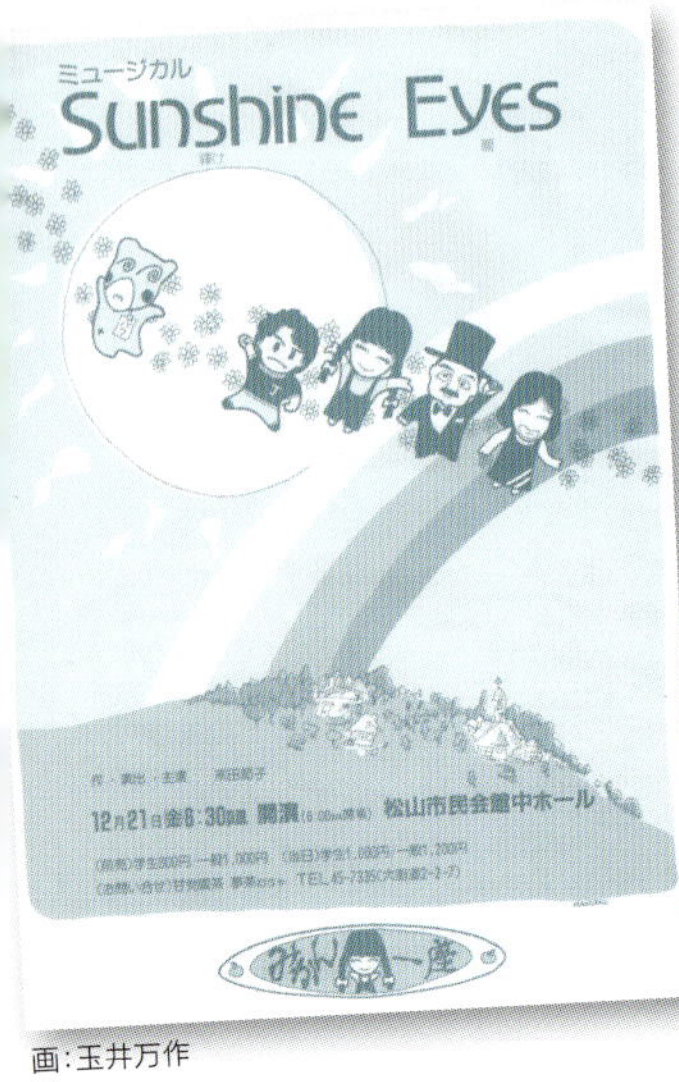

画：玉井万作

サンシャイン・アイズ

ものがたり

虹の上に立って、空に絵を描く

　アミは、空に自由に絵を描きたいと夢見ている女の子。みんなから変人だと思われている。恋人は大工のジュン。彼は、アミの夢を叶えたいと、空へ上る梯子《はしご》をアミに秘密で作っていた。

　ある日、公園に咲いているコスモスの花を青色に描いたことで、アミは友達からいじめられた。

　みんなに、おかしな子！とひどくいじめられ、一人で泣いていると、あしながおじさんが現れる。「君の夢を叶えてあげる」と、持っていた杖を振ると、きれいなドレスや靴が降ってきた。「これは私の夢じゃない」とアミは言うが、「おだまり！ そんな汚い身なりをして。不幸な君を私が幸せにしてあげる」と歌い出す。

♪誰よりもきれいなドレス
　誰よりも美しい笑顔
　誰よりも上品な言葉
　誰よりも誰よりも幸せ
　若い女は贅沢が好き
　若い女の夢はすべて
　この杖さえあれば
　何でも叶えられる♪

　そして、アミは強制的に家に連れていかれ、素晴らしい部屋でいろんなことを学び、誰もが羨《うらや》むようなすてきなレディーに変身する。あしながおじさんは、満足してお婿さんまで連れてきた。アミはこれでいいのだろうかとふと思うが、引き返すことができない。

　一方、恋人のジュンは、アミがいなくなってからずっと探し続け、やっと探し当てた時、結婚式の前夜祭が公園でにぎやかに行われていた。そこには、ジュンが完成させた梯子が立っていた。

「アミ、君はそれでいいのか。自分の夢を忘れちまったのか！」叫ぶジュンを男たちは追い払おうとするが、ジュンはポケットから絵筆を取り出し、「おれは、この手で虹を描く。その上に乗ってアミは自由に絵を描け！」と必死で梯子を上っていく。しかし、ジュンは男たちに引きずり降ろされ、倒れ、動かなくなってしまった。アミは、ジュンを抱きしめ、絵筆を持っていた手を握りしめた。

　アミは、あしながおじさんにきっぱりと別れを告げる。そして、新しい朝、アミは元の身なりで、梯子に上ると、絵筆を掲げ大きな虹を描いた。

　そして天国のジュンに向かって、「虹の上に立って、空に自由に絵を描かせてもらうわ！」と叫んだ。

虹の橋で結ばれた仲間たち

音　楽／和田 耕一
振付協力／宮内 正子
舞台監督／有光 伸介

サンシャイン・アイズ
〜輝け瞳〜

〈作詞・作曲　宇佐元 恭一〉

いつになく 心が
透きとおる さわやか 気分さ
ゆうべの涙は 大空へ
いつしか 帰ったのだろう
胸いっぱいに 緑の風を
吸いこめば 昨日とは 何かが変わる
君の瞳 もっと輝け
Sunshine eyes in your Heart

昨日まで苦しみ 悩んでいたこと それは
とっても大事な ことなのさ
決して 無駄なんかじゃない
野に舞う風の中で 未来に
輝く自分を 取り戻そうよ
君の瞳 もっと輝け
Sunshine eyes in your Heart

サンシャイン・アイズ

運命の出会い？

私が東京から松山に帰ってきた年、ある女性が東京から松山にお嫁に来ました。私たちは、近くに住んでいたのですが、そんなことは全く知る由もなく……。

初めて出会ったのは、「ペガサスの朝」がヒットした五十嵐浩晃さんのコンサートがあった松山市民会館の楽屋でした。

彼女はフリーライターをしていたので雑誌の取材、私はラジオのインタビュー。

取材が終わって、私たちは話しているうちに意気投合。同い年。家も近所。なんだか運命の出会いかも？ なんて思いました。

彼女の名は松田恵美子、その後、エメという愛称の初代制作担当になるのです。

みかん一座の旗揚げ公演「サンシャイン・アイズ」で配ったパンフレットは、メンバー手作りのユニークなものでした。結成から公演までの143日間を54の日記でつづっています。その中からいくつかの日記を交えながら公演までの様子をお話しします。

パンフレットの日記より

このパンフレットに書いていたメンバーの日記の中から抜粋します

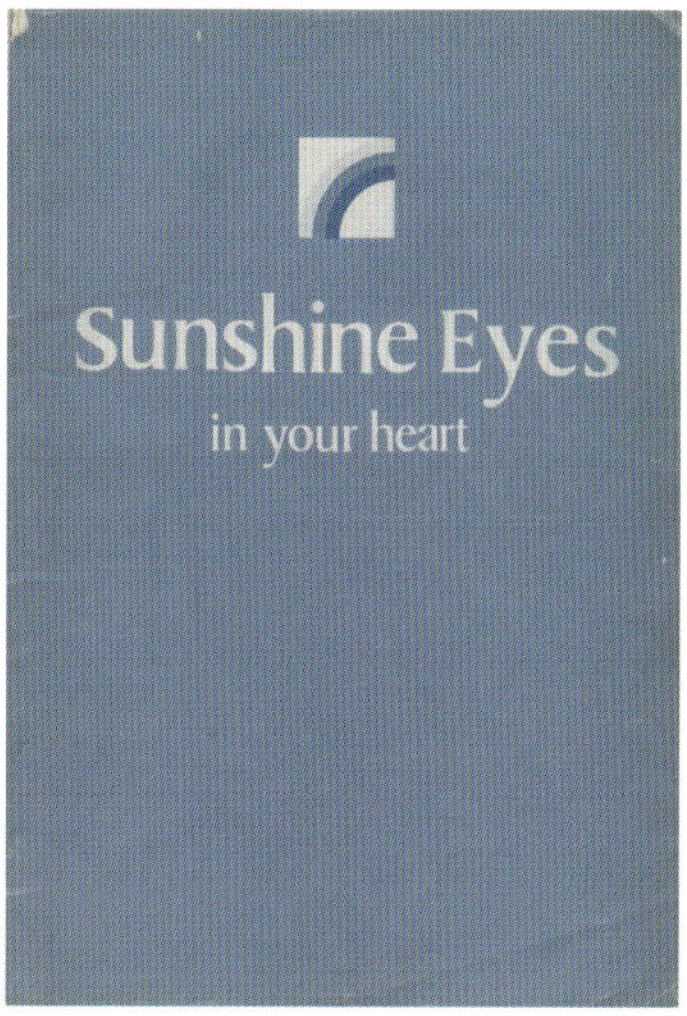

当時のパンフレット

■エメ（松田恵美子）の日記／脚本完成

私の住むマンションに毎日のように訪れていた節ちゃんが、突然難題をふっかけてきた。「ミュージカルをしようと思うんよ」できっこないわヨと答えるつもりが、昔の夢にひっかかり「やってみようか」と返事をしてしまった。

どんな脚本にしようかとケーキを食べながら思案していた時、

「ねえ、節ちゃんの夢ってなあに？」と尋ねると、彼女は

「私の夢はね……虹を架けること！」そう言ったかと思うと、つま先立ちになり、両手を天井に向かって高くかかげた。

「うん。虹をかけよう」そうつぶやくと彼女はケーキをわしづかみにして口に放り込み、そそくさと帰ってしまった。

数日後、目を真っ赤にした節ちゃんが持ってきたのは、1冊のノート。

「昨夜どうにも止まらなくて、寝ないで一晩で脚本を書いたの。朝方、クライマックスのシーンを書きながら、涙が出てしかたなかったんよ」という。私は、びっくり！ 開いた口が……。

タイトルは、「サンシャイン・アイズ！」自分の信じた夢に向かって、輝く瞳で生きていこうというメッセージが込められたものだった。

「サンシャイン・アイズ」は、シンガーソングライター・宇佐元恭一さんの歌のタイトルでした。ラジオ番組のインタビューで知り合って以来、宇佐元さんの歌に感動。「サンシャイン・アイズ」をテーマ曲にして、脚本を書きたいと思いました。そして、ミュージカルの始まる前とフィナーレに、歌って踊ろうと考えたのです。

さあ、脚本ができたら、スタッフや役者も集めないと……。ミュージカルは、音楽とダンスが大事。そこで音楽は、以前「ふくじゅ草」という姉弟デュオでプロデビューしたことのある、同い年で気心の知れた耕ちゃん（和田耕一）。振付は、憧れのダンサー、宮内正子さん。そして、私と同じ26歳前後の裏方メインスタッフが10人ほど集まりました。

■エメの日記／この指とまれ

節ちゃんは腕のいい「必殺夢仕掛け人」だった。彼女には、ちょっとした勇気と「やってやれないことはない」と信じる気持ちがあったのだ。

「ミュージカルやりたい人、いませんかあ」一人の声が石を投げこまれた池の波紋のように広がった。口コミが走った。友達が友達を連れてきた。

若い人が何かやるんなら、ちょっと知恵を貸してやろうじゃないか、という気持ちの若いオジサマ、オバサマもいた。

■戒田節子の日記／応援団登場！

ビールで顔を赤くしたヒゲの泉浄彦オジサマ。アナウンサーの先輩で演劇の経験もある方です。ミュージカルをやりたいと話し、協力を依頼すると、厳しい目つきで一言、「それは非常に難題じゃわい」。でも協力は惜しまないと言ってくださった。やったー！

大街道の甘党喫茶「夢茶」の中出絢子さん曰く、「やりたいと思ったときにやることが大切。すごく大変やけど頑張ってみなさい……応援するさかい」やさしい京都弁に勇気をいただきました。

そこで、喫茶夢茶を会議室にさせてもらい、劇団運営のこと、役者集めのこと、これからどう進んでいくかなど、何度も集まっては話し合いました。

このころ、劇団の名前がなかったので、みんなであれこれと出し合ったのですが、なかなか決まりませんでした。それでみんなの宿題にし、後日、発表することにしました。耕ちゃんはこの発表の時のことを、

■和田耕一（音楽担当）の日記／劇団名は？

……メンバー一同が緊張の中で耳にしたのは……「名前は、みかん一座！」という座長の高らかな声。そこでみんなは、ダーとこけました。「かっちょ悪ーい」「ださーい」「カタカナの名前の方がええ」「一座なんて変！」などなど、非難ごうごうの中、節ちゃんは顔を真っ赤にして、「これが私たちに一番似合うと思うんよ。みかん一座は、私たちのふるさとを象徴するみかんと、未完成をかけた名前なんです！」と泣きそうな顔で訴える姿に、みんなはうなずくしかなかった。独断と偏見で劇団の名前をみかん一座にすると節ちゃんが言い出した時、僕はハッキリ言って全身の力が抜けてしまった。それにしても、あの時の彼女の熱意はすごかった。あの迫力だけで決まってしまったようなものだけど、せめてMIKANZAくらいにして欲しかったな。

季節は、初夏。山では、みかんが小さな緑の実をつけていました。

名前が「みかん一座」と決まり、私は、言い出しっぺなので、座長。脚本書いたから演出も担当と言われ、「ええけど……」簡単に引き受けてしまいました。しかし、それがどれほど大変なことか、その時はわからなかったのです。

その後、公演日と場所が決定しました。

サンシャイン・アイズ

■エメの日記／夢は大きい方がいいけど……

「会場は松山市市民会館の中ホール」と節ちゃん。「エッそんな大きなところでやるのォ?」「だって一生に1回、あるかないかのことやろうとしているんよ」「まあ、夢は大きい方がいいけど……」「日にちは12月21日しか空いてないの」「そっちは、あと5カ月もあるもんね」
恐ろしい判断は、無知より生まれる。

本当にその通り。私たちは無知でした。無知だったからできたこと、つまずいたこと、苦しんだこと……いっぱい経験しました。

1984年8月1日 みかん一座の誕生日

「ミュージカルする人、この指とまれ!」と、ラジオで呼びかけたり、裏方スタッフが知り合いに声をかけたりして、舞台に出るキャストを募集。早く練習を始めなくては……と、8月1日に1回目の集まりをすることにしました。

当時、道後樋又にあった南海放送のテレビスタジオを貸してもらい、高校生から20代の若者たちに来てもらったのです。

■大谷恵子の日記／運命は決まった!

節ちゃんに「とにかく見学しにきて」と誘われた。8月1日、その日、10人あまりの前で節ちゃんは脚本を片手に一人で歌い、ステップを踏み、床にひれ伏し、暴れ回った。延々2時間……。帰りがけに「レッスン日は週3回、夜2~3時間。必ず来てね」と言われ、お尻のしびれに負け、思わずコックリ。節ちゃんの迷演技に私の運命は決まった。

その後、基礎的な練習をしていくうちに30人ほどのキャストが集まりました。とはいっても、「ミュージカルって何なん?」という人ばかり。34年も前のことですから、愛媛ではミュージカルを見る機会はほとんどなかったのです。ゼロからの出発……、いえ、マイナスからの出発でした。

8月半ば、テーマ曲「サンシャイン・アイズ」の振り付けが決まり、2時間ビッチリ踊りに明け暮れました。宮内先生のしなやか、かつ機敏な動きについていけず、メンバー一同真っ青! 夏の暑さの上にみんなの熱気が加わり、閉めきった稽古場はサウナ同然。汗の上にさらに汗をかき、着ているものはびしょ濡れです。

9月、キャスティングの発表です。「ぶたかん」も登場しました。芝居には舞台監督という役目の人がいます。しばらく存在しないまま練習していたのですが、とうとう見つけたのです。「アイツは責任感の強いやつだから」と泉さんが推選してくださった方で、一見、恐そうだったのですが、実際は冗談だらけのやさしい人。私もやっと「鬼の役目」を有光さんに引き渡せました。

芝居に出てくるそれぞれの役が発表され、私はアナウンサーなのでみんなより声が出て演技もできるだろうと、主役のアミを仰《おお》せ付《つ》かりました。

さあいよいよ、芝居の稽古、はじまりはじまりー！

■片岡智恵美の日記／私は女優！

代役でピチピチギャルをやりました。嬉しかった！ でも本当の役はおそうじばあちゃん。あたし、やっぱりおばあちゃんが似合ってるみたい。燃えろ！ いい女、燃えろ、おばばぁ！

■節子の日記／大変、大変！

練習が進んでいくうちに、ぶたかんの有光さんが顔を見せなくなった。アミの演技をしながら、私は演出、ぶたかんの役を一手にこなさねばならない。「私は18歳のアミ」なんて、可愛い声でニコニコしていたかと思うと、突然「こら一郎！ もっと真剣にやれ！」と怒鳴り、次にはパンパンと手を打ち、「次は〇〇の場面、引き締めていこう！」とみんなの気分を変え、またアミに戻って踊り出すという具合で、その早変わりは、自分でも特技としか言いようがない。

■米田和久の日記／帰ってきたぶたかん

「ぶたかん」の有光氏が練習に顔を見せなくなってしばらくたち、その理由がわからないだけに、彼に何かあったのだろうか、それとも私たちに落ち度でもあったのだろうかとたまらなく不安になる。……ある日、エメと一緒に彼に会いにいくと、奥さんのオメデタのことを告げられた。それと、ちょっとした行き違いがあったことも言われ、やがて練習に戻ってきてくれた。

キャストの重要な人物にあしながおじさんがいました。ところが、当初決めていた人が出られなくなりました。さあ困ったぞー！ あしながおじさんを探しながらも、練習は一場ずつ進んでいきました。しかし、この役をこなせる人はそうそういるものじゃありません、が……いたのです。南海放送のテレビディレクター、弘岡さん。

■エメの日記／あしながおじさん登場！

待望のあしながおじさんが見つかった！ すてきな低音。落ち着いた仕草。それにしてもオジサマ、節ちゃんがあしながおじさんに要求していた絶対条件「短足」をご存じなのであろうか？

稽古は、南海放送のスタジオや公民館などを借りていましたが、やがて、美しくて広い麻田スタジオに移ることになりました。振り付けの宮内先生の友人でもある麻田祥江先生の「若い人たちが何かに挑戦する姿は大好き。できることは応援してあげたい」という気持ちに甘えさせてもらうことにしたのです。私はそこをさらに一歩踏み込み、「麻田先生もお芝居に出てください」とやや強引に先生を引き入れました。まさか、自分も一緒に舞台に立つことなど考えてもいなかった先生はちょっとためらっていましたが、「気持ちの若さは負けないつもりヨ！」と参加してくれることになりました。アミにダンスを教える先生役。ぴったり！

■金沢美由樹の日記／愛しき高校生たち

練習の後、高校生の子たちと話した。みんなしっかりした進路を決め、思ったより大人なのには感心した。彼らと話していると、なぜかさわやかな気持ちになるのは、将来に対する熱意を感じるからだろう。このミュージカルがみんなにとって素敵な出会いの場であったことを何よりもうれしく思う。

メンバーの中には高校生が8人いました。今のように自由に課外活動ができた時代ではなく、保護者の許可はあっても、学校からも許可をもらわないといけないということになり、それぞれで先生にお願いをしました。

■テルの日記／教頭先生に褒められる

僕は許可証をもらうため、職員室に行って担任の先生に話すと、教頭先生のところまで話が行き、僕は教頭先生にミュージカルの詳しい話をすると「今までにこんなことで許可証をもらいに来た生徒はいなかった。よく許可証を取りに来た」と褒められてしまいました。

テル君のように、許可を出してくれた学校もあれば、出なかった女子校もありました。役も決まって練習もしていたのですが、彼女たちは、自ら舞台の裏で支える役目をしてくれました。

私たちは右往左往しながら、練習を重ねていきました。学生と社会人の集まりですから、学校や仕事が終わって夜の時間。いろんな事情で来られないこともあります。また、芝居も歌もダンスも、何もかも初めてのメンバー。とにかく時間がかかるのです。私も演出なんて初めてで、自己流だし……。

舞台の稽古が終わったら、スタッフ会議

舞台の稽古と共に、大道具や小道具、衣装作り。チラシやチケット、パンフレット作り、チケット売りや、広告集め……全てを自分たちの手で行いました。アマチュア劇団では、そんなことは当たり前なのですが、私たちにとっては初めてで、戸惑うことばかりでした。

このミュージカルは手作りとはいえ、会場費、制作費、印刷費、衣装代などいろいろお金がかかります。スポンサーを募らなくてはと、会議を重ねる日々が続き、エメが「広告お願い文」を作り、それを持って広告集めに走り回ることになりました。これが思った以上に大変で、いろんなところに行って頭を下げる日々。会社の中で、営業の人たちがどんな思いでがんばってるか、少しわかったような気がしました。

大道具担当の3人は、勤めていた会社の寮の駐車場で作業をしていましたが、公演の1週間ほど前から、私の実家の庭に作業場を移しました。寒い冬です。庭に石油ストーブを置き作業をする若者たちに、母があったかいラーメンを作ってくれました。私が稽古を終えて帰ると、まだ彼らがいて頭が下がりました。

大道具が完成したのは、なんと公演当日の朝。徹夜で仕上げてくれたのです。

■節子の日記／ああ、時間が欲しい！

12月1日。
このあわただしさはどうだろう！
あと3週間しかない！
できるなら、あと3カ月は欲しい。

■エメの日記/我が家が編集室に!

午前3時。いつも思う。なぜ間際にならないとできないのだろう。焦りはあるが、もう後悔なんてしていられない。眠い目をこすりながらも机に向かう、スタッフメンバーの背中にひたすら感謝。

当時、パンフレット制作チーフのエメの家は、旦那(カズさん)が面河中学校に単身赴任中。体育の先生でした。それで、エメの家を編集室に、スタッフが幾晩も集まり、作業をしたのです。ある深夜、カチャッと玄関のカギが開きました。入ってきたのは、この部屋の主、カズさん! 私たちも驚きましたが、一番たまげたのはカズさんだったでしょう。愛する妻に会いに帰ったら、見知らぬ男たち(私たち女もいました)が大勢いるのですから。今は笑い話になっています。

パンフレットは、この公演の全てを記しておきたい、みんなの思いを残しておきたいと、遊び心を加えながら知恵を出し合って作ったものです(久しぶりに隅から隅まで読みながら、あの青春の頃がよみがえりました)。

初めてのミュージカル「サンシャイン・アイズ」

1984年(昭和59年)12月21日がついに来ました。

1日で、仕込み・リハーサル・本番・そして打ち上げを一気に行いました。今では絶対に考えられないスケジュールです。

公演当日は寒い日でした。松山市民会館中ホールいっぱいの観客に見つめられながら、精いっぱいの演技。

フィナーレを迎えた時、あたたかい拍手の中で全員の目に涙が光りました。みんなの心に「やればできる」という自信と勇気が湧いていたのです。

舞台の幕が下りようとする中で、一人ひとりがみかん一座の役者から自分へと帰っていきました。それぞれの心の中に、いろんな思いを溢れさせ……。

みかん一座のメンバーは、暑い盛りの夏に出会い、秋を通り抜け、そして冬。共にいくつかの季節を過ごしてきました。何もないところから、夢のかけらを持ち寄り、ミュージカル公演という一つの大きな夢に懸けた5カ月間。情熱だけで走り続けた日々の支えとなったのは、一人ではない、ということでした。手をつなぎ合う仲間がいたから完走できたのです。そして、多くの人たちの応援があったからこそ、みかん一座は夢に向かい、虹をかけることができたのです。

公演後、メンバーがロビーに出て、お客様全員に私の父母が作ったみかんを配りました。みかんを手にして笑顔のお客様。みかんも、笑っているようでした。

お客様を送り出し、片付けをして、当時市民会館にあった食堂で打ち上げ。

そして、すべてが終わり、みんなが帰って外に出ると、白い雪が舞っていました。

きれいだった……。その中で私は一人で踊り続けました。

大地に根ざした味

身体感覚教育研究者
松田 恵美子

次の年の春。

私は夫の転勤に伴って、突然、愛媛を離れることになった。

せっかくみかん一座を生み出したばかりなのに申し訳ないという気持ちと、節ちゃんなら、これからも一人でやれるという信頼が綯《な》い交《ま》ぜあって、節ちゃんの顔を見ても何と言って良いのか、戸惑うばかりだった。

できるなら続けてほしいけど、劇団を運営していくなんて、そんな簡単なことではないと、半年間で身に沁《し》みてもいたからだ。

そして、あれから長い年月が流れた。

私たちはそれぞれの道で夢を追い続けてきたのだろうか。

東京に戻った私は、愛媛で出会った鴻上尚史氏によるヒントで、東洋の身体観に基づいた身体の観方や使い方を伝える道を歩んでいる。

みかん一座は、いつの間にか、愛媛の土地に根ざし、新しい空気を生み出し続けてきた存在となった。

マンションの一室から始まった小さな集まりが、いつの間にか、多くの人たちを巻き込み、街のあちこちのイベントに神出鬼没となり、県政の方々の応援まで受け、地元に根ざした活動を続けている。

この奇跡とも思える道のりを辿《たど》れたのは、たぐい稀な節ちゃんの個性もあるが、彼女が人生を賭けてきたからだと、実は思うのだ。

きっと、その背後には、彼女を日常レベルで支え、献身的に応援し続けたご家族の存在もあったのだろう。

あっ、そうそう。

節ちゃんのお父さん、お母さんの作るみかんや野菜は、なぜか、デカくてダイナミックで、大地に根ざした味をしている。

節ちゃんの生き方を振り返ると、松山の畑寺の地から生まれた、この〝みかん姫〟も同じだなぁといつも思っている。

「輝け命!」公演より

旗揚げ公演から34年経った2018年4月の「輝け命!」公演に、東京からエメとご主人の和彦さんが帰ってきてくれた。

学生たちに長年、和太鼓を指導し、海外公演も行ってきた彼は、節ちゃんの還暦公演にお祝いの太鼓の演奏をしようと計画してくれた。みかん一座の還暦メンバーはこれを機に太鼓を練習し、本番では「還暦太鼓」を披露した。

座談会

（旗揚げメンバー編）

旗揚げ時のエピソード

進行 戒田 節子

肩書は劇団内での役割

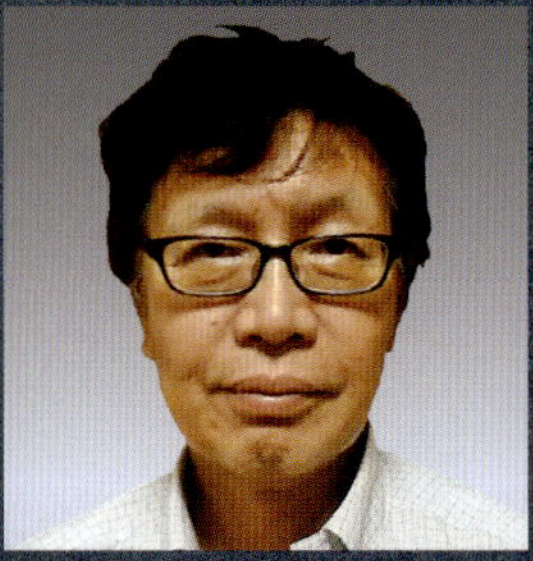

大道具・パンフレット
福田 隆

振付
宮内 正子

役者
村上 容子

役者
河端 恵子

何もわからないまま
熱い思いだけで突っ走った日々

知らない人が仲間になった

村上 私は当時、専門学校に通っていたんだけど、高校生の頃から節ちゃんのラジオを聞いていた。時々、ファンの集いみたいなのがあって、私はよく南海放送に行ってたから、みかん一座には当然のように入ったの。

河端 私は、33年生まれで節ちゃんと同い年。その頃銀行に勤めていて、以前からの知り合いだったから声かけてもらった。

福田 僕は広告代理店に勤めていた時で、お客さんが節ちゃんと知り合いで、ミュージカル劇団つくるんやと聞いて。僕も33年生まれ。みかん一座には戌年が多いよね。

河端 節ちゃんが引き寄せるんよ、きっと。

小池 僕は高校3年生の時で、音楽の和田さんから聞いて、裏方に興味あったから、友達誘って行ったら、自己紹介の後に即興芝居をさせられた。

恋愛中とか、デート中とか、そんな設定で。高校生で多感な頃やから、それは覚えとる。

河端 無茶振りやったね（笑）。

小池 参加していた高校生の中には、ラジオ番組「青春キャンパス」のスタッフもいたり……。

戒田 谷村新司さんと、ばんばひろふみさんがメインパーソナリティーの番組で、各県の放送局で高校生スタッフを募集して番組やイベントなんかをしてた

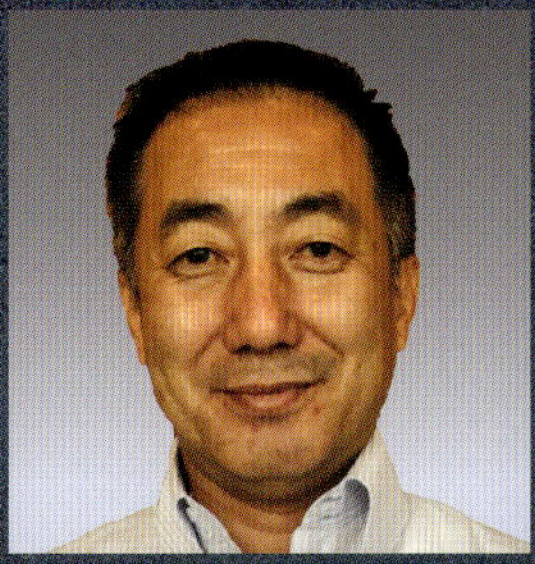

役者
小池 正照

の。私はキャンパスリーダーで高校生と一緒に活動してたから、声をかけたら何人か参加してくれたんよ。

河端　とにかく若い子が多かった。高校生、専門学校生、大学生。ＯＬも20代前半。私たち26歳組が一番上だったんじゃない？

戒田　劇団「こじか座」から助っ人で来てくれた、ジュンの役の神崎照彦さんが30歳だった。彼だけがお芝居をしたことのある人で、他の人たちは何にも芝居をしたことがない。

河端　神崎さんは、別格だったんやね。

戒田　神崎さんも入れて、役者の平均年齢は20歳ちょっとくらいだったと思う。

みんな　わか～い！

村上　初めは少人数だったけど、どんどんいろんな人が集まってきたよね。

戒田　南海放送からも、後輩アナウンサーの水戸千恵ちゃんや、他の部署の千恵美ちゃん、育ちゃん、ふじこちゃん、みゆきちゃん、いとちゃんが参加してくれて、キャストは33人。スタッフも入れたら全員で約50人くらいだったかな？

宮内　知らなかった人も一緒に汗を流して、仲間になっていったねえ。

みんな大好き ♪サンシャイン・アイズ

戒田　宮内先生は、実は初めは美容師さんとして知り合ったの。私は入社した年の秋からテレビのニュースキャスターをしていたんだけど、会社の近くに美容室があって、そこでいつも髪をきれいにしてもらってた。

宮内　そして、会話の中で、私がダンスをしていると知って、みかん一座の振り付けを……と声をかけてくれて。

福田　ミュージカルの振り付けは、初めてだったんですか？

宮内　初めて。いろいろ勉強になりました。私も何かしたいと考えてたんだけど、節ちゃんにキラキラとした瞳で、「やりましょう」と誘われた時、断る理由もないから、すっと入っていった。

村上　先生の最初の振り付けは「サンシャイン・アイズ」ですよね。

宮内　「サンシャイン・アイズ」を何百回と聞いて、振り付けを考えたんよ。テーマの「輝き」を表現するために、天に向かって手を大きく伸ばして……。でも、最初は難しかったみたいね。

福田　みんな、スキップとステップの違いがわからん（笑）。

村上　ボックスステップは、足だけの動きはできる。手だけでもできる。でも、一緒に組み合わせたら、どっちもできなくなる。

河端　男の子がひどかった。簡単なダンスでもできんのよ。

村上　最初のうちは、足がもつれよったよね。

小池　ダンスなんてしたことないけん、必死やったんよ。

宮内　今の時代だったら、ダンスは授業の中でもあるし、すぐに覚えられるけど、当時はみんなに気の毒でね。

戒田　でも、宮内先生の振り付けは、時代を超越して、今でも新しい感じがする。

村上　これを踊ったら、元気になれる気がする。

福田　みんなが笑顔になれるよね。

宮内　舞台の袖で観よったら、音響さんや照明さんも踊ってたりして……（笑）。

戒田　みんな好きなんですよ、この歌と踊りが。その後も、公演の時にフィナーレで踊るからテーマ曲のようになって……。みかん一座経験者の多くは、歌って踊れるよね。

村上　でもね、最近、スッと立ち上がって踊るんができんようになってきた。

戒田　お互い年も体重も増えたからねえ（笑）。

脚本に込められた思い

河端　「サンシャイン・アイズ」のお話の最後の場面は、主人公のアミが、恋人が命懸けで作った梯子を上って、絵筆を持った手を空に伸ばして虹を描くでしょ？　なんでそういうことを思いつくの？

戒田　ふっと場面が浮かんでくるの。自分でもよくわからんけど。

村上　あの中には、いろんなミュージカルが出てくるよね。

戒田　うん。みすぼらしい女の子が教育されて素敵な女の子になるところは「マイ・フェア・レディー」がモチーフ。「ロミオとジュリエット」「あしながおじさん」映画で見たり、本で読んだりして大好きな作品をミュージカルのところどころにちりばめてみたんよ。初めて書くミュージカル脚本だったけんね。

福田　「あしながおじさん」の設定がおかしかったなあ。

河端　本のあしながおじさんは、いい人だけど、こちらはねえ……。脚も短いし（笑）。

福田　そこに節ちゃんの言いたいことが含まれとったんじゃない？

戒田　あしながおじさんは、自分の価値観が一番正しいと思っている人。若い女の夢は、きれいな服をきて贅沢をして……それが幸せだと人に押し付ける。それも、お金ですべてが叶うと信じている。相手の気持ちは考えないで、自分はいいことをしていると満足する。

　一方、アミの恋人・ジュンは、貧しいけど一生懸命に働き、アミの夢を叶えることが自分の夢だと、梯子を作る。

河端　これって、両極端よね。

戒田　自分の本当の夢って？　幸せって？　と問い直してみたいなと考えたんよ。その頃、日本はバブルが始まるちょっと前で、何となく世の中が浮かれ気分になっていたような気がしたのかな？

河端　深い思いがあったんよねえ。その後もいろんな脚本書いてきたけど、それぞれにメッセージが込められていたね。

宮内　節ちゃんは、書く力があるよね。いろんな言葉が浮かんでくるのは、素晴らしい。

戒田　小学生の時代に、たくさん本を読んだからかな？　３日に１冊のペースで学校の図書館から借りて帰ってた時期もあった。本を読んでたら、頭の中で場面が浮かんできて、心が動かされていった。すごく楽しかったんよ。

河端　節ちゃんの想像力の広がりは、ハンパないよね。

戒田　私、「サンシャイン・アイズ」の脚本ができて、これでいいのかと、当時愛媛で、脚本のことなら坂本（忠士）先生！と言われていたので持って行ったんよ。そしたら、先生は読み終わった後「うーん。いいでしょう。私にはさっぱりわかりませんが、やってみなさい」と。

福田　ミュージカルという新しい脚本は、先生にも想像ができんかったんじゃないかな。

戒田　だから、もう何もかも自己流でするしかなかったの。

小池　主人公の名前はどうしてアミにしたん？

戒田　えへへ。最初、イチゴちゃんで書いていたんだけど、みかん一座でいちごは、紛らわしいなと思って、どうしようとあれこれ考えて。当時乗っていた車がダイハツAMIーだったので、その名前にしたの。

村上　節ちゃんが演じたアミちゃんがモデルとなって、みかん一座の「アミちゃんマーク」ができたんよね。

青春の時

戒田　それにしても、すべてが初めてで手探り状態なのに、よく公演できたと思う。

福田　ミュージカル公演で、一日で仕込みから打ち上げまで何もかもやってしまうなんて今では絶対に考えられん。音響・照明以外は、全部ど素人。当日できた道具を節ちゃんの実家からトラックで運んで……。

小池　僕は動物園のバクの役もしたけど、衣装は当日にやっとできたよ（笑）。

戒田　とにかくバタバタで、全員が必死だった。

河端　でも、本番はすごかったよね。松山市民会館中ホール、あふれるほどのお客様で。

村上　フィナーレで私たちも泣いたけど、お客さんも泣いてた。

宮内　客席は、おそらくミュージカルを初めて観る人がほとんどだったと思うんよ。

若者たちの情熱で作り上げた舞台に感動したんだと思う。

戒田　「サンシャイン・アイズ」は、1回だけの花火のような公演で、若者たちが「やればできる！」と自信をもってそれぞれの場所に帰り、そこで瞳を輝かせてがんばってほしい、と思ってた。

福田　でも、終わらなかったんよね。ていうか、終われなかった。

戒田　私にとって「サンシャイン・アイズ」は、みかん一座の原点。その時のことをこうして語り合える人がいるのは、本当に嬉しい。

村上　私は、その後活動を続けていたけど、仕事の関係で今は見守り隊。

河端　私は、結婚や子育てで長い間離れてて、公演は見に行ったりしてたけど、30周年記念公演から復帰。また青春が帰ってきたようで楽しいの。

福田　僕は、舞台に出ることもたまにあるけど、ずっとチラシやポスター担当。

宮内　私は、サンシャイン・アイズが終わってから、他の劇団の振り付けをしていたから、離れてしまったけど、みかん一座のことは見守ってた。ずっと、あの振り付けで踊ってくれてありがとう。

小池　僕は、みかん一座と再びご縁ができたのは、1995年の青年会議所全国城下町シンポジウムで、みかん一座が「春や昔十五万石の城下のまちで」を公演した時。

僕も松山青年会議所のメンバーで、節ちゃんに再会して「ベーくん！」（僕の愛称）と大きな声で呼ばれたときは、恥ずかしかったな（笑）。

戒田　ベーくんは、舞台に立つのは無理だから裏で応援するよ、と言ってくれて、その後、公演のたびに大きな協賛をしてくれてる。本当にありがとう。

小池　みかん一座は、僕の青春の大切な1ページやから。

プランタン ミュージカルシアター'86

吸血鬼 in ジャパン

【公演日】昭和61年（1986）7月10・11日
【会　場】松山市民会館 中ホール

作・演出／井上 佳子

みかん一座&イマジンで再びミュージカルを！

松山にあった「劇団MAD」を節ちゃんがテレビ取材した時に出会ったのが演出家の井上佳子さん。井上さんは、「サンシャイン・アイズ」の公演の話を聞くと一肌脱いでくれ、メイクを担当してくれた。

その後、井上さんから「ミュージカルって面白い。一緒にミュージカル公演をしましょう」と誘われ、その2年後の昭和61年（1986）、井上佳子さんの作・演出「吸血鬼 in ジャパン」を、みかん一座のメンバーと、井上さん関係のメンバーが一緒になり「みかん一座＋イマジン」として公演。

それが「劇団イリュージョン」の誕生となり、そこから多くの若者たちが巣立ち、プロの役者として活躍している。（川崎）

画:大森真貴乃

吸血鬼 in ジャパン

戒田さんと「吸血鬼 in ジャパン」

劇団イリュージョン代表　井上 佳子

戒田さんと私は、私のミュージカル作品第一作の「吸血鬼 in ジャパン」を、戒田さんの主役、私の演出で合同公演をし、戒田さんは吸血鬼と人間の間に生まれたヤヨイという少女を演じました。

ヤヨイは人間の青年と運命的な恋に落ち、自分の呪われた血筋の苦しみから死を選ぶという悲しく純粋な魂を持つ少女です。日本や外国の妖怪たちが面白く楽しく物語を膨らませ、宮内正子氏振り付けの、モダンで芸術的なダンスや、和田耕一氏の美しい曲など、素晴らしいスタッフと多くの出演者が集まり、公演は大きな反響を得ました。

戒田さんが演じたヤヨイの、純粋で可憐なたたずまいと秀れた歌唱力、そして心を打つ演技は満員の観客を魅了し、私の代表作の一つとなりました。その後、劇団イリュージョンとして県外、県内で何度も再演しました。

戒田さんとの合同公演直前の私は、劇団MADのメンバーでしたが、自分の劇団を作ろうとしていた矢先で「吸血鬼 in ジャパン」を契機に劇団イリュージョンを立ち上げ、第一作と位置づけました。

「吸血鬼 in ジャパン」を戒田さんと制作した日々は、熱くほとばしるようなエネルギーが満ち溢れていて、私の60年の演劇歴のなかでも強く心に残っています。

戒田さんのこれからは、第二の人生の幕開けですね。ヤヨイが蘇生し、新たに歩み始めたように、戒田さんもより自由に、いつまでも好きな演劇の道を歩んでください!!

当時のパンフレットから

企　画／戒田 節子
音　楽／和田 耕一
振付協力／宮内 正子
舞台監督／広岡 寧彦

プランタン＆UP GARDEN ミュージカルシアター'87

心に灯りがともるまで

【公演日】昭和62年（1987）12月16・17日
【会　場】愛媛県県民文化会館 サブホール

作・演出／戒田 節子

日本に、愛媛に、ミュージカルブームがやってきた もう一度やりたい！ みかん一座のあったかいミュージカル

1980年代初頭、本場ブロードウェイやロンドンからやってきた人気ミュージカルが、東京、大阪で上演され、国内にブームが巻き起こる。松山でも、本格的なミュージカル、ブロードウェイや劇団四季の「コーラスライン」が上演されて話題を呼んだ。

そのころ1回限りの公演のつもりで作ったみかん一座だったが、南海放送のTVニュース番組「スケッチスペシャル」で、初めてドキュメンタリー番組を作った節ちゃんは、自分の夢を追って奮闘する若者と出会い、彼の情熱に心を揺り動かされた。

そして書いたのが、夢を持つ若者たちが登場するこのストーリー。みかん一座は、時代の熱気に呼応するように活動を再開した。

（川崎）

画：青木のりあき

心に灯りがともるまで

ものがたり

夢を追う若者たちが集うアパート〝希望荘〟に、事件が起きた！
花ばあちゃんのラストコンサートがたぐり寄せる途切れた恋

裸電球の灯る下町の、おんぼろアパート「希望荘」には、ダンサー・龍、落語家・こやし、メイクアップアーティスト・染子、女子プロレスラー・しじみが住んでいる。この若者たちはまだまだ駆け出しだが、皆、明日を夢見て頑張っている。しかし現実は厳しい。

そんな彼らを温かく励ますのが、アパートの側で屋台を営む花ばあちゃんと、花の昔なじみのとめ吉じいさん、とめ吉の元に身を寄せる旅の風船売り、「ふうせんの寅」こと寅五郎、そして、花に引き取られて希望荘に住む孤児のもも子。

ある日、希望荘に事件が起こる。花ばあちゃんが倒れたのだ。

若者たちは、とめ吉から花の過去の話を聞く。彼女の余命が短いこと、若い頃は売れっ子歌手で、そのステージのラストは必ず正三という恋人に捧げる歌を歌っていたこと、その正三が悪者にだまされ、街を出て行ったこと、花は、彼と暮らした場所に店を構えて、行方不明になった恋人の帰りを今も待っていること……。

話を聞いた若者たちは「花ばあちゃんに思い出の歌をもう一度ステージで歌ってもらおう！」と奮闘する。

そしてクリスマスイブの晩、奇跡が起こる。花のラストコンサートに正三が来ていたのだ。

正三は、花の気持ちを確かめる勇気を持てずに、長年会いにくることもできなかった。しかし偶然コンサートのチラシを見つけやってきたのだ。

花はコンサートのラストソングを歌っている最中、客席に正三の姿を見つけた。

見つめ合う2人。たぐり寄せられるように正三はステージに上がっていった。ただ正三だけを見つめて歌う花。歌いきったところで、正三の腕の中に倒れ込む花。

花が亡くなったあと、もも子が屋台を継ぎ、若者たちは再び、自分の夢に向かう日々に戻る。

音　楽／和田 耕一　泉屋 哲治
振付協力／田村 美恵子　堀内 紫代
舞台監督／広岡 寧彦

♪ ここは下町一丁目

作詞／戒田 節子　作曲／和田 耕一

ここは下町一丁目
裸電球の灯る町
夢を袋に詰め込んで
風に運ばれやって来た

そこでみつけた
おんぼろアパート
名前はなんと希望荘
見知らぬ同士が 集まって
肩を寄せ合い 生きている

ダンサー・龍

落語家・こやし

メイクアップアーティスト・染子

女子プロレスラー・しじみ

オーディション不合格だ!

諦めずにがんばるんよ

（これがみかん一座のお誕生日の踊りとなった）

お花ちゃんは
命が短いんじゃ

おばあちゃんのラストステージ

夢ふくらませて、
風船飛ばせよ!

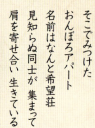

会館から叱られるほど立派だった「希望荘」

この公演で最も印象に残っているのは、「希望荘」のセットのことです。前年に落成したばかりの真新しいホールに据えた「希望荘」は、舞台の大道具というよりも、本格的な二階建ての建築物さながらでした。

公演会場になった愛媛県県民文化会館は、日本を代表する建築家・丹下健三さんの設計で、昭和61年に完成した西日本最大級の多目的ホールでした。竣工当時はずいぶんと話題を呼んだものです。

そこに搬入された舞台セット「希望荘」は、書き割りといわれるベニヤ板で造られた背景画や大道具とは異なる太い柱や梁《はり》を持ち、窓枠に人が何人乗っても微動だにしない立派なもの。ちくば興材の社長・橋本義興さんのご好意で、木材のみならず、組み立て場所まで提供していただき、社員の大工さんの手ほどきで一座のメンバーたちが組み上げたものです。

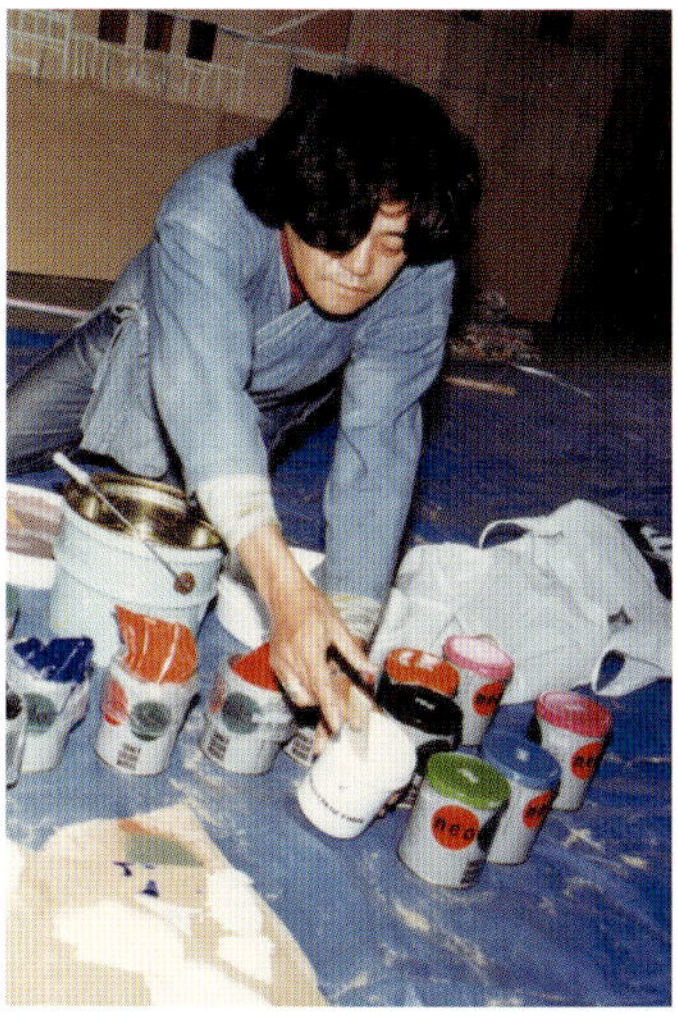

美術監督を務めてくださった田中秀穎先生

ちくば興材での大道具製作風景

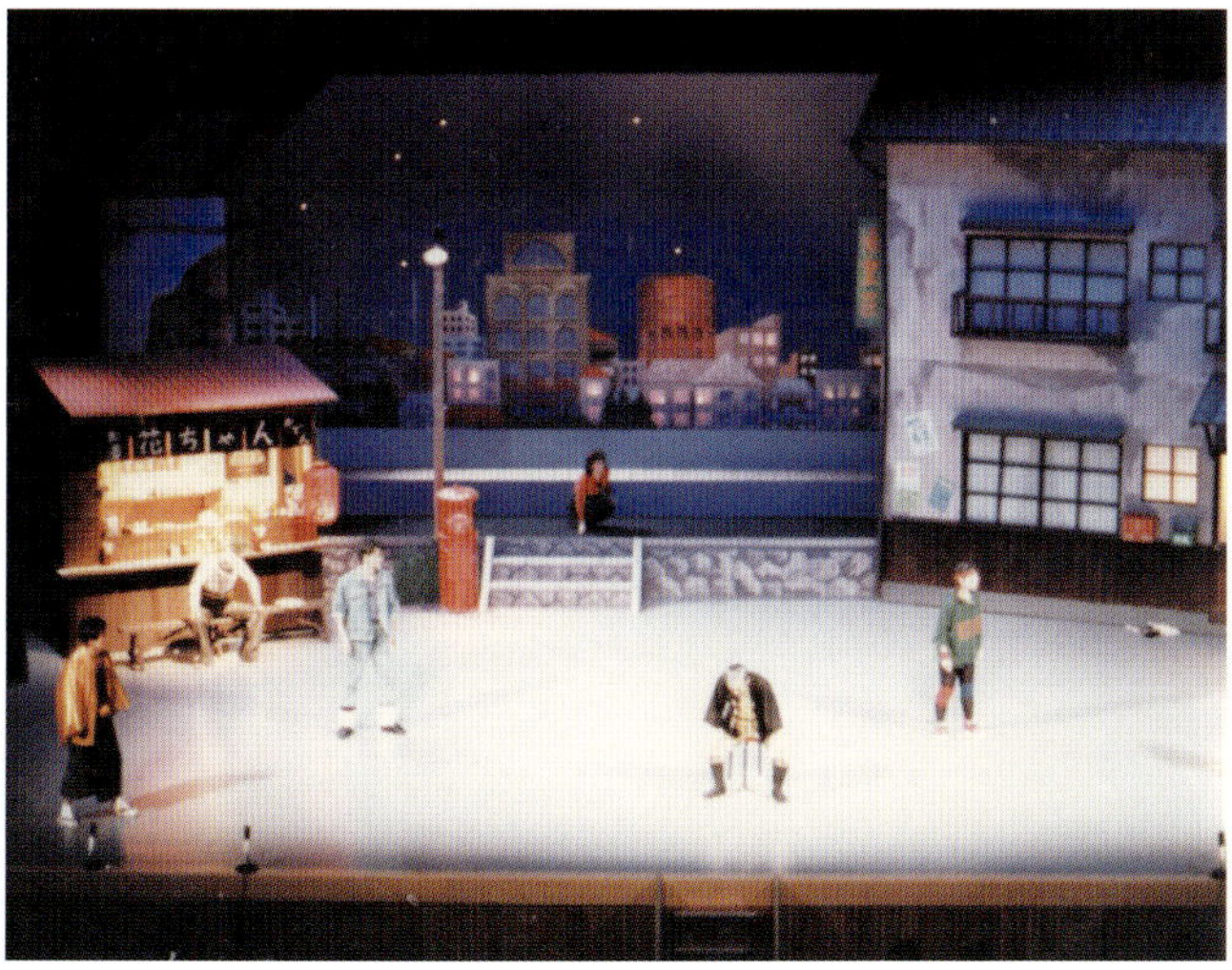

それに、美術監督を務めてくださった田中秀穎先生の指示で彩色を施し、北風の吹く寒い日、希望荘が完成。できたばかりの希望荘を見上げたとき、私は熱いものが込み上げてくるのを止められませんでした。

しかし、本格的な造りだっただけに重量が増し、場面転換が大変すぎて、会館から叱られました。それも今となっては、私たちの誇らしいセットにまつわるエピソードです。

当時のパンフレットより

ショーダンス的振り付けを

田村 美恵子 さん
堀内 紫代 さん（故人）

〝ミュージカル〟それは、幕が上がった瞬間から、舞台と客席が一体となって、そのリズムと音楽を感じながら繰り広げられる物語を楽しんでゆくのが本来の姿です。とかく出演者側の情熱だけで走ってしまいがちですが、今回の公演は、客席の皆様が「一緒に舞台に参加している」という気持ちに、自然となっていただけることを、ひとつの大きな制作ポイントとして取り組んできました。

私たちのダンスキャリアと感性を十分にアピールすると共に、華やかなショーダンス的感覚で、ダンスナンバーの〝振り付け〟をさせていただいております。都会派センスを感じとっていただけたら最高です。

♪ 東京ブギウギ

♪ 青い山脈

♪ 銀座カンカン娘

♪ ドントストップ

作詞／戒田 節子　作曲／和田 耕一

雨にも負けず　風にも負けず
走れ走れ　休むことなく
闇におびえて　ただあてもなく
座り込んでる　わけにはいかない
ドントストップ　ダダダ
走り続ける
ドントストップ　ダダダ
向かい風でも
ドントストップ　ダダダ
果てしない道を
ドントストップ　ダダダ
君がいるから
熱い想いを秘め　ドントストップ！

この歌とダンスは、その後いろいろなミュージカルの中で使われ、みかん一座の多くの若者が踊ってきた

心に灯りがともるまで

当時のパンフレットより

※肩書は当時のままで掲載

ローカルからオリジナル文化を発信する

松崎　茂和　さん
（南海放送常務取締役）

この秋、松山では「コーラスライン」が上演されました。洗練された本場のミュージカルを引き合いに出して恐縮ですが、この舞台には、「コーラスライン」にないローカルの味、手づくりのぬくもりを感じます。日本の伝統的芝居の要素を持たせながら松山ミュージカルを創作しようという意欲がみなぎっています。

清く正しくたくましく

大道具　橋本　義興　さん（故人）
（ちくば興材社長）

人生を水の流れにたとえるならば、淀んだ溜まりの中にボウフラの湧くのを心し、急な流れの中に清さを感じる。そして私は、みかん一座の中にこの清き流れを見た。今のとかくすると四無主義、六無主義と言われる若者の中において、このみかん一座には、それを寄せ付けないものがある。

若者たちの迫力とそれを応援したベテランたち

舞台監督　弘岡　寧彦　さん
（南海放送ディレクター）

今回の若い人たちの行動は、何かひとつ文化の芽吹きをきっと見せてくれるものと確信しています。特に、地域に住む若者たちが自ら表現する点に意義を見いだしたいと思います。

もうひとつ意義を感じることは、大勢のベテラン、いわゆる〝大人〟たちが賛同して参加してくれたことです。若者主義の情熱活動を支え、押し上げ、しかもその情熱を若者だけの世界から大きく飛躍させた点です。

ベテランのみなさん

花役　亀井　睦子　さん（故人）

今まで、シリアスな内容の芝居が多かった私にとって、今回の経験は色々な意味で貴重でした。その中でも、素直でハツラツとした若者たちの姿を見るのは、気持ちの良いものです。花ばあちゃんという役を口実に、どっぷりとその居心地の良さにつかってしまいました。

正三役　大津　ひさと　さん（故人）

節ちゃんが下町ミュージカルを上演するというので、それなら横丁の御隠居さん的存在で、若い人たちの相談役になってあげようと思っていました。ところがところが、ある夜の欠席裁判でキャストに引きずりこまれました。役者なんて長いことやったことがありません、と固辞しても聞き入れてはもらえません。そんな次第で、ウン十年ぶりに板に上ります。

寅五郎役　泉　浄彦　さん（故人）

コレは一体ナンなんダロ。

バタ臭くミュージカルなんていってるが。「ム、待てよ、このトツゼンの歌の出方……アッそうだ、あの懐しい歌謡浪曲の世界ナノダ！」それに踊りが加わって……嗚呼《ああ》面白い、オモシロイ。

それにしても、戒田節子女史のすさまじいまでの熱意にほだされたままのような格好でここまで来たことを秘かに反省している。このステージ「エヒメのマジメなジュース」の味にしたい。

とめ吉役　スオウ　アキラ　さん

久しぶりの舞台であることは事実である。が、気負ってみても始まらない。ミュージカルだからといっても、踊って歌ってという年でもない。と、まあ、四十路のオジさんは、「あるがまま」に演じることにしている。

寺子屋グループ　ミュージカルシアター'89

笑うまちかどラッキーカムカム！

【公演日】平成元年（1989）9月28・29日
【会　場】松山市総合コミュニティセンター　キャメリアホール

脚本・演出／**戒田 節子**

「ダウンタウン・ヒーローズ」をミュージカルに！

昭和63年（1988）、戦後の松山を舞台にした映画「ダウンタウン・ヒーローズ」が全国で上映された。原作者は松山市北条出身の早坂暁さんで、旧制松山高校の学生たちの青春を描いていた。

節ちゃんは原作を読み、「戦後の松山を力強く生きた人々のミュージカルをやりたい」と、早坂さんの許可を得て、原作の設定を取り入れながら新たにオリジナル台本を執筆した。

お正月気分の残る1月7日、昭和天皇が崩御。年号は昭和から平成へと変わり、松山市も市制100周年という節目の年を迎えた。

昭和という激動の時代を描きながら、新しい時代を歩み始めたころの思い出深い作品。（川崎）

画：青木のりあき

笑うまちかどラッキーカムカム！

松高生チーム

よもげんチーム

♪ 笑う門にはラッキーカムカム〜

椿の花から野球サンバへ

ものがたり

懐かしの松山を背景に、松高生とヤクザがタンゴでバトル！

舞台は、日本中がサツマイモを食べて飢えをしのいだ終戦時の松山。10歳の少年、五郎は病弱な母親を養うため学校にも行かず、毎日ダンスホールの前で靴磨きをしている。父親は戦地ビルマから帰らず、生死も分からない。

五郎は「いつかきっとダンスホールを建てて金持ちになる。母ちゃんにも楽をさせてやる」と、「夢の壺」に毎日の稼ぎから一割ずつ蓄えている。ところが、地元のヤクザ、よも源に「ショバ代を払え」と脅されて、五郎は「夢の壺」を取り上げられてしまう。

街の人たちが五郎を助けようとした末に、ひょんなことから松山高校チームとヤクザチームが、「夢の壺」をかけたタンゴのダンス対決をすることになる。しかし、勝ったのはヤクザチーム。

まんまと壺をせしめたよも源だったが、昔馴染みのおばちゃんに「殺生なことをするんじゃない。五郎は昔のよも源と同じじゃないか」と諭される。そんなとき五郎の母親が亡くなった。悲しむ五郎を見たよも源は、そっと壺を返す。

ある日、五郎が仕事をしていると、靴を磨いてもらいにきた復員兵が、ハーモニカで「ふるさと」を吹く。夕暮れどきになると、父親からもらったハーモニカを毎日吹いていた五郎は、その客が父親であることに気づく。

「父ちゃん！」

「五郎！」

街の人たちの見守る中、2人はかたく抱き合う。

音　楽／和田 耕一　山本 太郎　清水 由紀
あい たかし　高津 博之
振付協力／麻田 祥江　俊野 義宣　俊野 美登里
舞台監督／日之西 哲夫

本物の旧制松山高校応援団の衣装を着た役者たち

♪ この手のぬくもりのある限り

作詞／戒田 節子　作曲／和田 耕一

もう一度聞きたい 母ちゃんの声
もう一度ふれたい 母ちゃんの手に
母ちゃんのいない 家の中は
明かりが消えた 寒い冬
どうして行ってしまったの
おいら独り 残して

五郎 この手を握ってごらん
暖かさが 伝わるだろう
この手のぬくもり ある限り
やさしい光が 射してくる

うつむいてちゃ いけない
心を閉ざしちゃ よけい悲しい
この手のぬくもり ある限り
君は決して 独りじゃない
独りじゃない

あの星は 父ちゃんと
母ちゃんの星
いつも五郎を 見守っている
泣いてちゃいけない 元気になあれ
空から声援 送ってる

うつむいてちゃ いけない
心を閉ざしちゃ よけい悲しい
この手のぬくもり ある限り
君は決して 独りじゃない
独りじゃない
独りじゃない

おおの靴店
菓子店
♪ さあさ、みなさん、松山名物、とってもゆかいな靴磨き

スイートポテト
クダサイ
スイー？
これは甘い
サツマイモじゃ！

ぼく、年はなんぼぞ？
10歳です

ハーモニカで「ふるさと」を吹き、親子であることを確信する

笑うまちかどラッキーカムカム！

戦後まもない松山を舞台に再現

日本が敗戦の痛手からようやく立ち直ろうとしていた頃、米国の提言に基づいて学制が現在の6・3・3・4制になりました。早坂暁先生の自伝的小説「ダウンタウン・ヒーローズ」には、最後の旧制高校生となった若者たちが、物資不足や激しい空腹と闘いながらも、戦後、民主主義とともに訪れた自由を噛みしめ、精いっぱい青春を謳歌する、そんな姿が描かれています。

　一途なエネルギーに満ち溢れた彼らの姿に魅かれ、「この時代の松山を、もっと知りたい、ミュージカルにしたい」という思いに駆られ、私は台本を書き始めました。

　しかし、悲しいかな、それは私の生まれるずっと前の話。できるだけ多くの資料を揃え、その時代を経験した方々にお話を伺いましたが、とても難しいことでした。

　舞台には、昔、松山にあった映画館や喫茶店を再現したり、時代をしのばせる流行語やヒットナンバーなどを盛り込んだり、できるだけ当時に近づける工夫をしました。当時の本物の旧制松山高校応援団の衣装を着た役者たちが舞台に並んで応援歌を歌ったとき、会場は大変な盛り上がりでした。

　私は当時の雰囲気をつかむために美空ひばりさんが子どもの頃主演した映画を見て、参考にしていました。そのさなか、昭和の歌姫といわれたひばりさんが昭和が終わった年の6月、亡くなったことに大きな時代の節目を感じました。

時代が変わっても、変わらない人のぬくもり

　この時代の人々の気持ちを理解しようとするうちに、私は、時代がどう移り変わっても、決して変わらないものがあることに気づきました。それは、どんなときにも希望を捨てない人たちがいるということです。

　街を守っていくことは、時代をつないでいくこと。それぞれの時代の中で、その街に生きた人がいて、今がある。それは当たり前のことのようで、実は大変な努力のうえにあります。

　いつの時代も頑張る人の希望を支えたのは、周囲の人の手のぬくもりだったのではないでしょうか。くじけそうになったとき、応援歌を歌ってくれる誰かがいてくれたから、また勇気が湧いたのです。

　折しもこの年は松山市制100周年。市が、松山まつりで従来の野球拳おどりに加えて、野球サンバを作った年で、私たちもカーテンコールで野球サンバを踊りました。（ちなみに、この舞台のキャスト・スタッフも、13歳から60歳まで合わせて約100人！）

　私個人にも変化のときが訪れていました。おなかに赤ちゃんができていたのです。「ボクちゃん、ように（しっかり）くっついとくんよ」と、おなかを撫でつつ稽古した思い出があります。新しい私が始まる年でもあったのでした。

当時のパンフレットより

即興で作曲したよも源の歌

作曲家
あい たかし さん

「あいたかし歌謡道場」というラジオ番組で節ちゃんとコンビを組んで6年。妹のような存在である。そんな彼女が、ある日の番組収録後、訴えるような目で言った。「先生、この詞に曲つけてくれませんか？」見ると何ともこっけいな歌詞…。即興で作った曲が、「人呼んで、よも源！」

ミュージカルの中で、この演歌がどう生きてくるのか、とても楽しみだ。

「あいたかし歌謡道場」

みかん一座の手づくりダンス

振付協力
麻田 祥江 さん（故人）

芝居も踊りも初めてチャレンジする仲間たちが、集まって作り上げるお芝居中心のミュージカルの踊りは単純でいい。演じている者がその場面の心を精いっぱい伝えようとして、ふと踊り始めていたという感じが一番自然でいい。

そんな意味からすれば、今回の舞台での踊りは出演者が踊れる範囲で自分たちで振り付けてきた。それが自分たちで作り上げた舞台というチームワークを生んできた。理想的な形だと思っている。私は、アドバイスしたり、アイデアを与えたりのお手伝いでした。

若者たちの情熱をそのまま表現

タンゴ振付
俊野 義宣・美登里 さん

タンゴには、コンチネンタルタンゴと、アルゼンチンタンゴとがあり、音楽も踊り方も違います。しかし、どちらも情熱的で、表情にメリハリをつけ歯切れよく踊るというとても難しいダンスです。それを数カ月間で仕上げることは、容易なことではありませんが、今回のミュージカルにかける若者たちの情熱をそのまま表現してもらえればよいと思います。

汗と涙の 第1回野球サンバ

松山市制100周年の記念の年（平成元年）、新しい踊りとして「野球サンバ」（作曲・ダン池田）が「松山まつり」に登場、まつりがとても賑やかに華やかになりました。

その最初に踊った連の中に、みかん一座がいたことは、今のメンバーはほとんど知りません。「笑うまちかど、ラッキーカムカム」の公演を9月に控え、その出演メンバーで出場しました。男性は学ラン。女性はモンペ姿。私と数人は、靴磨きの少年の格好。山車は、ミュージカルで使うために作った、うどんやの屋台。激しい振り付けだったので通りを踊り続けて最終地点にたどり着いた時は、みんなくたくた。汗と涙でぐしゅぐしゅ、ハーハー！ そこにバスが待っていて、送って帰ってくれるのかと思ったら、またスタート地点に連れていかれ「もう一度踊ってください」と言われて目が点！ 参加チームが少なかったから時間がもたなくて、2回ずつ通りを踊ることになったのです。これにはまいりました。しかし、やるっきゃない！ と、必死で頑張りました。中には途中でぶっ倒れた人もい

僕はこのときお腹に。みかんはおふくろの味

戒田節子・長男　考大《たかひろ》（東京在住）

僕はこのミュージカルのとき母のお腹の中にいて一緒に舞台に上がったそうです。でも、幼いころから恥ずかしがり屋で舞台に出ようとはせず、練習や公演は観に行くけど、お客さんの立場でしか関わっていませんでした。歌やセリフ、その他諸々について母から感想を求められることが度々ありましたが、一つ思っていたのは、〝身内だからこそ言えることを言う〟ということ。今思えば恥ずかしさもあり、肯定的な感想は伝えていなかった気がします。

そんな僕にちょっとしたハプニングが起きたのは大学5年の夏でした。母からの電話で「公演のとき、カメラマンやってくれん？」と言われ、舞台の写真を撮るだけだと思って快く承諾していたのですが、いざ公演の前日、松山に帰ってみると、なんとカメラマン役で舞台に出るという話。今となっては笑い話ですが、そのときは予想外の展開に対応するのに精いっぱいでした。結局、カメラマン役として公演に参加したのですが、その体験を通して多くの発見がありました。

なかでも強く印象に残っているのは、みかん一座の公演がとてもたくさんの人たちに支えられているということでした。今まで外側からしか見ていなかった公演でしたが、舞台裏のチームワークもとても見応えのあるものでした。そして何より、その先頭にいる母の姿が誇らしく思えました。普段は随分そそっかしい母ですが、みかんの舞台での母の瞳の輝きは誰にも負けないと思いました。

大人になり、最近はお芝居を観る機会も増えましたが、そのたびになぜか恋しくなるみかんの舞台。きっと僕の中でのみかん一座の公演は、故郷の景色であり、おふくろの味なのだと思います。

て、それはそれは涙ぐましい野球サンバだったのですよ。あの時のことは一生忘れられません。実はその時、気がついてなかったのですが、私のお腹には赤ちゃんがいたのです。後でわかって、冷や汗！でも、あんなに激しく踊ったのに、赤ちゃんは元気でいたのです。野球サンバは、今は参加チームも多く華やかに行われていますが、それを見るたびに、当時のことを懐かしく思い出します。最初に踊った野球サンバは、その後9月の公演フィナーレでもコミセンの舞台で披露しました。みかん一座の長い歴史の中にはいろんな知られざるエピソードがあります。語り尽くせぬ青春の日々……です。

第5回 国民文化祭えひめ'90 協賛公演 ミュージカル in えひめ

ドラゴンクエストⅣ

【公演日】平成2年（1990）10月7日
【会　場】愛媛県県民文化会館 メインホール

脚本・演出・振付／森田 康二

出産後初めてのミュージカルはきつかった

平成2年（1990）10月19日から10日間、愛媛県で国民文化祭が行われた。これを記念して、森田雪江さんを総監督に県民総ぐるみのミュージカルを上演。県内のダンススタジオのみなさんと共に、みかん一座のメンバーも参加。節ちゃんは、出産して5カ月後の公演だった。（川崎）

ドラゴンクエストⅣ

初めての経験

森田雪江バレエ・ダンスシアター主宰の森田雪江先生と、息子さんの康二さんが二人で会いに来てくれたのは、「笑うまちかどラッキーカムカム」の公演が終わり、もう私のお腹が大きくなっている頃でした。

「来年、愛媛で行われる国民文化祭を記念して、ミュージカルをしたいの。若い人たちのパワーを結集してがんばってほしい。みかん一座も参加してね」と雪江先生は熱い想いを話してくれました。私は、「できることは何でもします」と裏のお手伝いや、みかん一座のメンバーの参加を考えていました。すると、「ドラゴンクエストの主役、少年エルフを戒田さんに演じてほしい」と康二先生に言われ、私は固まってしまいました。

「あの…私、来年5月に出産予定で…」。すると、雪江先生が「大丈夫。節ちゃんならできる！ 公演は来年10月だから、出産後5カ月ある。大丈夫」「そうなのかなあ…」と、出産はまだ経験のない私は「わかりました」と言ってしまったのです。

その後、ぐんぐんと私のお腹は大きくなり、会社で廊下を歩くと「そこのけそこのけ節ちゃんが通る」と、みんなよけてくれるほど巨大になったのです。

当時は、今のように育休はなく、産前6週間、産後8週間の産休でした。しかし、予定日を過ぎても兆候はなく、お腹の中で赤ちゃんはますます育っていきました。

その頃、すでに、ミュージカルの練習はどんどん進んでいました。

そして、5月16日、やっと出産。痛かったー。例えようもないほど、苦しかった。普段、腹式呼吸で発声練習をするけど、あの時は全身の力で声を押し出していました。吠えるみたいに。

だけど、赤ちゃんの産声を聞いた時、嬉しかった！ 新しい命の誕生のすごさを知りました。それから8週間は家で息子と過ごし、産休明けからはフルタイムの仕事とミュージカルの練習が待っていました。

朝、曜日を決めて主人の実家と私の実家に、赤ちゃん籠に息子を寝かせて車で預けに行ってから会社に出勤。仕事が終わって連れて帰って、寝かしつけてから主人に任せてミュージカルの練習に出かけるの繰り返し。

まだ赤ちゃんなので夜中の授乳や世話などで睡眠不足。出産までの数カ月間、運動をしていなかったのでダンスのステップもままならない。もう全てが必死。

出産で15キロ以上増えていた体重が本番までの5カ月足らずで元に戻っていました。

みんなの〝輝け瞳〟でいてください

森田康二ジャズダンススタジオ
劇団S・A・D主宰
森田 康二

僕は戒田さんより3歳年下ですが、20代のときから劇団の主宰者同士として良きライバルであり、友人であり、役者仲間でした。

出会いは、1990年に国民文化祭協賛公演としてミュージカル「ドラゴンクエスト」を主宰したとき、主役を戒田さんにお願いしたときからです。当時（今もですが）〝20の声を持つアナウンサー〟という評判通り、見事に声の質を変え、男の子が7人の勇者と勇敢に悪に立ち向かう演技を見せてくれました。

その後僕は、みかん一座の公演の振り付けを何度もさせてもらい、出演もしましたが、みかん一座のメンバーの幅の広さ、年齢層の厚さ、芝居の上手さ、特に戒田さんを筆頭に歌の上手な人たちがなんと多いことかと感心していました。

また、松山市民チャリティークリスマスでは、戒田さんと2人で〝ジュンとアミの物語〟（夫婦がお互いを思いやる愛情あふれる話）を演じ、2人とも多忙な中、少ない稽古時間ながらも集中して本番を迎えました。ただ僕自身、役に入り過ぎて、戒田さんのことが本当の彼女のように思えました。旦那さんが、寛大な方で良かった（笑）。

数々ご一緒させていただきましたが、やはり僕にとって、人生で一番の素晴らしい作品になったのは、アラスカで上演した〝和田重次郎〟のミュージカルだったと思います。戒田さんの演出は、とても大胆かつ繊細です。過去の歴史的人物がどう生き、どう考え、またその人物を取り巻く人々がどんな生き方で、彼とどう接したのか……。演出家として、最も重視すべき点を深く、深く求めていく演出は、僕にはとうていできないレベルの高い演出力だったと思います。

南海放送を退職されても、どうぞ演劇活動は続けて、ずっとみんなの〝サンシャイン・アイズ〟〝輝け瞳〟でいてくださいね！

2001年12月

松山市民チャリティークリスマス
〝ジュンとアミの物語〟（賢者の贈り物）より

1990年12月

森田雪江バレエ・ダンスシアター発表会に出演

森田康二先生のお母さんである森田雪江先生は、バレエ・ダンスシアターの主宰者です。その発表会では、康二先生やみかん一座のメンバーとともに、いろんなバレエ作品に出演させていただきました。

雪江先生にいただいた鏡は、あれから10年間みんなで使い続け、みかん一座の練習にはなくてはならないものになりました。

2018年 子どもたちの練習

LIVE みかん一座のブログから

稽古場についに鏡がきました！

●平成20年（2008）4月20日

昨夜、稽古に来たメンバーは大きな鏡にびっくり。この鏡は、雪江先生がご自分のダンススタジオを閉鎖された時に取り外して、節ちゃんに持っていてほしい……と下さったのです。取り付ける場所もなくずっと保管していたら、安部さんが枠や台を作ってくれて稽古場に置けるようになったのです。感激！ 雪江先生のバレエスタジオで長年大勢を映し続けた鏡。この宝物がこれからは、みかんのメンバーを映してくれる。昨日は、みんなで鏡を磨きました。曇りのないようにピカピカに！ 大切にします。（座長）

南海放送創立40周年記念

オランダおイネ　一番星咲いた

作・演出／戒田 節子

【公演日】平成5年（1993）5月9日
【会　場】宇和町文化会館

【公演日】平成5年（1993）5月13・14日
【会　場】松山市総合コミュニティセンター キャメリアホール

南海放送のラジオミュージカル、初めて舞台化が実現する

この作品は、日本民間放送連盟賞で平成4年度優秀賞を受賞したラジオミュージカル「平成オランダおイネ考」（田中和彦作）を舞台化したものである。「地方からの文化発信」を目標のひとつに掲げてきた南海放送が設立40周年事業の一環として企画し、初演は娘時代のイネが暮らした宇和町で行い、続いて本社のある松山で上演。

画：青木のりあき

この演目が、後にドイツ公演まで果たすことになるとは、このときまだ誰も予想していなかった。（川崎）

オランダおイネ 一番星咲いた

ものがたり

宇和の卯之町はおイネさんの大切なふるさとになった

おイネと二宮敬作が宇和で再会するまでのいきさつ

幕末の蘭学者でシーボルトの愛弟子、二宮敬作は「シーボルト事件」により江戸立ち入り禁止、長崎追放の身の上となる。そこで、生家のある伊予（愛媛県）に戻り、宇和島藩郊外にある田園の広がる町、卯之町（西予市宇和町）で、町医者としての日々を送っていた。

敬作は、国外退去を命じられた恩師、シーボルトの帰国を見送った際に、出島の日本人女性との間にもうけた、青い目・赤い髪の娘「オランダおイネ」こと楠本イネの養育を託される。事件当時、まだ2歳だったイネが14歳になって初めて卯之町に現れたとき、敬作は泣いて迎えたという。

人々に「医聖」と呼ばれたほど情にあつい敬作はイネを慈しみ、当時の日本で「あいのこ」と蔑視された混血、しかも女性のイネが一人で生きていけるよう医術を身につけさせる。そんな史実が、この公演の物語の前提になっている。

後に、日本初の産科女医となった楠本イネは、明治天皇の御子をとりあげることになる。

青い目の多感な少女、卯之町で健やかに育つ

ミュージカル版のイネは、当初ただ、遠く離れた父親に近づくことができるような気がして、蘭学や医術に励んでいる。純粋で気立ての優しい彼女は、卯之町に溶け込み、さまざまな人々に慕われて暮らす。やがて彼女は、敬作に導かれて女医となる望みを胸に宿らせ、伊予を後にする。物語は、その間の卯之町の人々との交流を描いている。

敬作を頼って卯之町周辺に逗《とう》留《りゅう》した人のなかには、維新の立役者の一人、村田蔵六（後の大村益次郎）と、「蛮社の獄」による収監から脱獄逃亡中の蘭学者、高野長英がいた。

蔵六は、名君と名高い8代藩主、伊達《だて》宗城《むねなり》に請われ、日本の軍艦の雛形となる船を造る。イネは、敬作の甥である三瀬弁次郎（後の周三）と共に、卯之町から法華津峠を越えて3里も離れた宇和島に通い、蔵六から蘭学を学ぶ。

イネと蔵六は、いつしか心を通わせるようになり、2人は一番星に互いの未来を誓い合う。しかし、軍艦を完成させた蔵六は宇和島を去るときがやってきた。その後、2人の人生はすれ違うばかりで、連れ添うことはない。

敬作と高野長英は同い年で、シーボルトの私塾、長崎の「鳴滝塾」で共に学んだ仲。しばらくは卯之町に隠れていた長英も「ホタルは命の短さを嘆かない」と、死罪覚悟で江戸へと旅立つ。

彼ら幕末の偉人たちとの出逢いは、多感なイネに大きな影響を及ぼした。

この公演では、イネと周囲の人々とのやりとりが、重要な見どころになっている。男一世一代の大仕事と軍艦を作る大工の平さん、「女郎の子」といじめられるタケ、女だてらに医者を目指すことに反発してイネをいびる産婆たちなど、江戸期の宇和の人々が生き生きと動き回る。

ミュージカルの最後のシーンは卯之町の人々に見送られながらイネが卯之町を去る。

「このまちは私のふるさとです」と深々と頭を下げながら……。

音　楽／和田 耕一　山本 太郎
栗林 賢二・里佳
振付協力／森田 康二
舞台監督／日之西 哲夫

♪ その名はおイネ

作詞／戒田 節子　作曲／和田 耕一

うわ うわうわ うわ〜
うわ うわうわ うわ〜
青い空に 光る風
れんげの里は 花ざかり
宇和の卯之町 中町《なかんちょう》
青い目をした 娘がいる
赤い髪した 娘がいる
その名は その名は
その名は おイネ!

浦賀に黒船が来たっちゅうぞ!

♪ わたしゃ 産婆 サンバ サンバ サンバ ばあさん 女にゃ学問 いらないよ!

お腹の赤ちゃん、うごいとる。

軍艦造るぞー! 一世一代、大仕事!

♪ あなたがくれたぬくもりを

作詞／戒田 節子　作曲／和田 耕一

人生はいくつもの
出会いと別れを繰り返し
そのたびに心の中に 灯りがともる
あなたがくれた ぬくもりを
私は決して 忘れはしない
この町のどこかに残っている
あなたがつけた足跡を
未来へ続く命たちが
語り継いでゆくことだろう
あふれるほどの 勇気と愛の歌を
くちずさみながら

おイネ先生、ありがとうございました。

オランダおイネ 一番星咲いた

うっかり踏み込んだ初の時代劇に大苦戦！ あちこちからの助け船に感謝する

〝おだてたら木にも登る〟という私の性格を、田中和彦さんは、よくご存じだったらしい。ラジオドラマの制作中、おイネ役を演じていた私に、田中さんが囁《ささや》きました。

「節ちゃん、この放送ドラマを舞台化しようと思うんだ。だけど、ボク、舞台のことゼンゼン分かんないしさ、これができるのはキミしかいない！」

追い打ちをかけるように、当時の放送部部長、宇都宮基師さんが言いました。「戒田くん、頑張ってくれ！」私はつい「ハイ、やれるだけやってみます」と返事をしました。しかし、それが苦難の始まりだったのです。

まず、原作に登場する歴史上の人物の資料を集めて脚本を作るのですが、初の時代劇ミュージカルということもあって、なかなか書けません。一児の母となっていた私は、子どもが寝静まってから原稿用紙に向かい、幾晩も頭を悩ませ、目の下のクマがどんどん酷くなっていきました。

そんなある晩のこと、うたた寝していた私の夢の中で、おイネさんが言います。「私は宇和で過ごした日々を、ひとときも忘れずに生きてきました。あの町は私のふるさとなんです……」ハッと目覚めた私は、原稿用紙に向かいました。

おイネさんがふるさとだと言った宇和の町。そこには、たくさんの温もりがあったはず。目をつむると、出てくる、出てくる。チョンマゲ頭のおじさんや、着物姿の娘たち。いつしか私は、江戸時代にタイムスリップしていました。二宮敬作、高野長英、村田蔵六、三瀬弁次郎、原作に出てこないまちの人たちもたくさん登場し、おイネさんとからんでいく……。

歴史の彼方にいたはずの人物たちが、旧来の友人だったかのように、わいわいと言葉を交わし始めて……。最後の歌を書き終えたとき、遠くを走る始発電車の音が聞こえました。

こうしてでき上がった脚本をもとにキャストとスタッフを決め、顔合わせをしたのは、正月明けの1月10日。初めての時代劇に、衣裳や道具やかつらなど、どうやって集めようと、みんなで頭を悩ませていたとき、「これ、おばあちゃんの形見の着物なんやけど、よかったら使って」「物置の中でホコリかぶっとった道具やけど」と、提供してくださった方々がいました。「縫いものなら任しといて」と腕まくりをしてくれた方も。大勢の方に助けていただいて、問題がひとつずつ解決していきました。

そして、嬉しかったことが、もう一つ。毎晩の練習でかまってやれなかった2歳の息子が「ママ頑張って」と言ってくれたことが、どれほど励みになったかしれません。安らかな寝息を立てる息子の顔を見ながら、出産のときの何にも代え難い喜びを思い出しました。産科医のおイネさんも、新しい命がこの世に誕生する感動を幾度となく経験したのでしょうね。

命の誕生には希望の匂いが溢れています。命が命を生み、私たち一人ひとりが自分の時代を精いっぱい生きることで、時代はつながっていくのだと思っています。

当時のパンフレットより

※肩書は当時のままで掲載

舞台を創り上げる情熱

宇都宮 基師 さん
（南海放送放送部部長）

ラジオドラマを舞台化してみたい…。そんな話がアナウンサー仲間から出て、思い切って取り組んでみようということになったのですが、舞台を創り上げるということが、これほど時間と人手と労力を費すものだということを初めて知りました。

今回、アナウンサーをはじめ、南海放送のメンバーが数多くみかん一座に加わり出演することになりましたが、中には芝居は今回初めてという者もいて少々ハラハラ。しかし毎日毎日学校や仕事を終えて集まってくる大勢の人たちの輝いている顔、練習場から響いてくる声、ひとりひとりの心をひとつにして取り組む彼らの情熱に何度も熱いものがこみあげてきました。

泉　浄彦

松尾 芳紀

田中 和彦

戒田 節子

宇都宮 民

永野 彰子

青野 悦子

松本 直幸

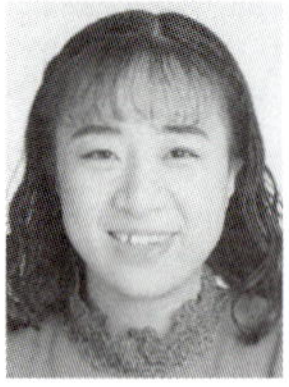

寺尾 英子

三瀬 雄一

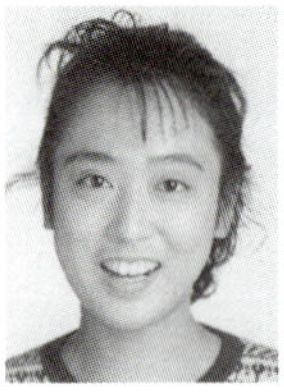

岡田 一美

喜安 由香子

「オランダおイネ」を創った頃

田中 和彦 さん
（南海放送アナウンサー）

このドラマを創ったきっかけは、当時、担当していた僕の深夜放送番組にゲスト出演した看護婦さんの言葉でした。

「夢はいつか産婦人科の看護婦になること。普通の病院は、患者さんが治って退院するのが当たり前だけど、産婦人科は小さな命が誕生して2人が退院していく。それは幸せの度合いが違う気がする」という言葉。

そんなことから、アレコレ資料を集めていて、日本人初の産婦人科医・オランダおイネに辿り着いたわけです。

僕は「おイネ」を巡る人々の中では、二宮敬作の甥である三瀬周三（幼名・弁次郎）が好きでした。ですから、このドラマで一番好きなシーンは（ドラマの枝葉の部分であっても）法華津峠の上で海を見つめ、イネと弁次郎が将来を語りながら「峠」を歌うところです。それは個人的には一番泣いてしまうところでもあります。

なぜなら、イネの夢も、弁次郎の夢もやがて叶うのですが、その後の2人の人生は余りにも不遇で、波瀾万丈であったからです。小雨の日、この詩（峠の歌詞）を法華津峠に登って傘の中で書いたことを一生忘れないと思います。

♪ **峠**

作詞／田中和彦　作曲／和田 耕一

ふり返る前に 笑い顔が映る
目の前に広がる海より
あなたが好き
日振りの島の 向こうで霞んでる
まだ見ぬ異国の人と
話してみたい
峠の上で 思いはひとつ
この願いが 叶う日を
この道が 果てるその日を
どうか 教えてほしい

オランダおイネ 一番星咲いた

※肩書は当時のままで掲載

当時のパンフレットより

イネのこころの故郷、ミュージカル再演に歓喜

宇都宮 象一さん（故人）
（宇和町長）

幕末の激動期に卯之町で医業を営んでいた二宮敬作について学び、日本初の女医となったイネは、歴史と文化の町にとって、忘れてはならない人のひとりです。

歴史は時間と共に流れますが、そこに人が関わってこそ意義があると思います。

私たちはその歴史との関わりのあった人々をよく知り、現代から未来へと引き継いでいかねばならないと思います。

このような観点からすれば、将来宇和町を背負ってくれる青少年たちにも、この演劇に参加をし、観ていただけることは、有形無形の益があることと確信いたします。

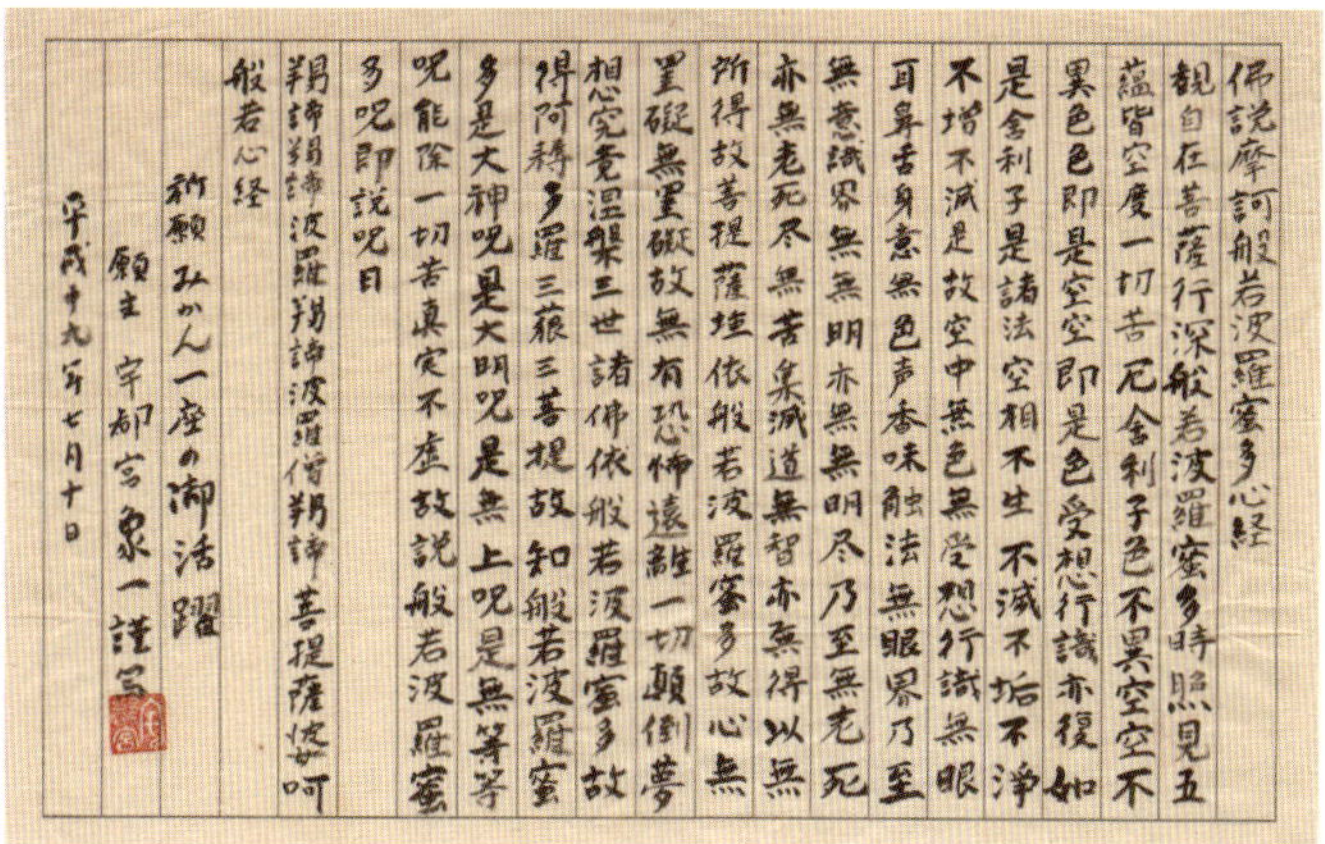

佛説摩訶般若波羅蜜多心経
観自在菩薩行深般若波羅蜜多時照見五
蘊皆空度一切苦厄舎利子色不異空空不
異色色即是空空即是色受想行識亦復如
是舎利子是諸法空相不生不滅不垢不浄
不増不減是故空中無色無受想行識無眼
耳鼻舌身意無色声香味触法無眼界乃至
無意識界無無明亦無無明尽乃至無老死
亦無老死尽無苦集滅道無智亦無得以無
所得故菩提薩埵依般若波羅蜜多故心無
罣礙無罣礙故無有恐怖遠離一切顛倒夢
想究竟涅槃三世諸佛依般若波羅蜜多故
得阿耨多羅三藐三菩提故知般若波羅蜜
多是大神呪是大明呪是無上呪是無等等
呪能除一切苦真実不虚故説般若波羅蜜
多呪即説呪曰
羯諦羯諦波羅羯諦波羅僧羯諦菩提薩婆呵
般若心経
祈願 みかん一座の御活躍
願主 宇都宮象一謹写
平成十九年七月十日

晩年、宇都宮さんが、みかん一座のために写経してくださいました。

2017年6月、亡くなった折、このミュージカルの最後のシーンでおイネさんが宇和を去ったときにまち人たちが歌った「あなたがくれたぬくもりを」をみかん一座で歌い、お見送りしました。

宇和公演を実現させた座長の、別格の安定感

この公演を含む弊社の企画を携え、営業担当者と私は、当時、宇都宮町長のもとを何度か訪ねた。興味は持っていただけるものの、一向に承認は下りなかった。ところが、戒田アナウンサー兼座長が直談判に行くと、すんなり決定が下りた。

後日、町長が、そのわけを話してくれた。企画は面白いが、町にとっては冒険だった。最終的には町長の人を見る勘というのだろうか。彼女のもつ女性特有の安定感や優しさ、誠実さに感じ入り、彼女を信じて夢を託すことにしたようだった。

後年、私に、番組パーソナリティーの審査員をする機会があった。彼女の放送したものは、安定感、語り口、CMのナレーションと番組の連動性等、優秀だった。

「歌のない歌謡曲」という、パナソニックが提供する朝のラジオ番組がある。パーソナリティーは基本的に各局のアナウンサーが務める。南海放送では、彼女が入社から退社までの間、担当した。パナソニックの担当者が、「戒田先生は別格です」と言うのを聞いたことがある。

彼女が偉かったのは、技術的に優れていただけでなく、別格のパーソナリティーとか先生と評されても、決して偉ぶらなかったこと、相手と自分の距離感を常に心がけたところにあったと、私は思っている。

元南海放送 南予支局長 一色 正明

宇和町文化会館10周年記念　みかん一座ミュージカル

オランダおイネ　一番星咲いた（宇和バージョン）

【公演日】平成13年（2001）8月19日
【会　場】宇和町文化会館

脚本・演出／戒田　節子

イネの帰りを待っていた宇和

初演がたいへんな好評を呼び、宇和町文化会館の10周年記念で再び上演することになる。このとき、シーボルトの生地であるドイツ、ヴュルツブルク市からシーボルト協会のクライン・ランクナー理事長夫妻と、シーボルト高等学校の校長夫妻が来日していた。記念にと友情出演をしてもらったところ、そのことが後に思わぬ展開を呼ぶことになる。（川崎）

当時のパンフレットより

舞台上に綺麗に咲け

舞台監督　日之西　哲男　さん（故人）

一番星が咲いた。

幕が上がる瞬間の舞台、いい一瞬です。

今回も舞台と真っ向からぶつかってみよう。一人ひとりの力の結集、努力に乾杯できるように。

舞台上に
綺麗に咲け、
一番星！

音　楽／和田 耕一　山本 太郎
振付協力／泉田 加代
舞台監督／日之西 哲夫

オランダおイネ 一番星咲いた（宇和バージョン）

念願かなって、おイネさん再び現る

いつか、きっと……。この思いがやっと叶いました。初回のミュージカルを見てくださった方々から、「また見たい！」という声をたくさんいただきました。当時のメンバーも「いつか再び……」と、口々に言ったものです。そして21世紀幕開けの年に、その夢は現実しました。

　私は初回公演からの8年間、ずっとおイネさんでい続けたような気がします。松山まつり野球拳おどりでは「オランダおイネ連」の真ん中で赤い髪のかつらをつけて踊り、優勝しました。県民文化祭の開会式にも登場。また、シーボルトの子孫の方が宇和町に来られたときもおイネさんの姿でお会いしました。

　そして、平成11年（1999）の11月、宇和町の方々約100人と共に、みかん一座のメンバー7人もシーボルトの故郷、ドイツのヴュルツブルクを訪れました。そのときも私は、おイネさんでした。シーボルトの像の前で胸がいっぱいになり、私はこうつぶやいていました。

「お父様、やっとお会いすることができました。今日、宇和の皆さんが、イネの魂を一緒に連れてきてくださいました……」

　私は、ヴュルツブルクにいる間、「戒田さん」でも「節ちゃん」でもなく、「オイネサーン」と温かい声をかけられたのです。

　シーボルトとイネ、父と娘の絆が時代を超えて2つの町をつないでいる……そう思った時、熱い気持ちがこみ上げました。「やっぱりもう一度、おイネさんの物語を上演したい！」

　そして、当時の宇都宮象一町長はじめ、町の多くの方々のおかげで、再びこの作品を上演できたのです。

　平成12年4月30日、レンゲの咲き誇る宇和町で子どもたちも含めた約180人が集まり、発会式が行われました。その後、宇和町と松山に分かれての練習。私は時間の許す限り宇和町を訪れました。

　初めは恥ずかしくて大きな声が出ず、踊りのステップもままならなかった子どもたちが回を重ねるごとに上達し、瞳がどんどん輝いていくのが感じられ、私は宇和に行くのが楽しみで仕方ありませんでした。

　そして当日は、シーボルトやイネが縁となって宇和町と交流を進めていたドイツ・ヴュルツブルク市からもお客さまが来られました。シーボルト協会のクライン・ラングナー理事長夫妻と、シーボルト高等学校のディックホク校長夫妻です。私は日本に来られた記念にと、ドイツ人役で友情出演をしていただき、それが思わぬ展開になろうとは、そのときは考えてもみませんでした。

日独国際文化交流事業 ドイツ・ビュルツブルク市１３００年／みかん一座20周年記念

シーボルトの娘「イネ」 ドイツ公演

【公演日】平成16年（２００４）10月16日
【会　場】ドイツ、ヴュルツブルク市 マインフランケン劇場

脚本・演出／戒田 節子

シーボルト協会理事長と宇和で再会 ドイツ公演のオファーを受ける！

平成15年（２００３）３月21日の春分の日、節ちゃんとみかん一座の７人が宇和町へと向かった。「ＵＷＡ国際交流協会10周年と総務大臣表彰受賞の祝賀会」に出席するためだ。

この日は、ドイツのビュルツブルク市から、シーボルト協会理事長のクライン・ラングナー氏も宇和に来ていた。氏とは平成13年（２００１）の夏、宇和で「オランダおイネ」を再演したとき以来の再会だった。

そこで突然、彼から思いがけない申し出を受ける。「来年ビュルツブルク市が誕生して１３００年を迎えるので、ぜひビュルツブルクでこのミュージカルを上演してほしい」というのだ。

愛媛県から海外に行ってミュージカル公演をするのは前例がなく、しかもドイツで日本のミュージカルをするのは初めてだと聞き、責任の重さに、節ちゃんは思わず震えがきた。けれども、日独文化交流の架け橋になれば……と、申し出を受けることに。その場にいた他の座員たちも興奮を隠しきれない表情で、心はすでにドイツに飛んでいるようだった。

奇しくもその年は、物語にも登場するシーボルトの弟子、二宮敬作と高野長英の生誕２００年に当たり、会場であるマインフランケン劇場も建設されて２００年。そしてみかん一座も20周年。多くの節目の年であることに不思議な縁を感じた。（川崎）

シーボルトの娘「イネ」ドイツ公演

どうして公演名が変わったのか？日本公演での物語と違いはある？

楠本イネが「オランダおイネ」と呼ばれたのは、鎖国政策をとる江戸時代の日本が唯一出島で交易していた相手国がオランダだったため、ドイツ人のシーボルトがオランダ人として来日していたことによるものです。

しかし、日独双方の公的な機関が関わり、市の記念事業として上演するため、この機会に「オランダ」の言葉をなくそうということで、公演名を変更しました。

また、海外で文化交流として上演する日本作品なので、子どもたちが相撲を取ったり、現地のドイツ人が忍者の扮装で登場するシーンを新たに追加しましたが、筋書きに変更はありませんでした。

ドイツ公演実現までの道のり

私たちは、公演の1年前から準備を始めましたが、あまりにも大きな事業であることから、資金面を中心に支援してくださる応援委員会が愛媛県倫理法人会有志の方々を中心に発足しました。そして事務局が立ち上がり、吉田秀明委員長、西川暁事務局長、事務局スタッフでみかん一座子ども組保護者の木原真由美さんたちを核として、多くの方々が動いてくださいました。ドイツ公演を実現することができたのは、故郷の皆様の温かい支援があったからだと感謝しています。

ドイツへの道程には、いろんなことがありました。２人の舞台監督が相次いで亡くなり、重要な役者が病気で行けなくなりと、何度も立ち止まりました。でも、大げさかもしれませんが、この公演は神様から与えられた使命なんだと自分に言い聞かせ、「どんなときも希望を捨てず……！」と、みかん一座の仲間と力を合わせ、ドイツに向かいました。

松山まつりでドイツ公演のＰＲ

ドイツ公演への支援の呼びかけ

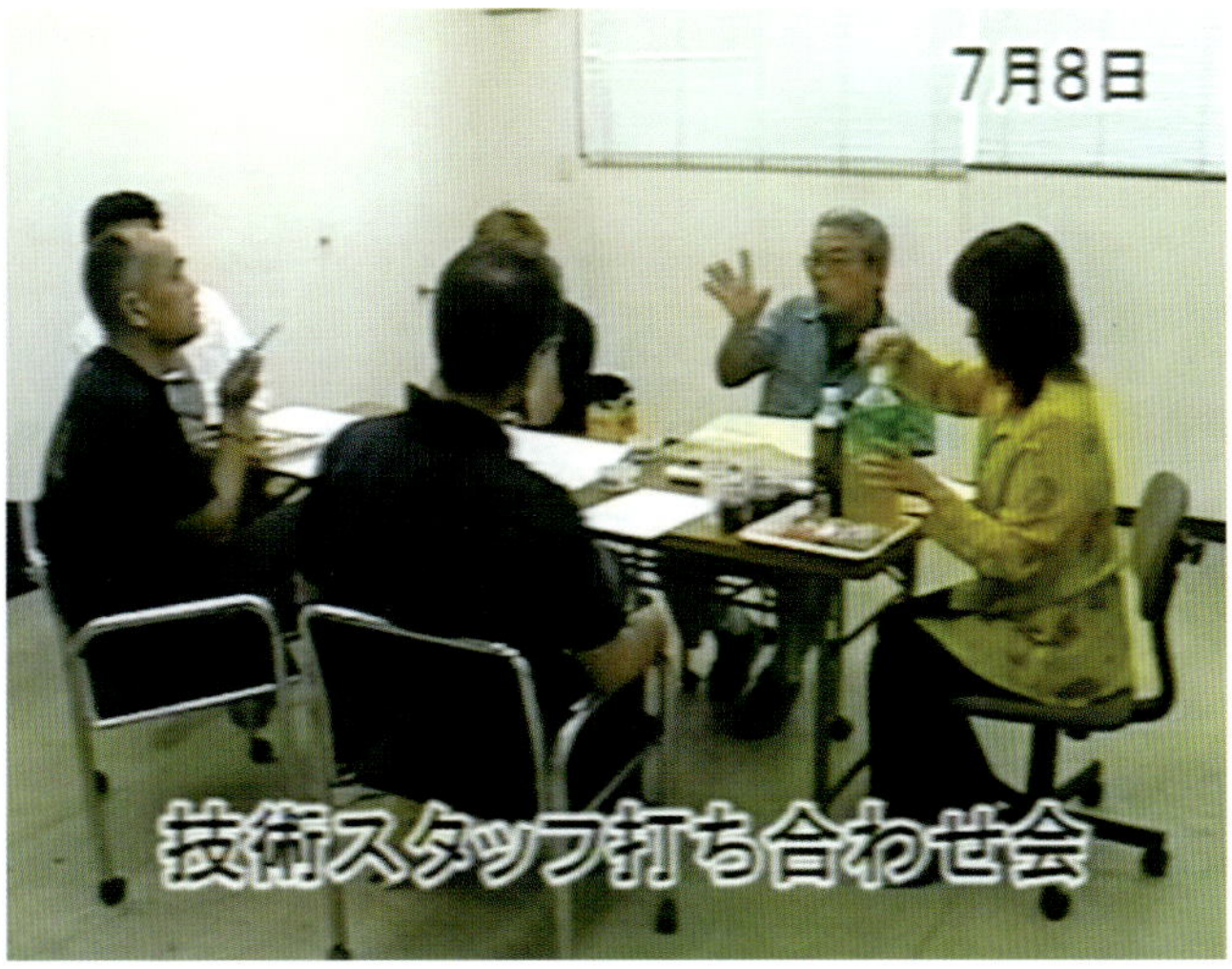

（収録ビデオより）

現地のスタッフと舞台製作

公演直前の10月14日、6人のスタッフが先にドイツ入り。メンバーが来るまでに整えておかなくてはならない多くのことがありました。日本から送っていた設計図を元に現地の大工さんが大道具の枠組みを製作。それを組み立て、色を塗っていくのです。小道具もいくつか現地で作りました。ドイツの会館スタッフの協力で、あれよあれよという間に仕上がっていきました。

一方、舞台に出演してくれるシーボルト・ギムナジウムのダンス部の練習に立ち合った私は、ドイツの少年・少女たちに日本で作ってきた衣裳を着せ、振り付けの確認などをしました。彼らは、早く日本の子どもたちに会いたいと瞳を輝かせていました。

緊張の中でのリハーサル

ビュルツブルク市は人口約13万人。世界遺産である宮殿をはじめ、歴史と文化の薫る本当に美しい町です。中心街を歩くと、「シーボルトの娘・イネ」のポスターがそこここに貼られていました。私はシーボルトの像を訪ね、公演の成功をお願いしました。思えば5年前、宇和町の皆さんと初めてビュルツブルグを訪れたとき、私はここで、「もう一度、会いに来ます」と、手を合わせました。それが、このような形で実現するとは思ってもいませんでした。

シーボルトの娘「イネ」 ドイツ公演

メンバー全員の約70人が会場入りしたのは、公演の前日。その日、ステージには日本間が作られ、れんげ畑や軍艦などができ上がり、驚きの歓声が上がりました。心配していた音響・照明の作業は日本のチーフを中心に、ドイツスタッフとの素晴らしいチームワークで進めることができました。

言葉は、通訳を介してですが、いつしかお互い目と目で会話ができるようになっていました。子どもたちは……というと、楽屋を一緒にしたこともあり、すぐに仲良くなりました。大きな輪を作り、みかん一座の子どもたちはたどたどしいながらも、覚えたドイツ語で一人ひとり自己紹介をし、作ってきた日本とドイツの国旗や折鶴などをプレゼントすると、ドイツの子どもたちは焼いてきたクッキーをプレゼントしてくれました。

スタッフとして同行したお母さんたちは、この様子をそばで見ながら大きな拍手を送っていました。長旅で疲れ、時差ぼけもあろうかと心配していましたが、みんなドイツへ来た興奮と本番への緊張で頬を紅潮させ、リハーサルを行って、明日へと準備を進めていきました。

鳴り止まない拍手

とうとうその時がやってきました。「この日のために頑張ってきたんよ。応援してくださった多くの方々に感謝して、精いっぱいの舞台を務めさせていただこうね」と、みんなで手を重ねて勇気づけ合いました。

午後4時、マインフランケン劇場700席は満席。客席には多くのドイツ人、ドイツ在住の日本人、そして三好西予市長を団長に約30人の故郷からの応援団の姿もありました。

いよいよ幕が上がりました。ドイツ語のナレーションはところどころに入るけれど、芝居は日本語です。ドイツの皆さんにわかってもらえるだろうか？ そんな心配も吹っ飛ぶように会場からは笑い声や、すすり泣く声も聞こえてきました。シーン毎に拍手が起こりました。言葉はわからなくても、心が伝わっている！ それを感じた私たちは硬くなっていた体がほぐれていき、いつしかのびのびと演技をしていました。

フィナーレでは日独の出演者全員が手をつなぎ、「ありがとう、ダンケシェーン」を、1番を日本語で、2番をドイツ語で歌いました。舞台の袖では、裏方スタッフたちも肩を組み、歌っていました。

鳴り止まない拍手。6回ものカーテンコールが繰り返され、私たちは感動で心がいっぱいになり、止めどなく流れる涙をどうすることもできませんでした。

公演後、シーボルト協会主催の歓迎パーティーがあり、出席してくださったビュルツブルク市長から感謝の言葉をいただきました。そしてこの公演を、市を挙げてどんなに心待ちにしてくださっていたかを知りました。ドイツのテレビ、ラジオ、新聞各社のマスコミは、みかん一座の公演を大きく取り上げ、成功を報じてくれました。

日本とドイツの間に架かる友情の虹

嵐のように過ぎた数日間。日本とドイツに架かった友情の虹。この公演をきっかけに文通を始めた高校生もいます。170年の時を越えて、父シーボルトと娘イネの絆で結ばれた、この国際交流を大切にしたいと思います。私たちの経験が、また次への友情の花を咲かせる種になれば幸いです。

未来をになう子どもたち。どの国の子どもたちの瞳も輝き、お互いが手をつなぎ、心をつなぐことのできる世の中が早く来てほしい……。そんな思いでいっぱいです。

心に、一生消えない思い出が刻まれました。ドイツへ送り出してくださった本当に多くの関係者の皆さんへの感謝の気持ちも、この思い出と共に忘れることはできません。

みかん一座ミュージカル「シーボルトの娘・イネ」はドイツ・ビュルツブルク市民に高く評価され、新聞にも大きく取り上げられた。

シーボルトの娘「イネ」ドイツ公演

ドイツ公演には、南海放送の宇都宮宏明ディレクター（宇和出身）が同行し、ドキュメンタリー番組を放送した。

村田蔵六

高野長英　イネ　二宮敬作

公演会場となった
ヴュルツブルク市・マインフランケン劇場

♪ きなはい きなはい 宇和のまち〜

今、あなたのそばへ
飛んでゆく秋のほたる

ありがとうございました。
宇和は私のふるさとです。

パンフレットには日本での舞台の写真を入れながらドイツ語で場面ごとに解説を入れた。

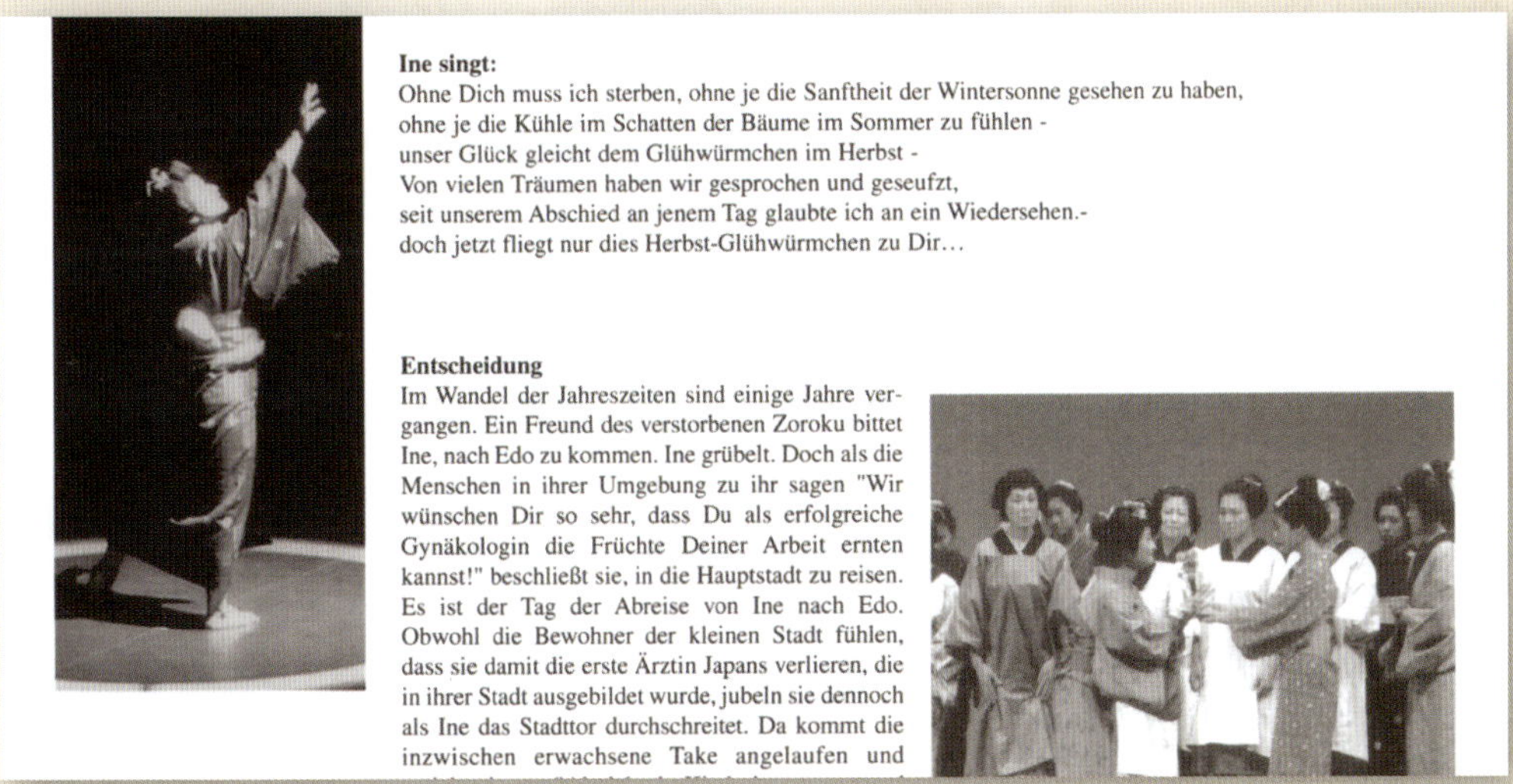

Ine singt:
Ohne Dich muss ich sterben, ohne je die Sanftheit der Wintersonne gesehen zu haben,
ohne je die Kühle im Schatten der Bäume im Sommer zu fühlen -
unser Glück gleicht dem Glühwürmchen im Herbst -
Von vielen Träumen haben wir gesprochen und geseufzt,
seit unserem Abschied an jenem Tag glaubte ich an ein Wiedersehen.-
doch jetzt fliegt nur dies Herbst-Glühwürmchen zu Dir…

Entscheidung
Im Wandel der Jahreszeiten sind einige Jahre vergangen. Ein Freund des verstorbenen Zoroku bittet Ine, nach Edo zu kommen. Ine grübelt. Doch als die Menschen in ihrer Umgebung zu ihr sagen "Wir wünschen Dir so sehr, dass Du als erfolgreiche Gynäkologin die Früchte Deiner Arbeit ernten kannst!" beschließt sie, in die Hauptstadt zu reisen. Es ist der Tag der Abreise von Ine nach Edo. Obwohl die Bewohner der kleinen Stadt fühlen, dass sie damit die erste Ärztin Japans verlieren, die in ihrer Stadt ausgebildet wurde, jubeln sie dennoch als Ine das Stadttor durchschreitet. Da kommt die inzwischen erwachsene Take angelaufen und

人生の彩り

ドイツ公演実行委員会委員長　吉田　秀明

どんなに大きなことも、一人の情熱から始まる。14年前の戒田さんは、まさにその言葉の中にいました。

その渦の外にいたはずの私が、知らず知らずのうちに渦に飲み込まれ、気付いたときはど真ん中で回る、回る。経験のないでき事が繰り返されるなかで私を駆り立てたものはなんだったのか、今振り返っても、鮮やかな残影だけがある不思議な感覚です。

ミュージカルには縁もゆかりもない人生を歩いてきた私に、突然降りかかった異次元のでき事。今、人生の後半を生きる年になって、あの公演が私の人生に一つの彩りを与えてくれたことに感謝したいと思います。

思い起こせば、あのときの情景がフラッシュバックのように蘇ってきます。街角で出会った子どもたち、片言の会話を楽しんだワイン工場のおじさん、ホテルのオーナー、開演のベル、観客の笑い、拍手、涙、大成功の中のカーテンコール……どれをとっても昨日のことのように鮮やかに蘇ってきます。事が成就するときのエネルギーとはああいうものなのでしょうか。

あれから14年がたち、戒田さんも私と同じだけ年を取ったはずなのですが、彼女の情熱はまだまだ健在。目の輝きの向こうに、どんな夢を見ているのでしょうか。

みかん一座
ドイツ公演に感謝

西予市シーボルト協会事務局長　保木　泰広

私たちは平成5年、UWA国際交流協会「ペガサス」を立ち上げ、青少年の海外派遣事業を始めました。宇和町（現西予市）には幕末、シーボルトの愛弟子二宮敬作が宇和島藩主の命で医院を開業し、14歳に成長したおイネを長崎から呼び寄せ、5年間養育したことが伝承されています。向学心に燃えたイネは蘭学・医学の修業に励み、苦労を乗り越え、周囲の期待に応えて日本初の産科女医となりました。私たちは、少女時代のおイネは父シーボルトの故郷へ訪ねてみたかったのではないかと想像し、現代に生きる中高生をシーボルトの生誕地ドイツのヴュルツブルクへ親善使節として送る活動を始めました。以後11回にわたってドイツへ派遣し、国際交流を進めました。

ヴュルツブルクのシーボルト協会は、宇和町から派遣した青少年を温かく歓迎してくれて、協会員の家庭でホームステイが実現し、中高生たちもシーボルトギムナジウム（中等学校）やシーボルトゆかりの老人施設などを訪問して友情を深めました。

ペガサスでは、シーボルト博物館の落成式に町民訪問団を派遣し、さらに「ドイツにおける日本年（日本を紹介するイベント）」に参加する形で、同博物館にて宇

シーボルトの娘「イネ」ドイツ公演

和町展を開催。オープニングセレモニーには、みかん一座7人を合わせて98人が参加し、現地で牛鬼を組み立て、五ッ鹿踊りを先頭にパトカー先導で市内を行進し、みかん一座も数回出演してくださって大いに日本人の心意気を発揮し、交流が深まりました。戒田さんは、晩餐会ではおイネさんになりきって司会を務めてくださり、どこの場面でも大成功を収めることができました。

みかん一座が2回目のミュージカル「オランダおイネ・一番星咲いた」宇和町公演を行った折、運良く宇和町を訪問していたシーボルト協会のクライン・ラングナー理事長らが観劇。感激し、最後に舞台に上がってフィナーレを迎えました。

このときラングナー理事長の脳裏に、ある野望が閃いていました。早速、ラングナー氏からヴュルツブルク市政1300周年時の平成16年秋に「みかん一座ミュージカルを所望する」との声が伝わってきました。戒田さんは一度、シーボルト生誕地を訪れているので必ず実現してくれるだろうと思っていました。図星でした。

当時の宇都宮象一町長はみかん一座への経費の一部費用を予算化する一方、合併による西予市長選への対応で精いっぱいでした。結果は宇和町助役から打って出た三好幹二氏が初当選し、私たちはみかん一座ミュージカル「シーボルトの娘イネ」の観劇ツアーを企画し、三好市長を団長に30人でヴュルツブルクを目指しました。

戒田さんは周囲の応援も得て言葉の壁を克服され、ドイツ公演を成し遂げられました。青い目のイネも不屈の闘志を秘めて艱難辛苦を乗り越え、日本初の産科女医となりましたが、戒田さんのドイツ公演へのエネルギーも相当なものであったと思われます。

そんなみかん一座の皆様の苦労を知らない私たちがマインクランケン劇場に入ると、超満員の盛況でした。私は最前列の席で観劇しました。シーボルトギムナジウムの生徒20人も忍者役で出演し、見事なダンスを披露しました。フィナーレのスタンディングオベーションは拍手が鳴り止まず、大感激でした。終了後の懇親会では、美しい女性市長ピア・ベックマンさんや、シーボルトの子孫ツェッペリン夫妻も参加してみかん一座公演を称えてくれ、素晴らしいひとときを味わいました。合併を機にペガサスは解散しましたが、西予市では楠本イネの偉業を顕彰し、その志を継ごうと医学研究や医療活動に活躍する女性を表彰する制度「おイネ賞事業」を創設。このほど6回目の表彰式が行われました。

私は戒田さんが作詞された、2つのまちを友情で結んだ「ありがとう・ダンケシェーン」の歌が大好きです。みかん一座のドイツ公演は、私たちにとってもヴュルツブルク市民にとっても忘れられぬ思い出となって残っています。

みかん一座と戒田さんのますますのご活躍に期待します。今後も愛媛の空に虹のように輝いて世界に情報を発信して下さい。

シーボルトの子孫ツェッペリン夫妻と

当時の市長ピア・ベックマンさん（前列中央）

日独国際文化交流事業 ドイツ・ビュルツブルク市1300年／みかん一座20周年記念

シーボルトの娘「イネ」凱旋公演

【公演日】平成16年（2004）11月18・19日
【会　場】松山市総合コミュニティセンター キャメリアホール

作・演出／戒田 節子

ふるさとのみなさんへ感謝を込めて

ドイツ公演は大変な道のりだったが、大成功を収め、ヴュルツブルクの市民に喜んでもらい、みかん一座は大きな役目を果たせた。その報告とドイツで行った公演を応援してくださったふるさとのみなさんに見ていただく感謝の公演だった。

だが、ドイツ公演メンバーの中には出られない人もいて、キャストチェンジがあり、短期間での集中した練習となった。（川崎）

シーボルトの娘「イネ」凱旋公演

LIVE みかん一座のブログから（座長編）

●平成16年（2004）11月3日

頑張れ！ 戸田君！

今日は文化の日。祝日ですが、みかん一座は11月18日、19日、松山での公演が終わるまで休みはすべて返上！

ドイツの凱旋公演とはいえ、メンバーの中には出られない人もいるので、代わりのメンバーが新たに役に就き、練習しないといけないの。

あら～、大変よー。力太はブイチになるので、これは安心。産婆の鶴さんも、菊池さんだからよっしゃー。問題は吉松役。大学生のまゆみちゃん演ずるカヤと結婚する役。祝言をあげて、妊娠する妻をいたわるという役なんだけど、それを高校3年生の戸田君が演じるから、んー、難しいのです。

みかんのメンバーは人手不足で、彼しかいない。芝居も経験がないというのだから、これまたどうしたものか……。しかし、やってもらうしかないと、私は戸田君にはっぱをかけ、男性陣は手取り足取り鍛えている。後2週間で彼がどう変わるか楽しみ……だけど心配。すべてにおいて経験値ゼロの戸田君。緊張しまくりで顔がこわばってる。

それと、ドイツでは現地の学校のダンス部20人が踊った「長英ランナウェイ」を、桐ちゃんとまいちゃんの2人で踊るのだから、これもアラアラ……。ああでもない、こうでもないと、みんなで振りを作っている。間に合うんかいな？ ファイト！

●平成16年（2004）11月19日

今日で、すべてが終わる

ドイツ公演に向かって準備を始めてから1年以上がたった。ドイツ公演が終わって1カ月は、凱旋公演のために四苦八苦してきた。みかん一座は未完成とはいえ、できる限りの努力を惜しまず、最後まで頑張る集団だ。昨日の反省点を各スタッフ、役者が直していく。観客に、より楽しんでいただくため、感動していただくために……。そして、自分たちが納得できるものにするために……。20年の総決算でもあるんだから。

今日は、のびのびとやろう！ 幕開けの踊りもにこやかになった。産婆がイネをいじめるシーンも恐いくらい本気でいじめている。殺陣のシーンも照明が良くなって迫力がある。みんないいよー。

フィナーレのみかん一座のテーマ曲「サンシャイン・アイズ」のときは、みんな、それぞれの思いで涙していた。お見送りで、大勢の方に「ありがとう」と言われた。こちらこそありがとう。ダンケシェン！ みかんの美味しい季節に、みかん一座の公演は幕を閉じた。甘酸っぱい気持ちいっぱいで……。

♪ありがとうダンケシェン

作詞／戒田 節子　作曲／山本 太郎

どこか似ている それは太陽の輝き
みどりの風 やさしい笑顔
シーボルトのふるさと ヴュルツブルク
イネが住んでた 宇和の町
父と娘の絆
時をこえて 今よみがえる
二つの町にかかった 愛の橋
ありがとう ダンケシェン
ダンケシェン ありがとう
ありがとう ダンケシェン
ダンケシェン ありがとう

かわした友情 ずっと忘れはしない
心に咲いた 清らかな花
シーボルトのふるさと ヴュルツブルク
イネが住んでた 宇和の町
父と娘の絆
時をこえて 今よみがえる
二つの町にかかった 虹の橋
ありがとう ダンケシェン
ダンケシェン ありがとう
ありがとう ダンケシェン
ダンケシェン ありがとう

ドイツ公演支援CD「ありがとう・ダンケ支援（シエン）」

みかん一座10周年記念ミュージカル

夢見町 心の花を咲かすまで

【公演日】平成6年（1994）12月14・15日

【会　場】松山市総合コミュニティセンター キャメリアホール

作・演出／戒田 節子

番組で出会った高齢者たちへの感謝を込めて

旗揚げから10年目を迎え、一座は記念公演を企画していた。当時、節ちゃんは「人生三拍子つるかめワルツ」というラジオ番組を担当していて、65歳から100歳の方々、100人以上と話をする機会があった。

生きることの喜びや不安、老いることの寂しさなど、いろんな思いを抱えて懸命に生きる彼らの姿に何度も勇気づけられ、与えられた命に感謝することを教えてもらった。このミュージカルは、人生と長寿への賛歌なのである。

平成6年は、松山市が大渇水に見舞われた年で、水不足のため練習もままならなかった。なにしろ1日のうちほとんどが断水。上演できないかもしれないと諦めかけた日もあったが、メンバーみんなで励まし合って乗り越えた。（川崎）

画:青木のりあき

夢見町 心の花を咲かすまで

ものがたり

1本の楠をめぐって、老若それぞれの想いの行方はどこへ!?

「夢見町」の公園は、真ん中に古い大きな楠が1本立っている。町の爺ちゃん婆ちゃんたちが生まれる前からあった木で、夢見町のことを何でも知っている。

楠の木陰でプロポーズした若者、初々しい花嫁、夜泣きする赤ん坊とねんねこ半纏の母親。夏には太鼓櫓を囲んで盆踊り、秋は山裾まで続く稲田の美しかったこと。

戦争があった時代は、この木の下で再会を誓って、若者たちが出征して行った。残された家族は、毎日、木を見上げて手を合わせ、無事の帰還を祈ったが、帰らない者もあった。

そんな楠の下は、今も老人たちが集まる憩いの場所になっていて、彼らは、そこに立派な花壇を作ることを人生最後の生き甲斐にしようとしている。

ところが、若者たちは、町の野球チーム「ドリームチーム」のために、公園を野球グラウンドにしてほしい。それには楠と花壇が邪魔だと、夢見町の老人と若者たちの間で対立が始まった。

折り合いはつかず、老若対抗野球で決着を付けることになる。往年の鶴亀コンビ（かつて名バッテリーだった鶴五郎と亀太郎）が復活し、シルバーチームを編成した。

アナウンサーの中継も入って決戦は白熱するが、7回表、両者無得点を迎えたところで、台風で中止。夜更けには豪雨になり、風雨から花壇を守ろうとした亀太郎が命を落としてしまう。

亀太郎が命がけで守った花壇を絶対守りたいと、シルバーチームは果たし状を出す。野球の試合再開へと若者たちが出向いたところ、グラウンドには野球拳の用意をしたシルバーチームが待っていた。

野球拳勝負はドリームチームが勝つ。

ところが、若者たちは「試合には勝っても、爺ちゃん婆ちゃんの想いにはかなわん」と、楠の公園の維持を申し出る。

そこに、野球の練習に隣町グラウンドが使えると連絡が入った。

音　楽／和田 耕一　山本 太郎
サスケ　清水 由紀
振付協力／麻田 祥江　森田 康二　出本 秀
舞台監督／日之西 哲夫

♪ どうなるどうなる この勝負　見物だ見物だ野球拳
【ドリームチーム】
【シルバーチーム】

♪夢見町はぼくたちの町

作詞／戒田節子　作曲／サスケ

ここはぼくたちの町　ここは夢見町
地図を広げて　探してみても
虫眼鏡で見なくちゃ分からない
とってもちっちゃな町だけど
どこにでもあるよな町だけど
お日様笑ってる　ライラライライ
お花も笑ってる　ライラライラライ
ぼくもみんなも　笑ってる
素敵なことに　出会える町さ
夢を見る町　夢見町

小梅食堂名物
天丼!

鶴五郎さん
昔は名ピッチャー
だったらしいなぁ
今度若者らと
試合するんよ

そりゃ、大事じゃ!
うちのばあちゃんが
おらんなったんです

私をどこに
連れて行くの!

♪心の花を咲かすまで

作詞／戒田節子　作曲／和田耕一

愛する人の手を握り
そのぬくもり感じたなら
心にやさしい灯がともる
時は流れ
まちの景色は変わっても
ふるさとの空の青さは
ふるさとの海の深さは
命のうたを歌ってる
両手を広げ
澄んだ空気を吸い込めば
明日への扉がまた開くよ
夢のかけらをつなぎ合おう
大きな虹を架けるまで
愛のうたを口ずさもう
心の花を咲かすまで

公園の
楠を賭けて
プレイボール!

若いもんには
負けはせん!

夢見町 心の花を咲かすまで

全部で15曲！多かったダンスシーン

台本ができ上がったとき、メンバーが心配顔で言いました。「え〜っ、こんなにダンスが多くて大丈夫？」無理もない、ダンスの基礎も何もない人たちの集まりですから、リズムに乗れない、足は上がらない、ターンはできないと、できない尽くしなのです。

15曲もあるダンスシーンでは、ポイントとなるいくつかを各先生に振り付けていただき、その他は、ああでもないこうでもないと自分たちで振り付けていって、みかん一座らしいおかしなダンスがいくつかでき上がりました。私たちのダンスは「役になりきって踊ることが第一」「カッコ良くはないけど、なんか面白い」が身上です。

典型的なのが、この舞台から生まれた「じじばばダンス」でしょうか。「じじばばじじばばじじばば」と繰り返しながら行う健康体操です。双子のデュオ「サスケ」さんが作ったご当地ソング「旅のマドンナ」も、湯桶を叩いて踊るユニークな振りが長く愛されています。

心の花が咲く町は、笑顔あふれる町

「笑う門には福来たる」とは言いますが、みんなが笑って生きていけたらどんなにいいでしょう。笑顔の中には明るさと温もりがあります。活気のある町には、キラキラ輝く笑顔がたくさんある気がします。地域の笑いは家庭の笑いの寄せ集め……。辛いこともいろいろあるけど、相手を思いやる気持ちを忘れず、コミュニケーションをしっかりとっていけば、どんなことにも希望が湧いてくるものです。

そして「出る杭は打つ、足を引っ張る」ではなく、「いいところは伸ばす、足りないところは助け合う」「誰かのために一肌脱ぐ」という優しいまちづくりができたら、本当にステキですね。そんなとき、心の花が咲き、自然と笑顔が溢れてくると思っています。

♪ じじばばダンス

作詞／戒田 節子

じじばば じじばば じじばば
じじばば じじばば じじばば
元気な体があれば
ほかに何にもいらないよ
ご先祖様の お陰です
じじばば じじばば じじばば
じじばば ダンス踊ろう
じじばば じじばば じじばば
じじばば じじばば じじばば

舞台を横切る自転車隊

フランス人 アニー

アメリカ人 ジェフ

ラジオで中継やりよる！

松山まつり野球サンバに「RNB かみなり族」で出場！

大渇水のこの年、南海放送とみかん一座が雷さんに扮して雨乞いのためのサンバを踊った。

偉大なる妹へ、頼りない兄より（笑）

旧三崎町出身フォークシンガー **サスケ**（カツ）

南海放送に入社したばかりの天真爛漫で無邪気な節ちゃんと、あか抜けない双子のフォークシンガーのサスケ兄弟が出会ったのは37年ほど前のことです。

ラジオで「みかん一座東京支部のサスケでーす！」と言っていますが、このきっかけは1994年のミュージカル「夢見町、心に花を咲かすまで」に節ちゃんが出演依頼してくれたことでした。その練習のとき、道後温泉本館100周年記念でサスケが作った「旅のマドンナ」をみんなで踊ってくれて、2人とも涙をポロポロ流して泣きました。嬉しかったなあ。

こんなこともありました。歌詞を見せてわずか1分後、「曲、もうできた？」と節ちゃん。目が点に（笑）。芝居におけるひたむきな情熱の前には常識が通じない節ちゃんの感性、生き方。圧倒されました。

サスケが作って、みかん一座が歌い踊った「I Love 三瓶」が感動を呼び、三瓶町の歌になったり、「愛媛70市町村」や「愛媛えがおの20」を一緒に作ったり、河野兵市さんの応援をしたり、弟のタカが亡くなって一人になったカツの背中を押してくれたり……。思えば愛媛のサスケは、常に節ちゃんがそばで見守ってくれたような気がします。

新しい旅立ちを迎えた節ちゃんに、少しくらいは恩返ししないとね。サスケは、いつまでもどこまでも節ちゃんを応援していきます。

感謝、感激、ありがとう！フレーフレー節ちゃん！

♪ いいよ、いいよ、伊予路は〜。いいよ、いいよ、伊予路は〜。だんだん畑と青い海〜 ♪

阪神大震災チャリティー 第14回全国城下町シンポジウム松山大会記念ミュージカル

春や昔、十五万石の城下のまちで

【公演日】平成7年（1995）4月2日
【会　場】松山市民会館 大ホール

作・演出／戒田 節子

松山JC、松山のまちづくりをミュージカルにして全国に発信

松山青年会議所（松山JC）からの要望を受け、「第14回全国城下町シンポジウム松山大会」の開催に合わせて作った作品。このシンポジウムでは、全国城下町青年会議所連絡協議会のメンバーが松山で一堂に会し、これからのまちづくりを地域と共に行なっていくにはどうしたらいいかを考えた。

そこで、松山JCは、当地のまちづくりの歴史を分かりやすく紹介するため、ミュージカルに仕立てて観てもらうことにした。キャストやスタッフにJCメンバーを交え、総勢150人以上の大所帯で取り組んだ。

平成7年1月、ちょうど稽古が始まった頃のこと、阪神淡路大震災が発生する。

全国に支援の輪が広がり、このミュージカルもチャリティー公演とすることに決まった。（川崎）

画:青木のりあき

春や昔、十五万石の城下のまちで

ものがたり

坊っちゃん列車に乗って、松山をタイムスリップ！ 不思議な案内人の正体とは？

父親が大病をして、東京に住む長男のぼるが久しぶりに松山に帰ってきた。のぼるの実家は何代も続く造り酒屋だ。従業員や家族が歓迎会を開いてくれ、のぼるは、自分が家を継ぐことを待ち望まれていると知る。しかし、縛られるもののない都会暮らしを続けたい気持ちを捨てられない。

公園には、坊っちゃん列車が展示されていた。子どもの頃、のぼるは辛いことがあると、この列車が自分を乗せて、どこかへ連れて行ってくれる夢を見た。今また悩むのぼるに、列車の中から「案内人」の声が聞こえてきた。「のぼる、さあ、おいで」

列車に乗り込んだのぼるは、案内人と一緒に、過去の松山にタイムスリップする。

明治時代の松山では、伊予鉄道の創始者、小林信近が、多くの困難を乗り越えて、日本初の軽便鉄道を走らせた。

松山ならではの、のどかな風土に支えられて、子規と漱石も学びあっていた。

戦時中の松山では、城山の森を軍の伐採から守った監守長のお爺さんに出会い、のぼるもまた、そのお爺さんたちといっしょに、空襲から松山城を守る。

やがて列車は戦後の松山に降り立ち、焼け野原となった町の復興と戦争孤児の少年のために強く生きる決心をする1人の復員兵を目の当たりにする。また、戦火から実家の酒蔵を守った人にも出会う。

坊っちゃん列車が現代に戻ったとき、のぼるは、復員兵と案内人とが自分の祖父・清で、戦争孤児は父・五郎だったことに気づく。

町を守っていくということは、その場所に想いを寄せて生きた多くの人々の歴史をつないでいくことだと、のぼるは悟る。

そして、自分も家業を守り継ぎ、故郷の歴史の一端を担って生きる決心をする。

坊っちゃん列車に乗って
松山の昔にタイムスリップ

※肩書は当時のままで掲載

当時のパンフレットより

ネクタイ鉢巻きに汗かいて、歌って踊ったJC会員

鶴居 秀夫 さん
（松山青年会議所 理事長）

ミュージカルに関してはド素人のわれわれが、シナリオに注文をつけたうえに、できたら出演したいというのですから、戒田さんにとっては、今までのどのステージよりも大変だったに違いありません。

しかし、われわれもネクタイを鉢巻き代わりにして頑張りました。ミュージカルを作り上げていくうえで、改めて人と人との関わり合いに感動を覚えました。

今は、みなさんの協力を得て、ひとつのものを作り上げたという満足感でいっぱいです。

音　楽／和田 耕一　山本 太郎
サスケ　清水 由紀
振付協力／森田 康二　麻田 祥江
舞台監督／日之西 哲夫

♪ あなたの想い

作詞／戒田 節子　作曲／和田 耕一

あなたの想い 私の想い
ひとつになって 心に届く
あなたの願い 私の願い
重なり合って 心を包む
肩を寄せ合い 生きてゆこう
いくつもの涙を 微笑みに変え
希望を捨てず 歩いてゆこう
僕らの夢を 追い求めながら

ささやかな人生だけど
どんな人にも ドラマがある
喜び悲しみ乗り継ぎながら
それぞれの旅を生きてきた
時を超えて贈りたい 私たちの愛の歌を

僕らは忘れないだろう
あなたたちの汗と涙
命の限り 明日を信じて
いくつもの時代を守ってくれた
時を超えてありがとう
あふれるほどの勇気の歌を

ふるさとの空は 昔も今も 変わらない
あの星の輝きは 過去と未来に続いている
さあ、手をつなごう 新しい風に向かって
新しい風に向かって

さあ、手をつなごう 新しい風に向かって

苦労の末に開通した 日本初の軽便鉄道！

鉄道反対！

湯の中で泳ぐべからず～

春や昔、十五万石の城下のまちで

阪神淡路大震災で町を失った人々の新たなまちづくりにエール！

平成7年（1995）、お正月気分が去った直後の1月17日、私たちがそれまで見たこともない大地震が発生しました。阪神淡路大震災です。

特に震源に近い神戸市市街地の被害は甚大で、ビルや高速道路が倒壊し、港湾などもメチャメチャになり、国内だけでなく世界中に衝撃を与えました。犠牲者の数は死者6435名、負傷者は4万人を超え、家の倒壊や火災などで住む場所を失った人も31万人を超えました。

愛媛からもたくさんの救援物資を送り、ボランティアとして現地に赴いた人も大勢いました。私もラジオでいろいろなことを呼びかけました。

みかん一座は、前年の12月に10周年記念という大きな公演を終えたばかりでした。JCのシンポジウムが行われるのは4月2日で、このミュージカルに取りかかったのが1月半ば。練習期間は約2カ月という短期間で、松山青年会議所のみなさんも大勢出演するなど、異例づくしではありましたが、迫力ある舞台になりました。

「阪神大震災でまちを失った人たちに、まちづくりのエールとなるよう一生懸命頑張ろう」というJCの皆さんの思いは、ふるさとを愛し、世代を超えてまちづくりに取り組んできた私たちみかん一座と通じるものがあり、一致団結した公演となりました。

伊予万歳

平成版伊予万歳

第19回まつやま市民シンポジウム

春や昔、十五万石の城下のまちで（再演）

【公演日】平成14年（2002）9月21日
【会　場】愛媛県県民文化会館　メインホール

作・演出／戒田　節子

不況のなか、市民みんなで強い松山をつくるために先人の「心」を受け継ぐ

初演から7年後、市民と行政が共にまちづくりを考え、行動するきっかけをつくるため、松山市と松山ＪＣの協働で「第19回まつやま市民シンポジウム」が開催される。そのなかで、この演目を再び松山ＪＣのメンバーと共に上演することになった。

後に愛媛県知事となる中村時広さんが松山市長だったときに、舞台で明治時代の県知事役を演じているのも見どころのひとつ。

この年、松山城は築城から４００年を迎える。平成３年（１９９１）に始まったバブル経済崩壊以降、20年にもわたった「平成不況」のまっただ中で、安定社会のための施策が、まだ見えない時代だった。（川崎）

春や昔　十五万石の　城下かな

漱石　　子規

9回
つやま市民シンポジウム
春や昔
十五万石の
城下のまちで
イラスト／青木のりあき

:青木のりあき

春や昔、十五万石の城下のまちで（再演）

鉄道開通を
実現しましょう！

明治時代の愛媛県知事役の中村時広さん（当時松山市長）

※肩書は当時のまま掲載

当時のパンフレットより

三原 英人 さん
（松山青年会議所 理事長）

「物」の豊かさに満たされながら「心」の豊かさが満たされない現代、「まつやま」で暮らす私たちは、先代より受け継いできた大切な「心」を子どもたちへしっかりと受け継いでいこうとしているでしょうか……。

ミュージカルを通して、まちや人への「想い」そして「夢」への新たな気づきがあれば幸いです。

♪ 花のように美しい

作詞／戒田 節子　作曲／山本 太郎

おせじやうそは　僕は言わない
君は花のように美しい
立てば芍薬 座れば牡丹　歩く姿は百合の花

あらま先生 そんなにおだてたら
その気になってしまうぞな
伊予のおなごは素直じゃけん
立てば芍薬 座れば牡丹
歩く姿は百合の花

おせじやうそは　僕は言わない
君はダンゴより美味しそう
立てばプリティ 座ればキュート
歩く姿はビューティフル

車屋さん、道後まで
行っておくれや

♪ビルの谷間から
見上げる四角い空
僕のふるさとに
つながっている

ばあさん、
だんご2皿
はいはい

日米友好「青い目の人形」来日70周年記念

青い瞳を忘れない

【公演日】平成9年(1997)12月17・18日
【会　場】松山市総合コミュニティセンター キャメリアホール
作・演出／**戒田 節子**

哀しい運命をたどった人形の、感動的な顛末を聞く

昭和の初めにアメリカから日本へ親善使節として贈られた青い目の人形は、太平洋戦争中に敵性人形として痛めつけられ、そのほとんどが処分された。

現在、愛媛県には5体の人形が残っている。節ちゃんはその中の3体に西予市明浜町で初めて出会う。青い瞳が何かを語っているように見えて、「この人形たちのことをミュージカルにして、多くの人に知ってもらいたい」と台本を書いた。

初演は、人形の来日70周年を記念して上演された。（川崎）

画:青木のりあき

愛媛県の5体の人形
○フランセッタ、ノーマの2体（西予市立俵津小学校）
○名前不明1体（後にピッティと名が付く／西予市立狩江小学校）
○ベティ・ジェーン1体（八幡浜市立神山小学校）
○ブルー1体（今治市四阪島・住友金属鉱山別子事業所）

青い瞳を忘れない

青い目の人形とは

昭和2年（1927）、アメリカから日本に1万2739体もの「青い目の人形」が船に乗ってやってきた。

当時アメリカでは、ハワイや米国本土の日本人移民に対する排斥運動が広がり、日系人がたいへんな苦難にあった。日系人は低賃金でよく働いたため、アメリカ人の仕事を奪うとして、金融恐慌後に人種差別とあいまって強い反日感情を呼んだのだった。

そこで、アメリカと日本を愛する宣教師、シドニー・ルイス・ギューリック博士が、両国に友情の橋を架けるため、「世界の平和は子どもから」と、人形を介した親善活動を始める。彼には日本での滞在経験があり松山でも教鞭を執っていた。日本には人形を人に見立てて親しく接する文化があることをよく知っていた。そこで、雛祭りに人形を送ることを呼びかけたところ、賛同したアメリカの人々260万人がバザーなどでお金を集め、洋服を縫い、子どもたちの手紙を添えて、日本中の幼稚園や小学校に人形を贈った。愛媛県にも214体が届いている。

どの人形もそれぞれ名前がついていて、パスポートを持ち、子どもたちから大歓迎を受けた。

その後、日本からもお返しにと、各県の子どもたちが一銭募金をし、美しい市松人形をアメリカの各州に贈る。愛媛県の黒い瞳の人形「ミス・エヒメ」ちゃんは、ミシシッピー州のガルフポートという港町に住むようになり、可愛がられた。こうして日本とアメリカの子どもたちは、人形を通して友情を深めていった。

しかし、昭和16年（1941）の日米開戦と共に、青い目の人形は敵国のスパイだとされ、竹槍で突かれたり、焼かれたり、水に沈められたりして、消されていく。

戦後しばらくしてから、平和を愛する人々によって残された人形たちが少しずつ姿を現し始めた。今、日本中に約300体、愛媛県にも5体の人形が残っている。

今、再び、ギューリック博士の願いを受けて、博士の孫らを中心に、新たに友情人形が日本に贈られている。

子どものきれいな心を守った先生たち

歌子ばあちゃんと子どもたちは、古い人形を抱いた年老いたお遍路さんと出会う。その人形は70年前、歌子が小学生のときに学校を代表して受け取った「青い目の人形」メリーちゃんだった。お遍路さんは、その人形を「森で拾った」と言う。

昔、森の中に落ちていた一体の人形を四国遍路の母子が拾う。その人形こそがメリーちゃんで、老婆は亡くなった母親を偲んで人形と共に遍路をしていたのだ。懐かしさがこみ上げる歌子は、当時のことを語り始める。

子どもの頃、歌子の両親は日本人移民としてアメリカに渡っており、彼女は祖母と2人で小さな村で暮らしていた。ある日、小学校に「青い目の人形」メリーちゃんが届き、歌子が学校を代表して受け取ることになった。

メリーちゃんは子どもたち皆に、友達として可愛がられた。なかでも歌子は両親が住む国からやって来たメリーちゃんに父や母の姿を重ね、特別な想いを持って子ども時代を過ごす。やがて日米が開戦し、メリーちゃんが大人たちから「憎い敵」と痛めつけられるようになる。

その頃、教師になった歌子が母校に勤務していた。メリーちゃんを処分するようにと国から命令され職員会議をしていると、子どもたちが全員で「メリーちゃんを助けてほしい！」と飛び込んでくる。歌子は、何とかして子どもたちの心を守りたいと校長先生にお願いした時、理科の得意な安藤先生がいい知恵があると口を開いた。理科の実験と称して和紙で気球を作り、それに人形を乗せて空に飛ばすという。そして、教師と子どもが一緒になって気球を作り飛ばした。空に上っていくメリーちゃんに「元気でね。またいつか会おうね！」と、子どもたちは気球が見えなくなるまで手を振った。

音　楽／山本 太郎　和田 耕一
振付協力／後藤 富美　麻田 陽子
三好 直美　古茂田 圭　他
舞台監督／日野西 哲夫

♪ 夢に向かって

作詞／戒田 節子　作曲／山本 太郎

どんなときも 希望をすてず
輝く瞳を 失わず
夢に向かって 歩いていこう
自分の心に まっすぐに

劇中の青い目の人形（メリーちゃん）や、メリーちゃん役の衣裳は創作人形作家森川真紀子さんの制作。

メリーを殺せ！

メリーちゃん元気で
また会おうね！

先生、メリーちゃんを助けて！
メリーちゃんは何も悪いことしていないのに

♪ 願いはひとつ

作詞／戒田 節子　作曲／山本 太郎

舞い上がれ 舞い上がれ 大空へ
飛んでゆけ 飛んでゆけ 自由な国へ
私たちは 忘れない
あなたの青い瞳の奥に
流れたいくつもの涙を
喜びの涙 悲しみの涙
移りゆく時の中で
私たちは 共に生きてきた
瞳の色は違っても
私たちは友達 みんな友達
手をあわせ 心の中で 願いはひとつ
青い空と やさしい風が
すべての人を 包むこと
青い空と やさしい風が
すべての生命を 包むこと

森の中に落ちとった

青い瞳を忘れない

人形は見てきた、時代は変わっても変わらない子どもたちの心

人形・羽子板作家の田中安子さんから、青い目の人形のことをお聞きしたのがきっかけとなり、翌年の元旦、南海放送ラジオで正月特別番組として、青い目の人形をテーマにした「ハートに新世紀、心に響く歌」を放送しました。

それをもとに、この公演の脚本を書いたのですが、制作に当たって、いろんな資料を読み、昭和2年当時、小学生だった方たちや人形の思い出が残っている方々にお話を伺い、西予市明浜町に残る3体の人形にも会いに行きました。なかでも、四国中央市土居町にあった土居国民学校(現土居小学校)でのでき事は、私の心を熱くしました。

戦争中、全国で人形の処分が行われる中、子どもの優しい心を守るために、土居国民学校の安藤益雄先生が試みた計画……人形を気球に乗せて生まれた国へ帰るようにと飛ばしたことは、当時、先生と共に教鞭をとられた、はたたかし先生が童話に書かれています。素晴らしい教育者であった安藤先生は90歳で他界されましたが、その心を今の時代にこそ伝えなければならないと、私は思いました。そのお話を元に、私なりに場面を脚色させていただきました。

現存している人形たちは青い目で日本を長い間見続けてきて、はたして今、どんな気持ちでいるのでしょう。人形の運命をたどりながら、戦争の恐ろしさや、平和の大切さを思わずにはいられませんでした。それと同時に、子どもたちが今も青い目の人形を友達のように大切にしていることを知り、時代は変わっても、変わらない想いで子どもたちの心はつながっているんだと嬉しくなりました。

この公演は、青い目の人形を大切にしている明浜の青年たちが大勢出演してくれました。そのことが約10年後の西予市での公演につながりました。

青い目の人形を歓迎して作られた歌

童謡「ふるさと」の作者として知られる高野辰之の作詞。作曲は東京音楽学校。

♪人形を迎へる歌

海のあちらの友達の
まことの心のこもってる
かはいいかはいい人形さん
あなたをみんなで迎へます

波をはるばる渡り来て
ここ迄お出での人形さん
さびしいやうには致しません
お国のつもりでゐらっしゃい

顔も心もおんなしに
やさしいあなたを誰がまあ
ほんとの妹弟と
思はぬものがありませう

青い目の人形が送られてきた当時子どもだったみなさん

日米友好青い目の人形来日80周年記念

青い瞳を忘れない

（西予バージョン）

【公演日】平成20年（2008）7月26・27日
【会　場】西予市宇和文化会館

作・演出／戒田　節子

西予市が一丸となって、地域の宝物にちなむミュージカルを上演

平成16年（2004）、宇和町、明浜町、三瓶町、城川町、野村町の5つの町が手を携え、西予市となった。それから5年目の節目の年、「青い瞳の人形」は来日から80年が過ぎた。明浜町に残る3体の人形は、西予市の宝物であり、日本の宝である。

「歴史のメッセージを未来に伝え、子どもたちの友情の輪を大きく広げていきたい」

そんな願いを込めて、「感動は心の活力」を合い言葉に、西予市はこのミュージカルの実行委員会を立ち上げた。公演を通して、西予市全体がより一層強い絆で結ばれることが期待されていた。

西予市の5つの町は、どこもみかん一座とは縁の深い町ばかりで、「その5つの町をつなぐお手伝いができるなら……」という思いもあって、この公演の企画に臨むことになった。

（川崎）

青い瞳を忘れない（西予バージョン）

シドニー・ギューリック3世からの手紙

公演おめでとうございます。

2008年7月26日、27日にミュージカル「青い瞳を忘れない」が上演されることを聞き、大変うれしく思います。

このミュージカルのテーマである平和とそれを通して（異なる）人種や宗教や文化を子どもたちが理解することは、もっとも重要なテーマだと思います。世界に住む私たち全てがこのテーマを広げていかなくてはなりません。きっとこのミュージカルは大成功し、見に来たお客さんや演じる皆さんの心や思い出に残るものになることでしょう。

2008年6月23日

シドニー・ギューリック3世

2カ所で続けた練習が、大きなひとつの公演になった

「西予市は一つ」を合言葉に、「日米友好青い目の人形来日80周年」を記念して、「青い瞳を忘れない」が再演されることになりました。みかん一座と共に、西予市の子どもと大人42人が市内の全域から出演。三好幹二市長は先生役、酒井宇之吉実行委員長は用務員さん役で出演されました。

出演者やスタッフは、7月下旬の本番に向けて4月からは毎週土曜日と日曜日に集まり、西予市と松山市で、それぞれ練習や作業を行いました。

私も、西予市に4カ月通い続け、発声練習から始まり、歌や踊り、芝居の稽古を重ねて、メンバーの心をつないでいきました。みかん一座と西予市の人たちの合同練習も数回行い、ひとつのミュージカルを、力を合わせて創りあげていきました。

戦争という悲劇、命の重み、人権の大切さ、教育の重要性、平和の大切さを考えさせるものとして、たくさんの反響をいただきました。

今回は、この公演を機に、市内にある3体の人形に「西予市の子どもたちと楽しく暮らしてほしい」と、国内で初めて「特別住民票」が発行されました。

昭和2年

歌子ばあちゃん、その人形は？
メリーちゃんじゃ！

大人になった歌子たち

中学生になった歌子たち

歌子が青い目の人形を代表で受け取る

先生、メリーちゃんの目って
本当に青いんですね。

歌ちゃんは母校の先生になったんじゃねぇ。

一緒に遊ぼう
メリーちゃん

♪ 海の男の艦隊勤務
月月火水木金金

アメリカの収容所で
歌子のことをいつも
思っているよ

♪ 仲良く手をつなごう

♪ 平和を信じて

作詞／戒田 節子　作曲／山本 太郎

どんなときもあの星のように
清らかに輝いて
人を恨まず 人を憎まず
人を恨まず 人を憎まず
国と国が憎みあっても
心に国境を作ってはいけない
自分の心に まっすぐに生きてほしい
すべての人がいつか目覚める時がくる
平和な世界がきっとくる
その日を信じて
歌い続けよう 歌い続けよう
自分の心にまっすぐに
平和の歌を歌っていこう

青い瞳を忘れない（西予バージョン）

風は明日へ

作詞 **原田 義徳**（明浜町）／作曲 **弓削 綾子**（野村中学校２年／当時）

この公演の時、西予市のイメージソングを公募。さわやかな、あたたかい歌が生まれ、ミュージカル公演のフィナーレで全員が大合唱をした。

一
青く輝く海原に
見えますか 遥かなる時の流れを
ここは故郷 夢の郷
五つの町が 輪になって
あなたと私が 手をつなぎ
未来へ夢を つむぎます
ここは西予市 元気だせーよ
豊かな海を吹き渡る
風は明日へ 流れます

二
緑連なる山並みに
聞こえますか 命なる大地の鼓動
ここは故郷 夢の郷
野村 城川 宇和 三瓶
明浜みんな 手をつなぎ
未来の姿 創ります
ここは西予市 元気だせーよ
豊かな山の峰遥か
風は明日へ 流れます

三
めぐる季節の彩りに
感じますか 高鳴る心のときめきを
ここは故郷 夢の郷
一人ひとりの 花が咲き
笑顔と笑顔で 手をつなぎ
未来へ道を 開きます
ここは 西予市 元気だせーよ
明るい光に輝いて
風は明日へ 流れます

ノーマ、フランセッタがやってきた、昔の俵津小学校

ピッティがやってきた、昔の狩江小学校

この狩江小学校校舎の木材を使ってミュージカルの小道具ができました。

人形たちを可愛がってくれた昔の小学生

私たち、西予市民になりました！

平成20年（２００８）年3月18日、私たちは晴れて「特別住民票」をもらいました。

ノーマ（俵津小学校）

ピッティ（狩江小学校）
フランセッタ（俵津小学校）

「青い瞳を忘れない」に寄せて

人形・羽子板作家　田中　安子

私が戒田節子さんと出会ったのは、今から20年程前のことです。私がちょうど「青い目の人形」のことを、若い人たちに伝えようと活動していた頃です。

昭和2年（1927）、全米の少年少女より1万体以上の人形が〝友情の人形使節〟として、日本に贈られてきました。ところが、日米間の戦争（第2次世界大戦）が始まり、その人形たちの大部分が、軍の命令により、敵性人形として処分されてしまいました。しかし、心ある人たちの勇気により、大切に、こっそりと保管されていた人形が、戦後になって少しずつ発見されました。

明浜町（現西予市）俵津小学校でも、その人形が見つかりました。私はその事実を多くの人に知ってもらいたくて、ラジオで人気だった戒田節子さん（節ちゃん）に、この話をミュージカルにして、多くの人に見せていただけないかとお願いに伺いました。彼女は、私の「青い目の人形」の話を、人形のような眼差しで真剣に聞いてくださいました。そして、この話の脚本を書いてくださり、「青い瞳を忘れない」という題名で、日本で初めての「青い目の人形」のミュージカルが上演される運びになったのです。

ミュージカル「青い目の人形」は、来歴70周年記念として、平成9年12月、みかん一座により、松山市コミュニティーセンターで第1回が上演されました。この公演はDVDとなっておりますので、いつでも見ることができます。「青い瞳を忘れない」が上演されたこと、夢がかなうことの幸せを、節ちゃんが体験させてくれました。私には決して忘れられない出会いでした。

話は変わりますが、今、私は節ちゃんに、正岡子規さんの妹・律に扮した一人芝居をやってほしいと願っています。子規の妹に関する句70句を、根岸の子規庵に飾った下で、律の日常から語ってくだされば、最期に「子規庵に帰りたい」と言って目を閉じた律の心が偲ばれる、と思うのです。私の新しい夢が再びかなうことを願ってペンを置きます。

愛媛県からミシシッピ州ガルフポートに贈られ、図書館に飾られて大切にされていた日本人形「ミス・エヒメ」ちゃんは、ハリケーンで流され、草履だけが残った。その後再びガルフポートに「ミス・エヒメ」ちゃんが贈られたが、またハリケーンで流されてしまった。

青い瞳を忘れない（宇和バージョン）

戒田ワールド

松山福音センター主任牧師　万代　栄嗣

私がプロデュースし始めたばかりの松山市民チャリティークリスマスで、クリスマスにふさわしいミュージカル的なものを演じてほしい、と初めて戒田さんに依頼させていただいたのが、もう27年も前のこと。戒田さんは、父の講演会の司会をお願いするなどして、以前から存じ上げていました。

戒田さんは、O・ヘンリー原作『賢者の贈り物』を〝ジュンとアミの物語〟に練り直し、森田康二さんとお二人で、ダンスあり、歌ありのロマンティックなステージにしてくれました。

以来、クリスマスにはみかん一座の新作を書き下ろしてもらったり、私は私で、みかん一座のサウンドトラックの歌入れで、何度も深夜のスタジオにこもって録音したり……。もちろん、この20年近くは、南海放送ラジオ「まんだいえいじのイエス！ You Can」の放送で、番組開始以来のディレクター兼おしゃべりのお相手役をずっと変わらず務めていただいています。

ちょっと変わった思い出は、「青い瞳を忘れない」の西予市公演のときのこと。私は戒田さんから、ギューリック博士（牧師）役を出演依頼されたのです。「牧師さん役は本物の牧師さんがいい！」と、例のまあるい瞳でまっすぐに訴えられました。陰の歌入れならどんな要求でも大丈夫、でも、いざ、舞台で台詞があるとなると……、当日ガチガチに緊張したことを覚えています。20世紀初頭、今のように国際交流も一筋縄では行かなかった時代の、愛媛に伝わる小さなエピソードが、戒田さんらしい手法で心温まるかけがえのないストーリーとしてよみがえっていました。愛の力は、国境も、文化も、言葉の壁も越える……、戒田さんとみかん一座の活動の中にずっと生き続けているテーマそのものが結晶化した舞台でした。

戒田ワールドが、これからもみかん一座とともに、さらに大きく羽ばたいていくことを願っています。そう「輝け瞳！」

ギューリック博士役

みかん一座ミュージカル

みかんの花が咲いている

【公演日】平成12年(2000)8月26・27日
【会　場】松山市総合コミュニティセンター キャメリアホール

作・演出／戒田　節子

17歳になった一座から若者への応援歌

子どもたちの間で、「キレる」「ムカつく」という言葉が日常会話になって久しい。平成12年は「西鉄バスジャック事件」など17歳前後の若年者が引き起こした犯罪が相次いだ年だった。「キレる17歳」という言葉がセンセーショナルに報道されて、節ちゃんもニュースに憤慨したり、心配したり。

みかん一座もまた、この年17歳を迎えた。一座の17年は、幸いなことに、たくさんの温かい方々に支えられてきたのだが、彼らは……。

年度末には劇団の子ども組から一期生の子どもが卒業する。卒業生に17歳の役を演じてもらい、現代の若者の未来にエールを届けたいと思った。（川崎）

画：青木のりあき

みかんの花が咲いている

ものがたり

さまざまな人間模様に命の尊さをみる

みかん山で老人が農作業していて、自分の孫に出くわす。孫の信一は学校でいじめにあい、不登校になっていた。

そんなある日、老人が転倒して入院。信一は見舞いに通い、入院中の母子家庭の母娘と知り合う。優しい彼は、まだ小さい娘たちの面倒を見る。

入院患者にはマラソン選手を目指す女子中学生がいた。彼女は骨肉腫で足を切断しなければならない。クラスメートたちが足繁く通って彼女をサポートし、手術前にラストランを果たす。

病棟には、さまざまな人が出入りした。あるとき、信一は、自分を不登校に追い込んだ少年に会う。信一が世話をしていた女の子たちは彼の妹で、自分へのいじめが、彼の家庭事情による厭世観から発生していたことを知る。

みかん山や病院などを背景に、いろんな人生が垣間見える。けんかの絶えない夫婦とその子ども、出産間近の妊婦、大学で農業を学ぶペルー人留学生、障がいのある奥さんと介護の夫など。

揉めたり支え合ったりしながら生きる彼らの人間模様を通して「命の尊さ」を訴える物語。

みかんは子どもみたいなもんよ

♪ たった一度の人生だから 悔いなく生きて……

音　楽／和田 耕一　山本 太郎
振付協力／森田 康二　麻田 陽子
山内 照代　古茂田 圭
舞台監督／日之西 哲夫

♪ 立ち上がれ

♪ みかんの花が咲いている

作詞／戒田 節子　作曲／山本 太郎

みかんの花が咲いている
白い白い小さな花
太陽の光に照らされて
まぶしくまぶしく輝いている
青い風に吹かれて
歌うようにゆれている
かわいいかわいいみかんの花
白い白いみかんの花
白い小さなみかんの花

いじめはいかんやろ!

♪ 人生はマラソン

作詞／戒田 節子　作曲／山本 太郎

走れ走れ 力の限り
走れ走れ 風をきって
はるか遠いゴールを目指し
ひたすら走れ 前を向いて
くじけない あきらめない
上り坂 下り坂
曲がりくねった 道もある
どんなに苦しい 道のりでも
負けるものか 立ち止まるな
走れ走れ 力の限り
走れ走れ 風をきって
目の前のゴールを目指し
全ての力 振り絞れ
ゴールの向こうに 何かが見える
ゴールの向こうに何 かが待ってる

私の国ペルーを、そして家族をしあわせにしたい。そのために日本に来て学んでいるのです。

♪ 一度の人生だから

作詞／戒田 節子　作曲／山本 太郎

あなたの命 わたしの命
この世にただひとつだけ
だからしっかり 抱きしめよう
たった一度の人生だから
悔いなく生きて
生きて 生き抜こう
どんな時も希望を捨てず
輝く瞳を失わず
夢に向かって 歩いていこう
自分の心に まっすぐに
どんな時も 希望を捨てず
輝く瞳を失わず
夢に向かって 歩いていこう
自分の心に まっすぐに

♪ 一番大切なもの、それは友達

みかんの花が咲いている

※肩書は当時のままで掲載

当時のパンフレットより

多くの人に支えられて

土居　俊夫　さん
（南海放送株式会社社長）

南海放送の「節ちゃん」こと戒田節子さんは、アナウンサーになって20年目を迎えていますが、今なお「マドンナ」としておじさま方から愛されています。時にはスタジオにこもり、髪をふり乱し、もくもくと番組を作っていたかと思うと、ステージの上で華麗に歌ったり踊ったりしている彼女は、声も七色ですが、姿も七変化。その節ちゃんが主宰するみかん一座が17年目を迎えています。

世代を超え、地元の人たちと共にふるさとを描き続けてきた作品づくりは見事なものです。

そして昨年、節ちゃんは愛媛県文化協会奨励賞を受賞しました。受賞の陰には多くの人たちの支えがあったと彼女は言います。本当に舞台づくりというものは、一人ではできません。それぞれの分野でたくさんの人が汗を流し、時間をかけて創り上げるので、よほどの情熱がないと達成できないでしょう。

土居裕子さんと共演できた夢のような舞台

このミュージカルは、それまでふるさとで生きる人々を描き続けた、みかん一座の集大成のような作品になりました。小・中・高・大学生、社会人、主婦……、それぞれが等身大の年齢を演じます。夫婦、親子、友達、いろんな関係を通して、本当に大切なものを見つけ、命の尊さを抱きしめたい。そして、忘れかけていた何かを思い出してほしいと願いを込めた作品です。

ミュージカルの大好きな多くの子どもたちや若者が参加したこの舞台には、日本を代表する女優であり歌手である宇和島出身の土居裕子さんが友情出演してくださいました。私たちにとって夢のようなできごと。ふるさとから大きく羽ばたいている土居さんと同じ舞台に立てることは、未来への可能性を秘めている子どもたちにとって特に励みとなり、夢を育むきっかけになると信じています。

♪ 娘へ

作詞／戒田 節子　作曲／山本 太郎

あなたが産まれた時、手を合わせて
神様に感謝をした そして誓ったの
この子は私の宝物
何があっても守ってゆこうと
あなたが初めて笑った日
私の心に花が咲いた
あなたが初めて歩いた日
私の心に勇気が生まれた
悲しい時も苦しい時も
あなたがいたから元気になれた
いつもあなたを見つめ
あなたと共に生きてきた
あなたは私のかけがえのない娘
生きて欲しい 生きて欲しい

土居裕子さんは宇和島市出身、東京都在住の女優、歌手。ミュージカルを中心に、舞台、テレビなどで幅広く活躍している。

戦後60周年 平和のつどいミュージカル

どんな時も希望をすてず

【公演日】平成17年（2005）9月10日
【会　場】松山市総合コミュニティセンター キャメリアホール

作・演出／戒田 節子

焦土から立ち上がった人々を描いて

平成17年（2005）は、第2次世界大戦が終結して60年が過ぎ、戦後60周年の催しが全国各地で行われた。松山市の平和のつどいで、式典の後、ミュージカルを…と、みかん一座に依頼が来た。

戦後のミュージカルといえば、松山市政100年で作った「笑うまちかどラッキーカムカム」は、まさに戦後の松山が舞台。戦後の焼け野原の中で悲しみを背負いながらも力強く明るく生きた人々を描いた。

主人公、靴磨きの10歳の少年・五郎と、復員兵である父・清の感動のシーンは、「春や昔十五万石の城下のまちで」のミュージカルでも、親子の設定を変えてそのシーンを描いてきた。平和のつどいでは、また五郎と清の関係を変えて描いた。（川崎）

どんな時も希望をすてず

ものがたり

節ちゃん渾身の反戦と平和を願う物語

　児童養護施設「希望の園」の園長、山本五郎は、毎年、夏になると子どもたちに彼が体験した戦争の話をする。この舞台は、五郎が子どもたちに語り伝える戦中戦後の物語だ。

　まだ8歳だった主人公、五郎は家が空襲で焼け落ちて、母親は火傷で寝たり起きたり、父親は徴兵されたまま消息不明という厳しい境遇にあった。終戦を迎え10歳になった五郎は、学校にも行かず、家事と母親の看病をし、町で靴磨きをして一家を支えていた。

　焼け野が原となった町の人々は、わずかな芋やツギハギだらけの衣類を分け合い、助け合って日々をしのいだ。町には夫や子どもが戦死した人も、復員兵もいたが、誰もが心に様々な傷を負っていた。

　町の女たちは「名誉なんかいらん。あの子の命の方が大事じゃ」「何のための戦争じゃったんじゃろ」「人を狂わす戦争は、もう絶対にいやじゃ」と辛い胸の内を打ち明けあう。苦しい毎日だったが、彼女らはささやかな楽しみをみつけては逞《たくま》しく生きた。笠置静子《かさぎしずこ》の「東京ブギウギ」が、町のみんなの大好きな曲として挿入され、彼女らが歌い踊る。物資不足の一方で、自由が訪れた幸せを人々が喜ぶ様子も描写する。

　そんなある日、五郎のもとを、靴を磨いてもらいに一人の復員兵・清が訪れる。

　彼は、五郎の父親の戦友で、ビルマ(ミャンマー)の前戦を共に戦い、負傷して動けない五郎の父親をジャングルに置き去りにした記憶に今も苦しんでいた。

　やがて、五郎の母親が亡くなり、五郎はひとりぼっちになる。五郎と出会うまで生きる気力をなくしていた清だったが、五郎のけなげな姿に心打たれ力を得て、「死んでいった尊い命を大事に思うなら、生きている命を精いっぱい生き抜かなければならない」と、五郎を養子に迎える。

　大人になった五郎は、かつての自分同様、家族に恵まれない子どもたちに、幼い自分が戦後を生き抜くことができたのは、町の多くの人の支えがあったからだと話す。そして、養父が教えてくれた、人としての生き方、全ての命を慈しむ心を伝えるのだった。

♪ 明日はきっと今日よりは

作詞／戒田 節子　作曲／和田 耕一

トタンの屋根が 風で飛んだ
だけどそこから 星が見えた
おなかの虫が泣き止まん
だけど水飲んだら 治まった
靴下無いから 霜焼けできた
だけど泣いたら 母ちゃん泣くけん
ふとんかぶって 我慢した
明日はきっと今日よりは
明日はきっと今日よりは

松山市合併1周年ミュージカル

このまちで

【公演日】平成18年（2006）1月22日
【会　場】北条市民会館

作・演出／**戒田 節子**

【公演日】平成18年（2006）1月29日
【会　場】中島総合文化センター

早坂暁さんと同じステージで

松山市・北条市・中島町の合併が施行された翌年、「新市一体化促進事業」として、北条出身の脚本家、早坂暁さんの「松山は海をもった」と題した講演と、みかん一座ミュージカルの2部構成で、北条と中島で公演をしてほしいと松山市から依頼された。

節ちゃんは、前年に新井満さんが松山にプレゼントしてくれた「この街で」の歌をテーマ曲にしてミュージカル脚本を書いた。3つのまちの人たちの心がつながれていく物語。公演する町の子どもたちも出演し、合併1周年のミュージカルは、まちの未来を担う子どもたちの瞳を輝かせた。（川崎）

早坂暁さんの講演会「松山は海をもった」

ものがたり

3つのまちの人たちの心をつなぐ

松山市合併1周年の記念式典で、各地域の小学生を代表して、久松ゆき、忽那あゆみ、河野ちかの3人が一緒に友情のことばを発表する。

「どんな時も希望をすてず、輝く瞳を失わず、夢に向かって、手をつなぎ歩いていきます！ 勇気と信頼を忘れずに」

初めて出会った3人だったがすぐに友達になり、それぞれの町に遊びに行く約束をする。

まずは、松山の久松ゆきと、中島の忽那あゆみが、北条に行くことにした。

約束の場所に着くと……、ゆきは、家族が一緒。父母、姉も付いてきたのだ。

そこで、北条の河野ちかの家族と出会うのだが、なんと、ゆきの母と、ちかの母は、高校の同級生だった。25年ぶりの再会！

後日、ふたつの家族が一緒に中島へ船に乗っていく。港に着くと、あゆみの家族が歓迎の横断幕を持って迎えてくれた。あゆみの母は亡くなり、父と祖父母と姉が家族だった。

中島で3家族が交流。それぞれの町の歴史や産業、特産品などの話も入れながら、中島のみかん山や浜辺を舞台に人々の温かい心の交流が描かれる。

3人の小学生の姉は、みんな高校生。それぞれ夢を持っている。看護師、国際交流の通訳、そして母を亡くしたあゆみの姉は、早く結婚して子どもを産んでお母さんになりたいという。「ずっとここにいて、みんなで暮らしたいんよ。お母さんもそうしたかったと思う」

それぞれの想いで、「この街で」を歌う。

♪ この街で

作詞／新井 満　作曲／新井 満 & 三宮 麻由子

この街で生まれ この街で育ち
この街で出会いました あなたとこの街で
この街で恋し この街で結ばれ
この街でお母さんになりました この街で
あなたのすぐそばに いつもわたし
わたしのすぐそばに いつもあなた
この街でいつか おばあちゃんになりたい
おじいちゃんになったあなたと 歩いてゆきたい
坂の上に広がる 青い空
白い雲が ひとつ 浮かんでる
あの雲を追いかけ 夢を追いかけて
よろこびも かなしみも あなたと この街で
この街でいつか おばあちゃんになりたい
おじいちゃんになったあなたと 歩いてゆきたい
この街でいつか おじいちゃんになりたい
おばあちゃんになったあなたと 歩いてゆきたい
いつまでも 好きなあなたと
歩いてゆきたい

子どもたちがつながった

北条公演では、北条小学校の子どもたちが、櫂練り踊りを披露したり、フィナーレでは「この街で」を大勢で歌ったりした。

中島公演では中島中学校の子どもたちが、水軍ダンスを格好よく踊った。

それぞれの町の子どもたちと楽しく交流会を行い、まさに3つのまちの子どもたちがつながれた公演だった。

瀬戸内海の活きの良いお魚が舞台の上で大活躍！

私の忘れられない思い出

株式会社松山ステージサービス 音響
勝間田 雅幸

2005年1月28日、みかん一座中島公演の仕込み日。

早朝暗いうちに三津浜港から出るフェリーに乗るため、目覚まし時計で起きるはずが、2人目の出産を控えたカミさんの声で目が覚めました。

「陣痛かも……」

しかも、長女はおたふく風邪の最中！幸い、カミさんの実家が近かったので助けを求めた後、会社へ向かいました。

舞台監督に相談し、悩んだ結果、僕もフェリーに乗らないとタイトなスケジュールなので遅れてしまうという判断となり、気がかりではありましたが、フェリーに飛び乗りました。落ち着かないまま船中でやきもきしていると、義理の父からの携帯電話が鳴り、

「今、病院に向かってるから大丈夫よ!!」という声の後ろで救急車のサイレンの音。

「やばいっ」

いろんなことを想像して、目の前が真っ暗になりました。

「おめでとう！　無事、元気な男の子が産まれたよ！」

その知らせを聞いたのは、中島のホールに着き、作業を開始してまもなくの時でした。みかん一座のメンバーは、満面の笑みで、舞台で歌って祝ってくれました。

みかん一座の裏方に携わらせていただき、沢山の貴重な経験をさせていただきましたが、一番忘れられない、温かい時間でした。

「ウェルカム中島」と書かれた横断幕で迎えられた

それぞれのまちの子どもたちと、みかん一座の子どもたちが仲良く交流

中島の海の幸山の幸のごちそうに大喜び！
前日は、民宿に泊まっておおはしゃぎでした。

北条小学校の子どもたちが歌のプレゼントをしてくれて、うっとり！

みかん一座が中島に来た!

元 中島総合文化センター所長　金本　房夫

ときは平成18年1月29日、日曜日。中島総合文化センターで、みかん一座の「このまちで」というミュージカルが上演された。

松山・北条・中島の合併1周年を機に、今後のさらなる一体感の醸成と、新松山市政の発展を図るための「新市一体化促進事業」の幕があけられたのだった。

一部は、北条出身の早坂暁さんの「松山は海をもった」という文化講演。二部は、みかん一座のミュージカル。特に、中島でミュージカルが上演されるというのは、初めてのこと。

当日、開演1時間前から600人の島人が文化センターにつめかけた。「立錐《りっすい》の余地もない」とは、この今のホールの状態を言い得ている言葉だと、私は思ったのだった。

「このまちで」のミュージカルは。新井満さんの「この街で」の歌を基調メロディーとして使いながら、ふるさとに生き、ふるさとを誇りに思い、スクラムを組みながら思いやりの心を持って、力強く生きてゆこうとする感動的なドラマだった。笑いの渦が巻き起こり、心が押し出す涙で島人の瞳はぬれた。拍手はしばし鳴りやまず、戎田座長をはじめ、みかん一座のメンバーの目にも光るものがあった。

感動は一人ひとりの心の中にあるものではなく、むしろ人と人とのあわい(あいだ)にこそ存在するものだと思えるような、演者と観客のあいだに通じ合った沢山の心の道がむすばれた瞬間に私は出合ったのである。

このミュージカルには、みかん一座のメンバー以外に、中島中学校水軍ダンスのメンバーも出演していた。前日にした1時間足らずの打ち合わせと練習だけだったが、見事に融合し、一生懸命に表現していた。

みかん一座の公演が、なぜ人々の心を打つのか、それは老若男女、メンバー全員がいっさい手を抜かず、心を込めて精いっぱい演ずる「一生懸命」さ、その誠実さにあるのではないだろうか。歌唱力・演技力を超えた一座の心を結集した「一生懸命さ」、その一途さがホール全体に響き、演者と観客の心を結び、そのあわいに感動の渦が巻き起こるのである。私は、みかん一座から多くのことを学んだ。

中島中学校 水軍ダンス

第1部／シンポジウム「この街 進歩しよん」

第2部／ミュージカル「この街で」

松山市ことばのちからイベントミュージカル

この街で ～あなたと一緒に～

【公演日】平成18年（2006）3月18日
【会　場】松山市民会館 中ホール

作・演出／**戒田 節子**

短期間で仕上げた、違う台本の「この街で」

平成12年（2000）、市民による「松山21世紀イベント協議会」（のちに、ことばのちから実行委員会に名称変更）が設立し、「21世紀に残したいことば」を募集する「だから、ことば大募集」を開催。

全国から12、001点の「作品」が寄せられ、その中で、松山市長賞を受賞した、「恋し、結婚し、母になったこの街で、おばあちゃんになりたい！」という作品は、新井満さんによって「この街で」というタイトルの歌になった。

歌の誕生記念として「この街 進歩しよん」のイベントを開催することになった。第1部は、新井満さん、天野祐吉さんをゲストにシンポジウムを行い、第2部が「この街で」のミュージカルと決まった。当時、ことばのちから実行委員会メンバーだった節ちゃんは快諾した。

しかし、1月末の松山市合併1周年記念ミュージカルと公演日が近すぎる。節ちゃんは、脚本も違うものを書くつもりで、その上、「新井先生に許可をいただいたので、歌をアップテンポにして、手話を交えて踊りながら歌う」と平気な顔で言う。メンバーは、「こりゃおおごとじゃ！」と言いながらも、1カ月半ほどで見事に仕上げた。

みかん一座の馬力はすごい！（川崎）

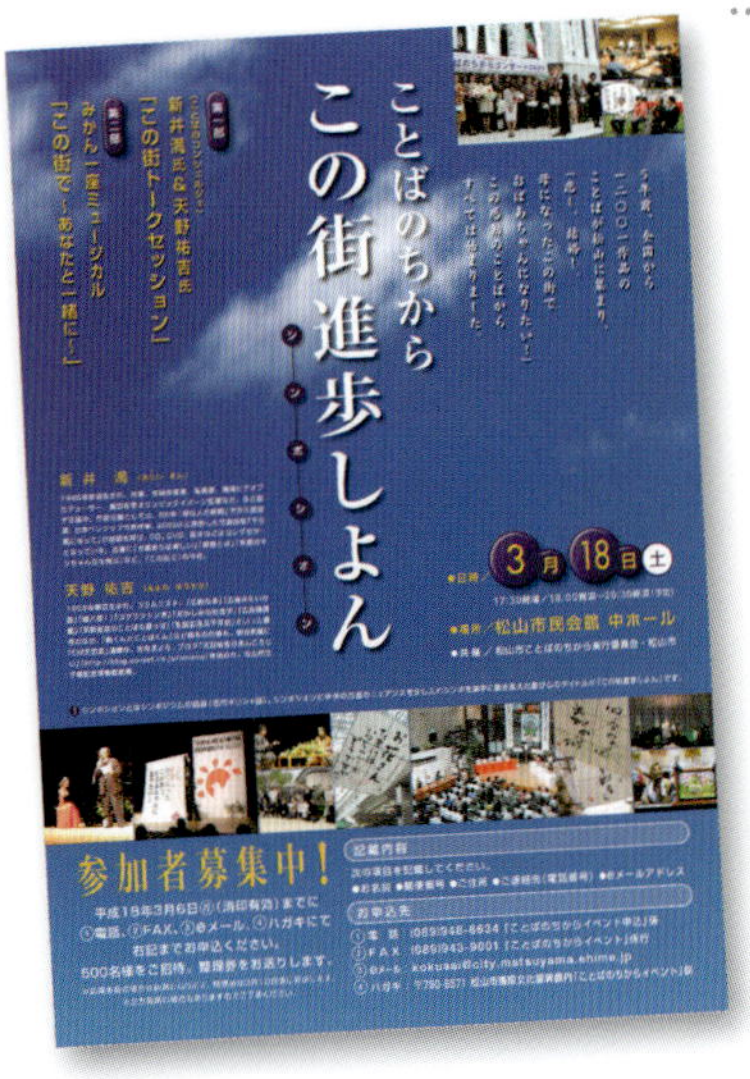

この街で ～あなたと一緒に～

ものがたり

みかん山のある街「夢見町」で人々が支え合って生きる

舞台となる「夢見町」は、みかん一座10周年記念公演「心の花を咲かすまで」で生まれた設定で、みかん一座のミュージカルがよく物語のベースとする架空の街。人情の息づく街、夢見町では、住人たちの仲が良く、みんなが支え合って暮らしている。

主人公、春子は出張の多い夫と、2人の娘の4人家族。パートで仕事をしている。このところ、胃の調子が悪いにもかかわらず、忙しいからと病院にも行っていない。

親友の看護師をしている妙は「自分だけの体じゃないんだから。自分の健康は家族のためにも大事なんだから、ちゃんと検査しないと……」と諭す。

春子が時間を作って検査に行くと……結果は胃がんだった。早く手術をしないといけないと言われた。もし、自分になにかあったら……と悩む春子。

春子の病気を知り、夫は、これまで家庭のことを任せっきりにしていたことを、子どもたちは自分のことしか考えていなかったことを反省し、春子を支えることを誓う。春子は、ずっと家事や子育てに明け暮れた日々に不満も感じていたが、当たり前の生活がとても愛おしく思えるのだった。

春子の父はみかんを作って55年。みかん博士と町の子どもたちから尊敬されている。母は嫁いで50年。そこで、みかん山での金婚式のお祝いを家族で計画。町の人たちも呼んで、温かいお祝いが始まった。その日は、春子の誕生日でもあった。父母がくれた命に感謝し、自分も父母のように、この街で夫と年を重ねながら生きていきたいと心の中で祈った。その時、夫が言った。

「私たちも金婚式を、このみかん山でしような」

手術をまじかに控えた春子は、必ず病気を克服する！と、前を向いた。

♪当たり前の生活が

作詞／戒田 節子　作曲／山本 太郎

あなたがいて
子どもたちがいて
そして私
掃除 洗濯 食事の支度
毎日同じ事の繰り返し
ちょっぴり疲れた顔もした
子どもを叱ったこともある
こうして人生が過ぎて行くのかと
淋しくなった事もある
だけど 当たり前の生活が
こんなに 愛しいなんて

松山市ことばのちからイベントミュージカル

この街で～あなたと一緒に～（新バージョン）

【公演日】平成23年（2011）7月13・14日
【会　場】松山市民会館 中ホール

作・演出／戒田 節子

テーマは「絆」

平成22年（2010）、みかん一座の親戚のような劇団「座・東京みかん」が「この街で」を3月に高円寺で、9月に新宿で上演。みかん一座のメンバーと見に行った節ちゃんは思った。座・東京みかんのメンバーにも加わってもらって、松山でもう一度公演しよう！

「ことばのちから実行委員会」初代メンバーだった節ちゃんは、10年の任期を終えていた。その集大成として「だから、ことば大募集」の入選作の言葉を台詞に加えながら、新バージョンとして脚本を書いていた。

その頃、平成23年（2011）3月11日、三陸沖を震源に巨大地震が発生した。東日本の各地で大きな揺れを観測するとともに、津波により多くの人命が失われ、東日本をはじめ、日本各地に甚大な被害をもたらした。世界中に支援の輪が広がり、みかん一座も自分たちにできることを……と、子どもたちのランドセルや学用品、絵本などを早急に送る。また、街頭募金やチャリティーコンサートに参加し、被災地の人たちに手紙やメッセージを書いて送った。（川崎）

この街で ～あなたと一緒に～（新バージョン）

初演の舞台の設定はそのままで、夢見町の住人がパワーアップ

みかん農家の老夫婦は、まるで子どもを慈しむようにみかんの木を育てる。5月に小さな白い花が咲くと、甘酸っぱい芳香が山全体を覆うこと、7月には緑の硬い実を付け、11～12月の収穫期には山がオレンジ色の絨毯を敷き詰めたようになることなど、町の子どもたちに話してあげる。

この、みかん農家の老夫婦が、街の人々に金婚式を祝ってもらうまでのやりとりを、住人それぞれの人生ドラマを織り交ぜながら描いている。

主人公は、じいちゃんの娘で、スーパーでレジを打つパート主婦の春子。娘2人と出張がちな夫と共に暮らしている。彼女は胃がんが見つかって、もうじき手術しなければならない。

後天性の聾唖《ろうあ》者であるめぐみは、良い人に出会い、結婚が決まった。結納の前日に、両親から「どんな時にも希望を捨てず！」と記した札の入った守り袋をプレゼントされる。その言葉は、めぐみが中学校の卒業文集に書いたもので、当時、めぐみの家族を支えた言葉でもある。めぐみとの会話シーンでは、手話が取り入れられた。

大事な登場人物には、夫に先立たれ、看護師をしながら3人の子どもを育てる母子家庭のお母さん妙や、もうすぐ3人目の子どもが生まれる夫婦とその子どもたちなども……。

「地震が起こったときの基本6か条」、心身の健康運動法「笑いヨガ」、認知症の人への寄り添い方など、役に立つことが盛り込まれている。

斉藤こず恵さん、宇佐元恭一さん、丸山ひでみさんとともに

愛媛と東京のみかんが初共演

座・東京みかんの「この街で」公演のパンフレットに、出演していた子どもが、「かけがえのない家族と笑いあえる幸せは、とても大切なことだと実感しました」と書いていたのを見た時、「地元松山でもう一度、公演しなければ……」と私は思いました。

２０１０年、再び「だから、ことば大募集」が行われ、テーマは「絆」でした。

このミュージカルのテーマも「絆」です。

東日本大震災で甚大な被害を受けた被災地の方々は、地域のつながり、絆の大切さを感じていると言います。そして命の尊さ、慈しみの心を私たちに教えてくれました。

この公演は、全ての街に思いを馳せ、生きる力を伝えるものにしたいと思って行いました。

そして、この想いに賛同し、東京公演で出演していた、女優の丸山ひでみさん、斉藤こず恵さん、シンガーソングライターの宇佐元恭一さんが友情出演してくれることになったのです。

♪どんな時も希望をすてず

作詞／飛田 節子　作曲／山本 太郎

希望の匂い
それは 命の輝き……
寒い寒い冬を耐え
花のつぼみがふくらむように
あきらめない心が 春を呼ぶ
苦しい涙 悲しい涙
いくつもの涙を乗り越えながら
前を向いて生きていく
ああ そこには希望の匂い
命の輝きがあふれ出す
どんな時も 希望をすてず
どんな時も…… 希望をすてず

手話で思いを伝えあう親子

春ちゃん、希望を持って!

♪ みかんの花が～咲いている～

ことばのちから21

「だから、ことば大募集!!」の入選作品を盛り込みました。

もうおこっとるくせに!
ねえ、母さん
もう、おこるよ!

ありがとうで
心が
まんまる

うちおいでや
ばあちゃん

赤い糸 50年経ったら金の糸

みんなの願いを
ぎゅっと握って
生まれてきたんだね

幽霊はコワイけど、
おじいちゃんになら
会いたいな

この街で ～あなたと一緒に～（新バージョン）

「この街で」の始まり

作家、作詞作曲家　新井　満

「この街で」の歌を私が初めて歌ったのは、2005年の3月3日、日本ペンクラブ「平和の集い」が松山市で開かれたときでした。

前日、松山市役所のロビーで「恋し、結婚し、母になったこの街で、おばあちゃんになりたい！」の言葉を見たとき、「いいなあこの言葉、感動するなあ。プロが作詞・作曲して、プロが歌ったら、必ずヒットすると思うけどなあ」。私のつぶやきを聞いた当時の中村市長が真面目な顔で言ったのです。「その歌、いっそ新井さんが作ってくれませんか？」。びっくりしましたが、前夜祭の会場であっさり引き受けてしまったのです。

早速、作詞にとりかかりましたが、半分くらいで眠ってしまい、目が覚めたときは「平和の集い」当日。エッセイストで、天才的なピアニストでもある三宮麻由子さんとごく短い打ち合わせをし、私は彼女のピアノ伴奏で「この街で」を即興で歌いました。

それが「この街で」の始まりでした。以来この歌は、さまざまなアーティストに歌われてきました。中島啓江、城之内早苗、布施明、仲本工事、フォーセインツ、トワ・エ・モア……。そしてブラザーズ5（杉田二郎、堀内孝雄、ばんばひろふみ、高山厳、因幡晃）の面々も歌ってくれています。

歌の誕生5年目には、ゆかりの場所コミセンのロビーにモニュメントが完成しました。私の直筆原稿を床の上に拡大再現した、わが国最大級のものです。

しかし、あの歌に誰よりも早く注目し、歌ができた次の年、見事なミュージカルに仕立ててくれたのは、戒田節子さんとみかん一座の皆さんだったのです。

先見の明があったというべきでしょうね。

このミュージカルは、2011年7月にも公演されました。東日本大震災があった年です。あたりまえの生活、普通の平凡な生活がいかにありがたいことかを思い知らされました。この歌の最後の歌詞は「いつまでも好きなあなたと歩いてゆきたい……」。

この思いを叶えられることは、本当は奇跡なのです。「この街で」の歌やミュージカルの持つ意味は、より深くなったと思います。

この街でいつか
おばあちゃんに
なりたい
おじいちゃんに
なったあなたと
歩いてゆきたい
いつまでも
好きなあなたと
歩いてゆきたい

スペシャルみかんの集合体

女優 **斉藤 こず恵**

節ちゃんと出会ったのは、私が幼少のころからお世話になっている愛媛県出身の恩師・田辺先生を通じてでした。「こず恵ちゃん、節ちゃんて呼んでね」と笑顔で言われ、親しみのある第一印象でしたが、メディアで有名なだけでなく、このような活動もなさっているのかと驚きました。

節ちゃんが、明るく、情熱たっぷりに、夢と希望に向かって仲間と活動している姿は爽快です。私が愛媛公演に出演したときは、命を輝かせながら「この街で」の公演に参加していた皆さんに心を打たれ、みかん一座発祥の地で一緒にお芝居し、歌って、感動でした。

愛媛の特産品みかんは、温もりのある色、酸味と甘味の程好いバランスの美味しい果物。子どもも大人も、身分も階級も関係なく食べられる、万人を幸せにできるみんなの果物。そして美味しくするために険しい山道を上り、丁寧に世話をするみかん農家の方々の努力。みかんは寒さに耐えてから甘味が増すのだとか。節ちゃんは、辛い日を乗り越え、優しさと人間味がいっぱい溢れている甘酸っぱくて温かいみかんのような人。たくさんの人々を幸せにしたいと努力し続けているからこそ、人々に大切にされるスペシャルみかんなのです。そのスペシャルなみかんに集まってくる、幾つもの別のスペシャルみかんの集合体がみかん一座なのですよね。みんなが唯一無二。素敵です。

私は節ちゃんに、「お疲れ様」のことばよりエールを送ります。何かから退くのも、新しい始まりにしてしまうのが、きっと節ちゃんでしょう。人に温もりと喜びをくれる橙色の節ちゃんが大好き。これからも変わらずにずーっと輝いてください！

ゲストの3人　宇佐元 恭一 さん　斉藤 こず恵 さん　丸山 ひでみ さん

ふるさとから愛される劇団

前松山市ことばのちから実行委員会 委員長
藤田 晴彦

私がみかん一座に初出演したのは、2002年の作品「春や昔十五万石の城下のまちで」だった。♪ビルの谷間から見上げる四角い空 ぼくの故郷へつながってる♪と、ギターを片手に静かに歌い上げるミュージシャン役。20代の自分を演じた気分だった。

みかん一座のセリフはほとんどが伊予弁。方言を大切にしている。

「ことばのちから実行委員会」は、「ことばを大切にするまち松山」を全国に情報発信するための事業を調査研究し、企画調整するための組織。デザイナーや俳人、コピーライターや元プロミュージシャン、保健福祉、演劇、教育など、さまざまな分野に関わる委員で構成されている。戒田節子座長も結成から10年間は委員として、今はことばのアドバイザーとしてご尽力いただいている。

「ありがとうで心がまんまる」「みんな誰かの宝物」など、同委員会が全国から募集したことばのちから優秀作品は、電車、空港、松山城山ロープウェイ、観光港などに掲示されているが、みかん一座2011年版の「この街で」は、それらのことばを劇中に盛り込んだ史上初の「ことばのちからミュージカル」だった。

正岡子規などの文人を輩出し、夏目漱石の『坊っちゃん』や司馬遼太郎の『坂の上の雲』の舞台となるなど、松山には恵まれた文化的土壌がある。演劇という総合芸術を地元色豊かに伝えてきた「みかん一座」もその一部。

松山発の文化によって、ことばを、人を、大切にする気持ちが、さりげなく人々に養われているならば、それ以上の成功はない。

ことばのちから実行委員として一緒に活動した

「この街で」アップテンポバージョン

愛媛県民総合文化祭開会式ミュージカル

漱石坊っちゃん

【公演日】平成18年（2006）11月4日
【会　場】愛媛県県民文化会館　メインホール

作・演出／**戒田 節子**

坊っちゃん劇場との初コラボ

愛媛県民総合文化祭の開会式で、小説「坊っちゃん」誕生100周年のミュージカルの上演を依頼された。11月4日、愛媛県県民文化会館メインホール。

ど、どうしよう……。節ちゃんは頭を抱えた。というのも、その前日に、同会館のサブホールで「もったいないけん！」の公演が決まっている。併行して練習しなくてはならない。そこで、ひらめいた。

ミュージカル「坊っちゃん」を上演中の、坊っちゃん劇場の役者さんに応援してもらおう！

台本は、坊っちゃんと漱石を重ねた「漱石坊っちゃん」

配役は、漱石、山嵐、マドンナ、松山中学の学生、現代の子どもたち、正岡子規はみかん一座のメンバーで、校長（タヌキ）、教頭（赤シャツ）、うらなり、野だいこは、坊っちゃん劇場のみなさんが役柄のままで……。

夏目漱石が小説『坊っちゃん』を書くに至った背景を物語にしたミニコメディーミュージカル。

坊っちゃん劇場の役者のみなさんとの練習は3回。プロの役者さんのすごさを感じながら、みかん一座のメンバーは刺激を受け、がんばった舞台だった。（川崎）

坊っちゃん劇場のみなさん

校　長／近藤 真行 さん
教　頭／大和田 正人 さん
うらなり／高野 絹也 さん
野だいこ／宮本 昌明 さん

漱石坊っちゃん

ものがたり

実は松山を気に入っていた漱石!?

　現代の小学生たちが、夏目漱石の小説『坊っちゃん』は、漱石が旧制松山中学（松山東高校）で教鞭をとっていたときのことをモチーフにした小説であると知り、昔の学校に思いを馳せるうち、明治時代の松山中学にタイムスリップ！

　職員会議の真っ最中。校長先生が東京から赴任してきた英語教師、夏目先生を紹介している。小学生たちは、その様子を物陰から見ながら、「校長先生はタヌキ、教頭先生は赤シャツ、あの先生は野だいこ、山嵐、うらなり…。小説の中に出てくる先生と似とるねえ」とコソコソ話している。

　場面が変わって、明治の松山のまち。漱石と山嵐が道後温泉から出て、団子を食べていると、マドンナ登場。漱石は、「プリティー、キュート、ビューティフル」とマドンナにアプローチ。すると、婚約者のうらなりや教頭の赤シャツが登場。うらなり、赤シャツは、坊っちゃん劇場の役者さん。コミカルな演技で会場をわかす。

　ところで、松山中学の生徒と、現代の小学生が出会ったときのやり取りがおもしろい。

「あんたらどこから来たん？」

「松山です」

「え？ ここ松山じゃけど」

「あ、あの…遠いところ」

「面白い格好じゃなあ」

「か…仮装行列なんです」

「仮装行列？」

　松山中学の生徒たちは、夏目先生の言動を観察してよくからかう。

　見たぞな、見たぞな…と漱石を囲んではやし立てる。

　その様子を正岡子規が見ていた。

　現代っ子たちは、学校の教科書に登場する子規と漱石を同時に目の前にし、思わず駆け寄って話しかける。

　小学生が子規の俳句について漱石に尋ねると、漱石は松山のことを、

「東京にはない落ち着きと温もりのある町で、この町の風土が子規の素直でまっすぐな表現を培ったのだろう」

と語る。

　小学生たちが、小説の坊っちゃんのように

「夏目先生は、松山の町が嫌いだったんじゃないんですか？」

と問うと、漱石は

「そんなこと誰が言った？」

と答える。

　子規と漱石は、共に松山の地で切磋琢磨、創作意欲を湧かせたのだった。

　漱石はぽつりと言った。

「いつか、松山を舞台に、小説を書くかな」

♪ 見たぞなもし！

作詞／戒田 節子　作曲／山本 太郎

見たぞな 見たぞな 見たぞなもし
見たぞな 見たぞな 見たぞなもし
江戸っ子教師が鼻の下
長《なご》うのばしてラブダンス
プリテー キュート ビューチフル
見たぞな 見たぞな 見たぞなもし
見たぞな 見たぞな 見たぞなもし
江戸っ子教師がフリチンで
湯船の中でスイミング
犬かき クロール 平泳ぎ
「湯の中で泳ぐべからず！」

みかん一座と坊っちゃん劇場

坊っちゃん劇場社長　越智　陽一

「愛媛に常設劇場を作ろうかと思うんだけど、どうやろ」

今から15年前、私が坊っちゃん劇場の構想を持ったとき、最初に相談したのが旧知の戒田さんでした。それから3年後、坊っちゃん劇場の柿落《こけら》とし作品「坊っちゃん！」の方言指導を担当していただきました。

その「坊っちゃん！」は、夏目漱石の小説『坊っちゃん』が俳句雑誌「ホトトギス」に発表されて１００周年という記念の年に上演しました。

同じ年、みかん一座も県民総合文化祭開会式でミュージカル「漱石坊っちゃん」を上演し、その舞台に坊っちゃん劇場の役者4名が校長・赤シャツ・うらなり・野だいこ役で友情出演をしました。これがみかん一座と坊っちゃん劇場の、最初のコラボ作品となりました。

「吾輩は狸である」では、夏休み企画としてみかん一座の子どもたちや一般の子どもたちに出演してもらいましたが、そのときの子狸衣装はみかん一座にお借りしたものでした。

２０１１年初演の「オーロラに駆けるサムライ」は、２０１３年に坊っちゃん劇場で再演され、満席のお客様は感動の渦に包まれました。この舞台には、坊っちゃん劇場の役者だった平野淳《すなお》も参加し、戒田さんのお手伝いをさせていただきました。また、平野は２０１５年の「アラスカ公演」にも参加し、いい経験をさせていただきました。

私がみかん一座で公演のお手伝いをした最初は、「オランダおイネ・一番星咲いた」をドイツで公演するときの、資金調達の委員としての役割でした。「アラスカ公演」でもやはり資金調達の委員を拝命しましたが、加戸元知事の旗振りもあり、地域全体が募金活動で盛り上がり、大きなうねりとなりました。恐るべきみかん一座の底力を感じました。

坊っちゃん劇場が4年前に立ち上げた、小グループで出張公演を行うアウトリーチ事業部では、第一作のキャリア教育劇「誰かが笑顔になったらば」の脚本を戒田さんに書いていただき、県下の小学校を巡回公演しました。（みかん一座出身の安部小百合さんは、同事業部で活躍し、4月末に結婚退職）

戒田さんには、今でも方言指導で舞台製作を支えていただき、さらに若い役者にはアドバイスもいただくなど劇場と親密な関係にあり、初日のパーティーでは華やかに司会も務めていただきました。

坊っちゃん劇場は、みかん一座から数多くのことを学び、影響を受けながら、みかん一座と紡がれた2色の糸のようにつながり、地域の歴史や伝統・文化を大切に育みながら活動してきました。

みかん一座はこれまで数多くの子どもたちを舞台にあげて、数えきれない人々に涙と笑いと感動を提供してきました。34年近くの長きにわたり、愛媛の演劇・ミュージカルの先駆者としてみかん一座の先頭に立ち、引っ張ってきた戒田さんに、最大限の敬意を表したいと思います。

坊っちゃん劇場とみかん一座

24時間テレビ応援チャリティーコンサート

未来よやってこい

2013年8月、坊っちゃん劇場ミュージカル「げんない」の役者さんたちとみかん一座のメンバーで、「げんない」のセットを使って歌やダンス、芝居、群読などを行った。

誰かが笑顔になったらば

脚本／戒田 節子　演出／大杉 良
音楽／山本 太郎　振付／近藤 誠二

平成25年11月～平成26年8月
愛媛県内の小学校43校で実施

愛媛のみかん山を舞台に、みかんづくりをしている清おじいちゃんに出会い、自分の仕事にとって「本当に大切なこと」に気づく若者や、真剣に生きていく大人たちの姿を見て成長する子どもの姿を描いた作品。

♪ 誰かが笑顔になったらば

作詞／戒田 節子　作曲／山本 太郎

一歩ずつ 一歩ずつ
歩いて行けば 夢が近づく
一つずつ 一つずつ
希望の花が 咲いていく
誰かが笑顔になったらば
私の心も幸せになる
誰かが笑顔になったらば
私の心も幸せになる

みかん一座念ミュージカル

夢へんろ ～どんなときも希望をすてず～

【公演日】平成19年（2007）6月3日
【会　場】吉祥寺 前進座劇場

作・演出／戒田 節子

【公演日】平成19年（2007）6月23・24日
【会　場】松山市民会館 中ホール

人間再生のきっかけを同行二人の旅に託す

この公演の企画は、引きこもりの若者たちの社会復帰を応援している千葉県にあるNPO法人ニュースタート事務局と共に動き出した。当時の事務局代表の二神能基氏は松山市出身で、「四国遍路」のもつ可能性を信じていた。若者たちが自分の足で88の札所を巡ることに心身の再生を託して、支援活動の中に〝歩き遍路〟を取り入れていた。

節ちゃんも23年間、故郷を愛し、想いを込めたミュージカルを作ってきて、いつかお遍路をテーマに書いてみたいと思うようになっていた。そんな2人の想いが重なり、東京と松山とで上演したミュージカルだ。

四国八十八ヶ所は、昔から多くの人たちが体や心の癒しを求めて巡礼してきた。そんなお遍路さんを四国の人たちは大切にし、必要なものを無償で提供する風習「お接待」で支えた。どんな人も慈しみ、受け入れ、温かい手を差し伸べる優しい心は、効率や合理性が重視される今の時代には流行らないかもしれない。でも、その優しさが、現代のせち辛さに傷ついて固まった心と体を和らげるきっかけを作ることもあるだろう。

その昔、弘法大師が杖をついた場所から湧き水が出たように、誰もの心の奥にある泉から、清らかな水が溢れてくるような物語を作りたいと、節ちゃんは張り切った。（川崎）

夢へんろ ～どんなときも希望をすてず～

ものがたり

お接待は人の心を変える力がある

四国八十八ヶ所を歩いてまわるツアー「夢へんろ」に、わけありの4人が参加している。17歳の少女、空は、中学生のとき先生に「嘘つき」呼ばわりされ、友達にも裏切られて人が怖くなった。それ以来、不登校で、リストカットを繰り返している。ニートの富士は、リストラがきっかけでアルコール依存症になり、実家に引きこもる中年男性。主婦の静は、交通事故で娘を亡くした悲しみから、長い間、逃れられないでいる。そして木村は、定年で退職するまで教員だった自分を払拭し、新しい人生を見つけようとしている団塊世代。

彼らは添乗員、茜の案内で、愛媛のとある町「夢見町」に入り、町の人々からさまざまなお接待を受けた。その日は町内の一般家庭に泊めてもらう。

お接待宿で、メンバーが体験したのは、人と一緒に浸かる風呂、大勢で囲む手作りの食事、布団を並べて眠る夜。空は初めての経験に驚きながらついていった。

その家の娘、愛は看護師を目指していた。余命の限られた患者と接する機会があり、命の大切さや、患者を見守る家族の心の内を感じていた。それだけに、空の自傷行為に胸を痛める。

町の人との会話、同行する仲間と見た朝日、飛び入り参加した町内マラソン大会など、多くの人との交流に癒やされて、彼らは少しずつ変化していった。夢見町を離れるとき、愛は空に、自分を大事にすることを約束させて見送り、ツアーはまた次の札所を目指す。

劇中で歌い上げられる名曲、新井満氏の「千の風になって」や、誰もが知る昔ながらの子守歌「江戸の子守歌」は、観客に大きな感動を呼んだ。

お接待シーンには、松山銘菓の坊っちゃん団子・醤油餅、愛媛名産のじゃこ天・みかんジュース、かつて伊予鉄道野球部が作った伝統芸能・野球拳、「ぞなもし」「だんだん」といったホッコリする伊予の方言など、愛媛の紹介がふんだんに盛り込まれて、都会に愛媛の風を運んだ。

音楽／和田 耕一　山本 太郎
　　　池間 史規　川西 将吾
舞台監督／中村 俊夫

画：青木のりあき

♪ 春はくるから

作詞・作曲／池間 史規

目に映る全てのもの
信じられない時もあるさ
形のない心の中
わからなくなることも あるでしょう
嘘をついたり 人のせいにしたり
自信をなくして 自分を責めたり
あなたが思うように
生きられなくなっても
必ず春はくるから
あなたの頑張りを 誰かが見てるから
あきらめないで 自分を信じて

暗い夜は明けるもの
太陽は必ず昇るもの
勇気を出して 前に進むことは
あなたの足で 一歩ずつ歩くこと
あなたが思うように
うまくいかなくても
必ず朝はくるから
あなたの思うような 人生であるように
かなえる夢が あるように信じて

あなたが思うように
生きられなくなっても
必ず春はくるから
あなたの頑張りを 誰かが見てるから
あきらめないで 自分を信じて

2人とも88歳

最高です！
愛媛のみかんジュース

私、死ぬのなんて恐くない！

約束！
自分の命を大切にして！

ホタルの命は短い
だから放してあげようよ

輝け瞳！

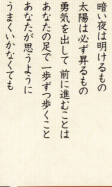

頑張ったニュースタートメンバーの思い出

稽古を始めたのは、公演の年の1月に入ってからでした。ニュースタートの若者5人が役者として参加することになり、松山と千葉を行ったり来たりしながら練習しました。私は休みの日に何度も千葉に行き、時にはみかん一座のメンバーも同行しました。そこで、ニュースタートの寮を訪ね、仕事体験などをしている引きこもりだった多くの若者たちに出会いました。彼らが引きこもった理由や引きこもった年月はさまざまです。みかん一座に参加したメンバーの中には10年以上引きこもっていた人もいました。

長く引きこもっていると、人と接する機会が少なくなり、コミュニケーションがなくなり、ひどくなると声も出なくなったり、顔の表情もなくなります。参加したメンバーは、発声練習、表情訓練、簡単なダンス、歌の練習などを繰り返していくうちに、どんどん大きな声が出せるようになり、表情もほぐれてきました。練習の中で私が驚いたことは、彼らの一生懸命さでした。初めてのダンスで笑えるほど滑稽でも、彼らは気にせず、本当に一生懸命に頑張りました。私もその姿を見ながら、涙が出るほど感動しました。

私は、それまで短期間で結果を出そうとするせっかちな性格でした。でも、彼らと接して、こうでなくてはならないという考えをやめ、どう変わっていくのか見守りながらゆっくりと待とうと思いました。

そして、彼らは変化しました。5月は松山市の郊外、北条の農園に住み込み、農業を手伝いながら稽古に通いました。私は農作業をしている彼らを訪ねたことがありますが、山に囲まれた畑でそら豆の収穫をしていました。

日に焼けてたくましく見える顔。目には見えないけど、彼らの心もたくましくなっているんだろうな……

と感じました。限られた生活費で自炊をしながら1カ月近く頑張りました。その間、みかん一座のメンバーは、魚を釣ってきたからとか、トマトやきゅうりがたくさん採れたからとか、お米、ラーメン、お菓子など、いろんなものを差し入れすると、彼らはとっても嬉しそうな顔で「ありがとう」を何度も繰り返しました。

練習はきつかったと思いますが、さまざまなふれあいの中で私たちの心が近づき、6月3日の東京公演では、みんながひとつになることができました。

吉祥寺の前進座劇場には入りきれないほどのお客様に来場していただき、当初は心配していた東京公演でしたが、皆さんがとても温かく迎えてくださって、感動の公演になりました。ニュースタートメンバーの家族の方々も遠くから見に来られ、舞台の上で頑張っている彼らの姿に涙しておられました。

松山公演も両日、会場いっぱいのお客様で、1時間40分、泣いたり笑ったり……。舞台と客席が一体となり、感動の渦が巻き起こりました。そしてカーテンコールでは、拍手が鳴り止みませんでした。

公演の翌日、彼らは千葉へ帰りました。別れるとき、一人ひとりと握手をしました。ギューと強く握っていつまでも離さなかった彼ら。これから、また一歩自分の足で踏み出してほしい！そう祈りながら見送りました。

公演後、多くの方からお便りをいただきました。「生きる勇気が湧いてきた」「お接待の気持ちを大切にしたい」「涙をいっぱい流して心が浄化された」「命を大事にしないと！」など、嬉しい感想が寄せられました。

〝あー、私たちの伝えたいことが伝わったんだ！〟と感動しました。いろいろと苦しいことのあった半年間でしたが、頑張って良かったと心から思いました。

その後、彼らが社会へ一歩踏み出したことを知り、嬉しくてたまりませんでした。

当時のパンフレットより

※肩書は当時のままで掲載

未来につなげたい

二神 能基 さん
（NPO法人ニュースタート事務局代表）

NPO法人ニュースタート事務局は、「家族をひらく」を基本理念にニート・引きこもりの若者たちの再出発を支援して14年目を迎えました。

さまざまな活動の中で、2003年秋から「スローウォーク四国88」を実施してきましたが、多くの若者が参加し、心身を生き返らせる大きなきっかけとなりました。

若者たちが次の世代の若者たちにつなげる文化として、私どもは本年秋より「百年お遍路」に挑戦します。

私事ですが、本年1月に母が88歳で逝きました。親孝行らしいことは何ひとつできなかった私ですが、お遍路の若者たちに精一杯お接待をしていた母に感謝し、その心を未来に繋げたいと思います。

みかん一座応援団

松友 勝俊 さん（故人）
（南海放送株式会社代表取締役社長）

「人と人の心の鎖、ヒューマン・チェーンをつないでいく仕事をしたい！」と南海放送の入社試験で瞳をキラキラさせて語った女性がいました。それが、戒田節子、節ちゃんです。

彼女は、アナウンサーとしての仕事や自らが主宰する「みかん一座」の活動を通して本当に多くの人たちと心をつないできました。

その活動は高く評価され、日本民間放送連盟賞の活動部門で全国優秀賞を、また去年は愛媛経済同友会「美しいまちづくり賞」を受賞しています。今回の「夢へんろ」の公演でヒューマン・チェーンの輪はさらに大きく広がったことでしょう。

清く正しくたくましい、まさに愛媛の太陽のような「みかん一座」は、たくさんの人たちに愛されています。私もファンの一人です。

今回は、初の東京公演が行われるということで、愛媛県やみかん一座に関係の深い関東在住の舞台関係の皆さん、また、県内の多くの団体が応援メンバーになってくださいました。ありがとうございます。


【夢へんろ応援団】

早坂 暁 さん
天野 祐吉 さん
新井 満 さん
田辺 国武 さん
鴻上 尚史 さん
南 こうせつ さん
五十嵐 めぐみ さん
土居 裕子 さん
大場 久美子 さん
宇佐元 恭一 さん
サスケ さん

LIVE みかん一座のブログから

●平成19年（2007）5月5日

歩き遍路

今日、みかん一座はニュースタートのみんなとミュージカル「夢へんろ」のナンバーを歌いながら、歩きへんろを体験しました。

朝10時にJR今治駅を出発し、56番札所泰山寺、57番札所栄福寺、58番札所仙遊寺を歩いて参拝したのでした。

特にラストの仙遊寺への急な山道は、さすがにきつい方が多くて、劇中歌「人生はマラソン」の大合唱で励ましあい、また、仙遊寺で受けたお接待のお礼に、劇中歌「お接待」をみんなで披露すると、逆に見てくださる方々の涙に感動を頂き、そんな全ての体験を通して、参加したみんなそれぞれが舞台でのへんろをなんとなくイメージできたようです。

そして、また一つニュースタートのみんなとの思い出ができましたね！（鎌田仁）

♪お接待

作詞／戒田 節子　作曲／川西 将吾

お接待 お接待
お節介じゃありません
お接待 お接待 人を思いやる心
無事に歩けますようにと
祈りを込めて
ご先祖様から 受け継いだ
心をつなぐ 温もりの輪
絶やす事のないように
次の時代へ送ります
お接待 お接待
お節介じゃありません
お接待 お接待 人を思いやる心
人を思いやる心

●平成19年（2007）4月12日

座長戒田、決壊す。皆の前で大号泣！

ここに至るまでの心労はもちろん、彼女の精神的重圧感は既に飽和状態を越えていたのでしょう。

誰よりも公演のことを考え、公演が決定する前から自ら積極的に動いて舞台成功へのお膳立てを表に裏にしてくれている。本当に身近に見てて頭の下がる思いです。

しかし一方で、仕事や裏作業に時間を取られての芝居練習の立ち遅れに、イライラ感不安感を抱えての練習時にそれは起こりました。メンバーとの意見交換の折についに泣き崩れました。戒田さん泣けばいい、皆仲間なんだから。皆あなたが一番苦しい思いしてるの十分わかってるから。皆あなたのことが好きでここにいるのです。

（大西裕二）

どんな時も希望をすてず！

バス乗務員　吉永　武史

私は、大人になってから13年間引きこもりの生活をし、その後、NPO法人ニュースタート事務局でお世話になっていた頃、みかん一座でミュージカルを体験させていただきました。何もかもが初めてで戸惑いましたが、みかん一座のみなさんの温かさが、私の心を解きほぐし、前に向かって歩き出す勇気をくれました。ミュージカルに参加させていただけたことをきっかけに殻を破ることができ、現在のバス乗務員の仕事に就けました。

それからは、毎日が必死でした。社会復帰するのが遅かっただけになおのこと……。でも、「どんな時も希望をすてず！」の言葉を繰り返し、がんばってきました。

戒田座長はじめ、みかん一座のみなさんにいつかお礼をしたいと思いながら年月がたち、ようやく今から3年前に「オーロラに駆けるサムライ」を観に松山を訪れた時は、胸が詰まりました。そして、今年「輝け命！」の公演を観に来て、さらに心が洗われました。いつ来ても、みかん一座のみなさんは、私を温かく迎えてくれる。また来ます、必ず！

ニュースタートのメンバー、全国放送に

民間放送教育協会の番組「いきいき！夢キラリ」

6人の若いもん 心の湯治場お四国へゆく

南海放送の伊東英朗ディレクターが取材したドキュメンタリー番組「6人の若いもん 心の湯治場お四国へゆく」がその年の8月、全国放送され、反響を呼んだ。

愛媛県松山市北条、みかん山のおっちゃん片山元治さんの農園に、はるばる青年たちがやってきて、1ヶ月間農園に住み込み、農業を手伝いながら共同生活をする。彼らが四国にやってきた第一の目的は、初のミュージカルに挑戦すること。愛媛のアマチュア劇団に参加するのだ。

劇の題名は「夢へんろ」で、心に傷を負った少女がお遍路を通して変化していく様子を描いたもの。

青年たちには、共通体験がある。それは「引きこもり」。自分の部屋からはなんとか一歩踏み出したものの、まだまだ社会への参加がおぼつかない彼らが、農業で汗をかき、舞台で表現することで、どう変わっていくかを描いた。

お接待の島・四国の、豊かな自然と人々の温かさは、現代の歪みと古き良きコミュニティーを改めて考えさせた。

母さん見てくれ！僕の晴れ姿

精神科医 枝廣 篤昌

「夢へんろ」に誘っていただいたとき、私は仕事も忙しく、かなり迷ったのですが、吉祥寺の前進座でも公演すると聞き、出演を決めました。小学校まで吉祥寺の近くに住んでいたのと、神奈川に住む母親が前年大病を患ったことから、息子の演技を観てもらおうと思ったのです。愛媛に来てから落語や舞台を始めたので、初めて観てもらえると、88歳のウメ婆ちゃん役にはかなり気合が入りました。

当日は母と伯母の2人で観劇。いよいよ私の出番。テーマが重いだけに私のパートで笑いを取らなければ。最初の笑いのツボ。ドッと会場のお客さんの笑い。「よっしゃ～！」「母さ～ん！ 観ててくれてるか～い」しんみりとした語りの部分もうまくいき、無事終演。

お見送りに出ると、友人たちから「良かったよ！」の声。

しばらくして母と伯母が私のところに。ところが母は神妙な顔。な、な、なんと、母は終演間近まで、私が出演していることに気づいていなかったのです。フィナーレ間近、伯母に「篤昌（私の名前）が出ていないんだけど」「何言ってんの、あのお婆ちゃん役でしょ！ ずっと出てたじゃない」「え？ ほんと！」。ガ～ン！

そういえば母にはウメ婆ちゃん役で出るって言っていなかった。せっかく母に観てもらおうと頑張ったのに～。唯一の救いは、ウメ婆ちゃん役について、達者な女優さんだなぁと感心しながら観ていたとのこと。次回はちゃんと役名を伝えておこうと、心に誓ったのでした。

その後、横浜で落語会を開いて、母には生の落語を数回聴いてもらいました。「夢へんろ」の翌年、池田の社会人落語日本一決定戦で「お婆ちゃんのお手玉」で優勝できたのも、ウメ婆ちゃん役のおかげです。

枝さん婆ちゃんシリーズ

「シーボルトの娘・イネ」ドイツ公演
れんげ婆ちゃん

「青い瞳を忘れない」西予公演
歌子婆ちゃん

「夢へんろ」松山公演
ももよ婆ちゃん

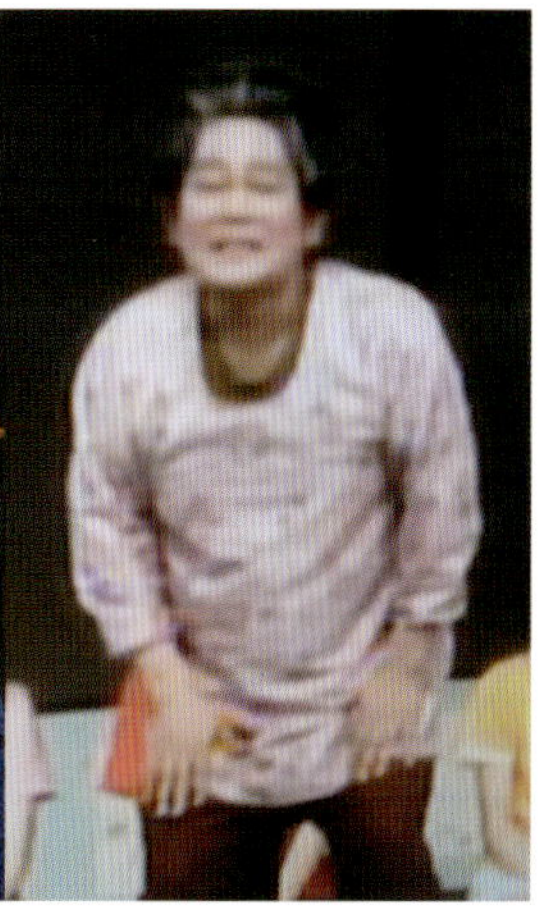
「夢へんろ」東京公演
ウメ婆ちゃん

みかん一座25周年記念ミュージカル

サンシャイン・アイズ ～輝け瞳！～（新バージョン）

【公演日】平成21年（2009）8月16・17・18日
【会　場】松山市民会館 中ホール

作・演出／戒田 節子

誕生してから4半世紀

「ミュージカルする人、この指とまれ！」

1人の声が、石を投げ込まれた池の波紋のように広がった。友達が友達を連れてきた。あれから25年。節目の公演は、何をするんだろうとメンバーは思っていた。

すると節ちゃんは「サンシャイン・アイズ！をしようと思うんよ」。なんと、ほとんど誰も見たことのない伝説のミュージカル。そして、25年間の活動の映像も作るという。

公演までの数週間、節ちゃんは膨大な数の写真やビデオなどを見直し、過去のできごとを思い出していた。子育てや仕事で行き詰まって、みかん一座の活動をやめようと悩んだ時期もあった……。そんな頃、たまたま出会ったおじいちゃんが、節ちゃんの手を握って言った。

「次の公演はいつあるんぞな？ わしゃあ、みかん一座を見ると元気になるんよ。ほじゃけん、また早うしてやな……」その言葉に勇気づけられて、節ちゃんは、また頑張り始めた。

「みかん一座を見て元気になる！」

この言葉は彼女の意識を大きく変え、「ふるさとを元気に！」の活動が、みかん一座の夢になった。嬉しいことに、メンバーが「誰かが喜んでくれると、自分も幸せ……」そんな気持ちを実感しながら活動してくれるようになっていた。（川崎）

サンシャイン・アイズ ～輝け瞳！（新バージョン）

夢をありがとう

「サンシャイン・アイズ～輝け瞳！～」を合言葉にみかん一座が誕生したのは、昭和59年（1984）の夏。愛媛のシンボル、みかんと未完成を掛けた名前です。

何もないところからミュージカルという夢に賭け、情熱だけで突っ走った初回の公演、フィナーレを迎えたとき、みんなの心に「やればできる！」という自信と勇気が湧き起こり、感動の涙が溢れたのを忘れることができません。

25周年は、その原点に戻りたいと思い、「サンシャイン・アイズ」を公演することにしたのです。

「節ちゃん、25年前のアミちゃんの役に挑戦やね」メンバーは面白がって言いますが、私はすでに51歳。

そして、その時の役者メンバーは、ほとんど昔の公演を見たこともない、新しい顔ぶれ。配役が難しい。18歳のアミを演じる私は51歳で、アミをいじめる友達役の正美ちゃんは20歳。とにかくみんな若い。みんなやりにくいだろうなと思っていたら、初めは遠慮しながらの練習でしたが、ここぞとばかり私を攻める攻める！（笑）

この公演には、女優の五十嵐めぐみさん、シンガーソングライターの宇佐元恭一さん、旧三崎町出身の双子のデュオ、サスケさんも友情出演してくれました。ポピュラーなミュージカルナンバーを散りばめ、みかん一座オリジナルの新曲も加えた2009年バージョンの「サンシャイン・アイズ」でした。

26歳のアミちゃん

51歳のアミちゃん

音楽／和田 耕一　山本 太郎
振付協力／森田 康二　麻田 陽子
泉田 加代　藤﨑 俊和
舞台監督／中村 俊夫

あなたの夢は
なんですか？
目を閉じて考えてごらん
自分の心に聞いてごらん
ほら……
夢が浮かんで
くるでしょう♪

当時のパンフレットより

※肩書は当時のままで掲載

みかん一座にエール

河田 正道 さん
（南海放送代表取締役社長）

25年前といえば、南海放送の若手アナウンサーだった戒田の節ちゃんはテレビのニュースキャスターをしておりました。毎日、県内のニュースを追い、伝える忙しい仕事の合い間をぬって、劇団を設立するという熱い思いに感心したことをよく覚えております。

あれからもう25年、「継続は力なり」と言います。節ちゃんは今日までの28年間、アナウンサーを続ける中で、アナウンスコンテストや番組、CMコンテストなどで全国最優秀賞や、優秀賞を数多く受賞しております。また、みかん一座では、ドイツ公演や東京公演など大きな取り組みもしてきました。節ちゃんが常に夢に向かって走り続けることができましたのも、本人の強い意志と多くの方々の支えによるものであり、改めて敬意を表し、感謝申し上げます。

常に、えひめの人たちと手をつないで活動をしているみかん一座ですが、去年からは、節ちゃんが作詞・作曲・振り付けをした「地球にＥｃｏしよ！」を柱に、温暖化防止啓発活動を行っております。

また、この春からは「はやねはやおき 朝ごはん」の歌とダンスを、みかん一座のメンバーがテレビで披露し、明るく、力強く食育の大切さを伝えております。

特に地球環境、食育などへの取り組みについては、南海放送もみかん一座を応援しており、これからも愛媛を元気にしてくれるみかん一座の活躍に期待し、応援してまいりたいと考えております。

さらに30周年をめざし、がんばってください！

25年前と同じように
梯子に上って空に虹を架けたアミ

LIVE みかん一座のブログから

●平成21年（2009）6月9日

そばで支えてくれた人たちがいたから、今日がある

サンシャイン・アイズの主人公、少女アミの恋人はジュン。アミの夢を叶えることが自分の夢だという、なんとも献身的な男性。マンガみたいな物語だけど25年前に台本を書いた頃、私はそんな人がきっといると信じていたんだと思う。だけどそれは夢物語。

でも、もしかしたらジュンという存在は親なのかも知れないなと最近思ったりする。私が書いてきた台本の中には無償の愛を注ぐ人物が必ず登場する。それは、追い求めているからだと思っていたけど本当はそばにいる人を描いていたのかもしれない。25年たってやっと気が付いたことがある。（座長）

●平成21年（2009）7月21日

愛おしい日々

焦る気持ちで泣き言をある人にぶつけたら、これまで神様が見守り続けてくださったのだから大丈夫、と励ましてくれました。パンフレット作りや25年の記録作り、動員や裏のさまざまなこと。芝居の稽古に併行しながら夜な夜な黙々と行っています。間に合うんだろうかとイライラするのはやめました。莫大な写真や映像を見ながら歴史を感じ、その集大成を自分の手でできることに喜びを感じています。

一日一日公演に向けてひとつずつ、こつこつと行うこと。残された日々を愛しんで過ごしていこうと思います。そばで支えてくれる人たちがいるから。（座長）

サンシャイン・アイズ ～輝け瞳！（新バージョン）

母と2人で

アサダダンススタジオ主宰 麻田 陽子

私がみかん一座の公演で印象に残っているのは、やはり25周年の「サンシャイン・アイズ」。この公演では25年前、旗揚げ公演のときに母が演じた場面に、出演させていただきました。

正直、芝居をするのはかなり恥ずかしかったのですが、母と一緒に参加する気持ちで臨みました。演技は大変だったけど本番は楽しかったので、きっと母も喜んでくれたと思ってます。

そしてアラスカ公演。これは私にとって大切な経験になりました。

戒田さんには、なかなかできないような経験をいろいろとさせていただき、また、その都度みかん一座の皆さんにも温かく迎えていただき、本当に感謝しています。

親子でお世話になっている戒田さん、みかん一座には、これからもずっと輝き続けてほしいです。でも今まで忙し過ぎたから、少しはゆっくりしながらにしてくださいね。

2009年 娘・陽子先生

1984年 母・祥江先生

藤崎 俊和 ダンサー
泉田 加代 先生

プロの先生同士の珍しい組み合わせ

森田 康二 先生
麻田 陽子 先生

みかん一座公演

子規亭 新・道後寄席「母子梅」

作／安西 徹雄

【公演日】平成22年（2010）8月1日
【会　場】松山市立子規記念博物館 4階講堂

天野祐吉さんに親友との思い出の舞台を託される

松山市立子規記念博物館で、館長に就任したエッセイスト、天野祐吉さんの発案により、平成15年（2003）から「道後寄席」が始まった。開始から8年目にして初めて演劇をかけることになり、依頼がみかん一座に舞い込んだ。演目は、松山市出身の劇作家、安西徹雄さんが書いた民話劇「母子梅」。当時、名誉館長になっていた天野さんから、先に他界した親友・安西さんの追悼のために、彼が松山で書いた作品を故郷で上演する話が出ていたのだ。

節ちゃんいわく、「天野先生からご依頼いただいたときは驚きました！ 道後寄席にはプロ中のプロの方々が次々にゲストで来られていましたから。そんな中にアマチュアの私たちなんて、とんでもないことだと思いましたが、天野先生のお話を聞いて、公演をさせていただくことにしました。青春時代をともに松山で過ごした親友のために、地元の劇団でやりたいという、友を思う深い心に感動したからです」

安西さんのことは、伊丹十三さんと共演した一六タルトのCMの登場人物として記憶する人が県内には多いかもしれない。バスの後部座席で、「なんじゃったかいなあ……ぼけてしもた……」と、「一六タルト」という名前を思い出そうとして、伊丹十三さんと一緒に悩むあごひげの中年男性が安西さんである。

「母子梅」は、昭和33年（1958）、安西さんが20代半ばだった頃に、南海放送でラジオドラマとして放送されたことがある。そのときは主人公を天野さんが演じている。

昭和33年生まれの節ちゃんはご縁を感じて「やらなくては」と思った。（川崎）

ものがたり

ゆったりと温かい昭和の民話劇

毎年咲くはずの梅が咲かないという事件を通して、おばばさまと息子の市六《いちろく》がお互いを思いやる気持ちを描いた心温まる物語。節ちゃん演じるおばばさまの、キュートな「いやじゃ、いやじゃ」の声に観客席が湧く。

市六がおばばさまのため梅を咲かそうと、庄屋さんや造花作りの名人を訪ねる場面でのやりとりも好評。そして終幕近く、おばばさまの「やさしい花が、ありがとう、よう咲きました」のセリフは、会場中の涙を誘った。

最後はミュージカル劇団であるみかん一座らしく、出演者全員で「市六音頭」を歌って踊りながら幕を閉じた。天野さんが「みかん一座の子どもたちも出るのだから、芝居の最後は歌と踊りにしよう！」と本公演用に歌詞を書いて生まれたオリジナル曲だ。

母子梅に出演して

市六役 **藤﨑 俊和**

最初台本を見たとき、主役というプレッシャーよりも1時間ほぼずっと出っぱなしで、ずっとしゃべっているこの役をやりきれるのか？という不安の方が大きかったです。

この不安を取り除く大きな存在だったのが、駆くんでした！練習中も最初から最後まで僕に付き合ってくれ、本番中も黒子として台本を持って舞台裏にスタンバイしてくれて……。彼なしでは成り立たなかったと思います。また、私がミスをしたとしても気付かれないよう、自然にフォローしてくれるベテランの役者さん、スタッフさんに支えられ、この役をやりきれたことは素敵な経験でした。

LIVE みかん一座のブログから

覚えられない台詞に苦しんだ毎日
【劇中のセリフ回しで書いていた座長】

●平成22年（2010）6月23日

のうし、のうし、どうしたら台詞が覚えられますのじゃろ？　芝居に花が咲きますのじゃろ？　ああ、つらやのう、苦しやのう。それじゃもの、この試練に耐えればきっと花咲く時がくる。それを信じて頑張らねばなりませぬ。応援してくだされや！

●平成22年（2010）7月13日

夢にまで出てくる台詞。何回言うか？……台詞を今夜こそ、完璧に覚えないと。覚えたつもりが、出てこないとは、なんちゅう情けないことよ。つもりではなりませんね。ああ、このこんまい脳ミソがうらめしい。

●平成22年（2010）7月17日

それにしても、やはり難しい。覚えているはずの台詞が出てこない。こりゃどないしたもんじゃろか？　おばばさま役の私は髪を白く染めて稽古場にいると、一瞬誰かわからなかったそうです。これでしわを深くしてメイクしたら、ホントにばばさまじゃ！　楽しやのう。

今は亡き天野先生と作った思い出の舞台

公演日の8月1日は「みかん一座」の26歳の誕生日でした。そんな日に「新・道後寄席」の舞台に立たせていただいたことは、とても嬉しかった記憶があります。天野先生と安西先生の思い出の作品を、半世紀の時を超えて上演させていただく喜びと不安で、身は震えましたが……。

「母子梅」は、それまで一座が公演してきたミュージカルとは全く違ったお芝居でした。まず、みかん一座初のストレートプレイ、つまりミュージカルではありません。しかもキャストが4人だけでセリフが多い。この舞台のセリフは、歌うように流れるものでしたが、一つがとても長く、覚えるのは大変でした。新しい挑戦に四苦八苦しながら、先生のお導きで無事、本番まで辿り着きました。「安西もきっと喜んでるよ！」と、嬉しそうに笑ってくださった天野先生のお顔が今も忘れられません。

ところが、公演から3年が過ぎた平成25年10月20日、天野先生の突然の訃報が入ります。信じられなくて、その日は一日淋しい気持ちでふわふわと過ごしました。

みかん一座のことを大事にしてくださった先生との思い出が、たくさんよみがえります。

一座を結成して数年後、先生とお話をする機会がありました。「みかん一座は、ふるさとを大切に頑張りなさい」と、励ましてくださいました。ミュージカル「この街で」の初演のときは、天野先生も一緒にフィナーレで歌ってくださいました。「夢へんろ」の東京公演のときは、応援団になってくださいました。そして、この大事な追悼公演「母子梅」を私たちに託してくださったことは一生忘れられません。

あの芝居の中で、私が何十回も言ったセリフがあります。「いやじゃいやじゃ！　いやじゃいやじゃ！　いやじゃいやじゃ！」。天野先生のお別れ会の日、天野先生とお別れするのが、「いやじゃいやじゃ！」と心の中で何度も叫びました。

先生、ありがとうございました。私は先生から教えていただいた多くのことを伝えていけるよう、頑張ります。

ことばの力

コラムニスト
前松山市立子規記念博物館名誉館長 故・天野 祐吉

ことばには、人と人をつなぐ力がある。

だから、その力が衰えると、人と人の関係が崩れ、人々はバラバラになる。

芝居もまた、ことばの力の上に成り立っている。作者の書いたことばが、役者の身体を通して肉声化され、観客にしっかり届いていくことで、芝居は人と人をつなぐ強い力を発揮する。そういう芝居を観たあとは、なんだかとても満たされた気持ちになって、道ですれ違う人たちまでみんないい人に思えてくるから面白い。

が、そういういい芝居に出合えることはあまりない。そらぞらしいことばが並んでいるだけで、客席へ届く前にことばの死骸がぽろぽろ床に落ちてしまうような芝居もある。そういう芝居を観たあとは、なんだかとても気がすさんで、すれ違う人たちがみんなに悪意を持った人に思えてくるからこわい。

みかん一座の舞台は、ことばが生き生きと呼吸している。のびのびとはずんでいる。それが、何よりの魅力だ。だいたいミュージカルというのは、音楽の力を借りるぶん、ことばをおろそかにしがちである。だが、みかん一座の場合は、そんなことはない。音楽に頼らないせりふ劇もしっかりこなせる力があることを、道後寄席でぼくは知った。

が、まだまだ注文したいことも、たくさんある。もっといろんな芝居に挑戦して、ことばの力を磨いてほしい。どこまでもことばを愛し、ことばに誠実な集団であってほしいと思う。注文というより、これは期待かな。

♪ 市六音頭

作詞／天野 祐吉　作曲／戒田 節子

花が咲く 花が咲く　山に咲く 里に咲く
枯れ木にも 花咲かそ　こころにも 花咲かそ
（ハア びっくりからげた びっくりからげた）

花をつむ 花をつむ　白い花 紅い花
うたおうよ 踊ろうよ　きょう一日を 笑おうよ
（ハア びっくりからげた びっくりからげた）

花は散る 花は散る　風に散る 夢に散る
花は風 花は夢　花は人 花は愛
（ハア びっくりからげた びっくりからげた）

花　咲いた

松山市民会館にて

みかん一座ミュージカル

オーロラに駆けるサムライ ～和田重次郎物語～

【公演日】平成23年(2011)12月11日
【会　場】松山市民会館 中ホール

【公演日】平成23年(2011)12月24日
【会　場】内子座

脚本・演出／戒田 節子

重次郎顕彰会の熱い思い

節ちゃんが和田重次郎を知ったのは、日本民間放送連盟賞の優秀賞を受賞した南海放送のラジオドラマ、アラスカ外伝「オーロラになった侍」で、重次郎の妻を演じたときだった。このドラマは、先輩アナウンサーの田中和彦さんが重次郎に魅せられて制作した作品だ。

田中さんは和田重次郎のことを知った時のことをこんなふうに書いている。

「紀伊國屋書店の2階で、発売日なのにたった1冊だけ売られていた谷有二(宇和島出身)さんの『オーロラを駆けるサムライ』。本の神様が、僕とこの本を出合わせてくれました。手が震えるほど興奮し、近くの喫茶店に座り込んで一気読みしました。彼を、和田重次郎を知らしめなければ、ローカル局の制作マンとは言えない……と」

節ちゃんも、ラジオドラマを演じたとき、「この物語を舞台にすると面白いだろうな……」とは思ったものの、「オーロラや雪道を走る犬ぞりを舞台で表現することはムリ!」と、諦めた。

それから14年もの時を経た後、和田重次郎顕彰会から「重次郎をミュージカルに……」と依頼される。難題に戸惑いつつも、関係者の熱い思いに感動して引き受けることにする。節ちゃん自身、重次郎の生き方を通して多くのことを伝えたいと思ったのだった。(川崎)

：藤本真緒

オーロラに駆けるサムライ ～和田重次郎物語～

ものがたり

母、セツが重次郎のことを語る形で舞台は進む。

重次郎は、明治8年に生まれ、下級武士だった父親から「お前はサムライの子ぞ！」と言い聞かされて育つ。4歳のときに父が亡くなり、セツは、子どもを連れて実家のある温泉郡素鵞《そが》村（現 松山市日の出町）に帰る。

シーンが変わり、村の子どもたちがかごめかごめをしている。花という娘が鬼になっているが、貧しい境遇の花の後ろには誰も立たない。「貧乏人はずっと貧乏人じゃ」といじめられる花は、いつも鬼の役。母子家庭で育って貧乏の辛さを知る重次郎は、花の後ろに立って、彼女をかばう。

その夜、セツは「誰かが後ろにおってくれると思うだけで、淋しさや苦しさに耐えられることがある。重次郎の後ろには母ちゃんがいっつもおるけん」と、重次郎に言い聞かせる。

そんなある日のこと、重次郎は食べたら元気が出るという「日の出まんじゅう」を盗んだ。理由を聞くと「母ちゃんを元気にしたかった！」という。

重次郎は、母を幸せにしたかった。そして、「あし（私）は、アメリカに渡って住友（富豪）になる」と、宣言する。そして、17歳のとき、アメリカの船で密航し、騙されて3年契約で捕鯨補給船のデッキ・ボーイ（船室給仕）に売られ、アラスカに渡っていた。

ボーイをしながら、船長から英語の読み書きや測定器の使い方、経理を教わり、また、物資を運ぶ際にアラスカの先住民族、イヌイットから犬ぞりの使い方と彼らの言葉を学ぶ。重次郎は、犬ぞりと狩猟が抜きんでて巧みだった。現地で「マッシャー和田」と呼ばれ、ボーイの契約満了後には、さらに北へ渡って毛皮の交易を行う。

ひと儲けした彼は、一旦、帰国して実家に3カ月滞在。セツに孝行を尽くした後、またアラスカに戻るのだが、それが2人が会う最後になる。しかし、離れていても、重次郎は生涯に渡ってセツに仕送りをし、自分の活躍を掲載した新聞記事と手紙を送り続けた。

その新聞記事によると、アラスカでゴールドラッシュが起き、重次郎も多くの金鉱を発見する。しかし、人種差別で市民権がとれないため鉱山の権利が得られず、砂金による儲けしか出ない。

28歳のときは、彼の犬ぞりの腕を見込んだ商人からタナナ金鉱発掘の登録申請を委託され、極寒のなか500㎞も離れたカナダのドウソンまで犬と共に走る。重次郎がもたらしたタナナ金鉱発見のニュースは、アラスカ史上に名高い「タナナ・スタンピード（殺到）」を引き起こし、フェアバンクスの町は大発展を遂げた。だが重次郎はというと、またもや人種差別にあって、町を去る。

その後、イヌイットの集落で現地の娘と結婚し、イヌイットの生活向上に貢献して、村の長「キング和田」になる。やがて女の子を授かった彼は、日米の子と書いて「ヒメコ」と名付ける。

マラソン大会での連続優勝、北極海沿岸8000㎞という前人未踏の犬ぞり探検など、この時期の彼の活躍は止まるところを知らず、アラスカの地で「犬ぞり使いの神様」「グレート和田」と呼ばれる。

34歳になったとき、セワード～アイディタロット間の880㎞、マイナス60℃の雪原に犬ぞりを駆ってトレイル（雪道）を開拓し、セワードに繁栄をもたらす。この道は、後にジフテリアが発生したとき、血清の運搬ルートとなり、多くの人の命を救うことにもなる。

ところが、その2年後、第1次世界大戦が勃発。日米間の関係悪化に伴い、彼が日本政府のスパイであるという疑惑をかけられて身を隠す。絶望の中で、重次郎はセツの声を聞く。「母ちゃんは、いっつも後ろにおるけんな」

再び奮起した重次郎は、45歳で油田を発見。隠れ住む生活を送りながらも、セツが亡くなるまで仕送りを続ける。

セツの死から数年後、重次郎はポケットの53セントを握りしめ、「これで、日の出まんじゅうを母ちゃんに買うてやれる」とつぶやいて、ひとり息を引きとった。

舞台美術監督／土屋 茂昭
音　楽／山本 太郎　和田 耕一　中村 和憲
振付協力／森田 康二　藤崎 俊和
舞台監督／中村 俊夫

♪勇気のかけら

作詞／戒田 節子　作曲／山本 太郎

目を閉じて ふるさとを思い出す
青い空 浮かぶ白い雲
見上げた夢を 忘れないで
勇気を出して 踏み出そう
時には 傷つくこともある
暗闇に迷うこともある
だけど あきらめず
前を向いて 歩いて行こう
苦しみ 悲しみ 乗り越えたとき
きっと ほほえみに変わるから
人は誰でも 持っている
心に広がる 無限の宇宙
勇気のかけらが
星のように輝いている

あし、アメリカに渡って
住友になる。
金持ちになって、母ちゃんに
日の出まんじゅうを腹いっぱい
食べさせたい!

オーロラを見ると
心が躍る!

キング、ワダ!
キング、ワダ!

娘の名は?
日米子
日米の子と書いて
ヒメコだ!

金を探しにいこう!

遠く離れていても、
母ちゃんは
いつもお前のことを
思うとるけん……

♪母の想い

作詞／戒田 節子　作曲／山本 太郎

傷ついて心が しぼむ時がある
立ち止まるか 歩き出すか
それは自分で 決めること
右に行くか 左に行くか
それも自分が 決めること
人生は その繰り返し
そんな時 空を見上げて
思い出して 欲しい
おまえを想う 誰かがいること

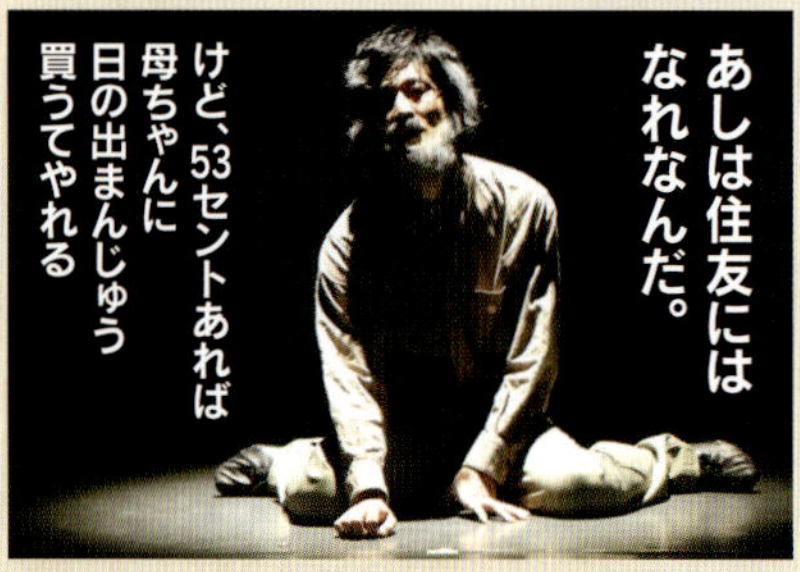
あしは住友には
なれなんだ。
けど、53セントあれば
母ちゃんに
日の出まんじゅう
買うてやれる

オーロラに駆けるサムライ ～和田重次郎物語～

勇気のかけら

　平成23年（２０１１）は、7月に「この街で～あなたと一緒に～」の公演があったので、この舞台にかかったのは、それが終わってからでした。谷有二さんの書かれた本『オーロラに駆けるサムライ』を参考にさせていただき、四苦八苦しながらも急ピッチで脚本を仕上げたのは、8月も半ば。スタッフは、それこそ重次郎の犬ぞりのように全力で走りました。

　この公演にはたくさんの方々が力を貸してくださっています。日本やアラスカのいろいろな場所が次々と登場する舞台をどうしたらいいかと悩んでいたところ、舞台美術家の土屋茂昭先生がデザインを担当してくださることになりました。アマチュア劇団にとって、夢のようなでき事です。

　そして、先生のデザインを元に、内子手しごとの会の皆さんが中心になって舞台のセットを作ってくださいました。舞台を埋め尽くす純白の和紙は、四国中央市にある白川製紙さんのご協力をいただきました。犬ぞりはつくし園の皆さんが、重次郎の衣装はアトムグループの方々が作ってくださいました。こうして、多くの人が力を合わせてできたミュージカルです。

　上演までの間、私は、毎日、日の出町に立つ重次郎さんの胸像に話しかけました。嬉しいこと、苦しいこと、悲しいこと……。

　公演当日は、会場のどこかで、重次郎さんと、母・セツさん、顕彰会初代会長、故上岡治郎先生が、見守ってくださっていたと思っています。私たちは、それぞれの心の中にある勇気のかけらを持ち寄って、大きなひとつの夢に向かいました。

当時のパンフレットより

重次郎を偲んで アラスカを駆けた思い出

谷 有二 さん（故人）
（『オーロラに駆けるサムライ』著者）

　和田重次郎と最初に関わったのは、昭和53年に今は亡き新田次郎氏の依頼で、雑誌「山と渓谷」に掲載したのが最初です。

　当時は資料があまりなかったため、本格的に和田重次郎を描きたいとの思いが募り、平成6年に妻と息子の真人の3人でアラスカ大学やジュノーの州立歴史図書館に通い詰め、資料をかき集めて書き上げたのが、平成7年発刊の『オーロラに駆けるサムライ』です。

　厳冬の中、重次郎の足跡を追い求め、オーロラを見ながらアラスカの大地を犬ぞりで駆け回ったことなどが思い出されますが、今、こうして、和田重次郎の顕彰活動が活発に展開されていることに万感の思いがあります。

オーロラのように輝く戒田節子さん

舞台美術家　**土屋　茂昭**

ある日のこと戒田さんから、アラスカで活躍した愛媛出身の人物をモデルに、「オーロラに駆けるサムライ」というミュージカルを創るから、土屋さん、装置デザインで協力して、と依頼が届きました。うーん、戒田さんは、劇団四季時代や坊っちゃん劇場を通じての長い友人ですから断れません。しかも内子座での初演装置をデザインすることは魅力的です。印象的なアラスカの白い世界、加えて四国、伊予、内子を感じさせる空間をどう創るか。

伊予には伝統産業である白い和紙の世界がありました。そこから発想することで、白く半透明な、氷のように、オーロラのように、舞台で揺らめく光を共有する装置イメージにたどり着きました。かつて伊予の和紙をベースに、海外で舞台装置を作った感覚が蘇ります。地元の製紙会社に紙を都合していただき、友人（山内敏功）の助言もあり、「内子手しごとの会」のみなさんの協力で、すべての舞台装置を内子で作ることにしました。手しごとの会を中心に、数十人のみなさんが体育館に集まり、協力して、一枚一枚紙を広げ、つないでいきます。そして、内子座の舞台を覆う大きな和紙の幕が何枚も完成しました。内子座に飾られた、母の愛と重次郎の強い意志、家族の想い、地元の絆を包む伊予の白い和紙の空間は、私の舞台装置家としての経験の中でも印象深い作品になりました。そんな機会をくれた節ちゃん、ありがとう。

土屋先生

LIVE みかん一座のブログから

台本、もう少し待っていてください！

●2011年8月3日

重次郎の台本、やっと半分くらいまで書けました。毎晩パソコンに向かって資料に囲まれながら、書いています。時間さえあれば、もっと進むと思うのですが、明日の仕事を考えると、ここまでにしておこうと、パソコンを閉じます。

早く仕上げないと、みんなに迷惑がかかると思うと気持ちが焦るのですが、会社勤めをしながらの作業は非常に苦しい。時間が欲しい。

しかし、何年か前までは台本を徹夜して一気に書き上げたものですが、体力が急激に落ちているのを感じます。すみません。

主催者からいつできますか？　と問い合わせも来ていますが、もう少し待っていてください。

昨夜、重次郎さんの胸像を拝みにいきました。力を与えてください！と、またも手を合わせました。試練です。しかし、オーロラの光に向かって頑張ります。

（座長）

届けるということ

「和田重次郎顕彰会」元会長　土居　貴美

「犬ぞりの神様と言われし日本人名のみ残りてその跡もなし」と作家・新田次郎が詠っている和田重次郎。和田重次郎顕彰会は、その偉業と母セツへの孝養の精神を顕彰する意義と責任を痛感された上岡治郎氏（初代会長）の熱い思いから立ち上がりました。

以来、各種イベントを開催しましたが、なかでも最大となったイベントは、作家・谷有二著『オーロラに駆けるサムライ』を原本とした、みかん一座のミュージカル（脚本・演出／戒田節子氏）が立ち上がったことでした。

やがて、関係者ら大勢の人々のご努力によって素晴らしい舞台が完成し、松山市や母セツの眠る内子での数回にわたる公演、さらにはアラスカでの公演を果たし、言葉の壁を超えて人々の心に和田重次郎の生きざまを届けることができました。これは、戒田節子座長率いるみかん一座の皆さんの全身全霊を傾けた努力のたまものです。アラスカの人々に、和田重次郎の生き方と存在が確かに届いた証は、会場の熱気で十分感じ取れました。これを機に、今後アラスカと松山・内子の交流がより一層盛んになることへの期待が膨らみました。感謝いたしております。

今年の春で戒田節子さんがご勇退されましたが、アナウンサーとして、また、みかん一座の座長として、県や市の各種イベントへのご協力など、広くご活躍されました。

特に、重次郎の「生きざま届け人」としての大役を果たしていただきましたことに対しましては、心より感謝申し上げます。ありがとうございました。

今後ともお元気でご活躍されることをご期待申し上げます。

【内子座にて】

みかん一座ミュージカル

オーロラに駆けるサムライ

～和田重次郎物語～（坊っちゃん劇場バージョン）

【公演日】平成25年（2013）1月13・14日

【会　場】坊っちゃん劇場

脚本・演出／戒田　節子

おイネさんの舞台装置で、アラスカ!?

初演が好評を博し、「あの感動をもう一度！」の声に応え、NPO法人 和田重次郎顕彰会からの依頼で、「オーロラに駆けるサムライ」を再演することになった。それも、東温市にある「坊っちゃん劇場」で！

坊っちゃん劇場は、地方としては珍しいミュージカル専用の常設劇場で、ロングラン公演を常として、外部の劇団による短期公演は初めて。そこで、公演期間中だった「幕末ガール～ドクトル☆おイネ物語～」の舞台装置をそのまま生かして使うことになった。節ちゃんは、悩んだ。「ど、どうしたらいいの？」（川崎）

画：藤本真緒

オーロラに駆けるサムライ ～和田重次郎物語～（坊っちゃん劇場バージョン）

夢の種

この公演は、初演時にはなかった問題が、舞台装置以外にもいくつかありました。なかでも主役の重次郎役がいないということが一番大きな問題でした。初演で主役を務めてくれた藤﨑俊和さんは、前年に子どもが生まれ、仕事と子育てに奮闘中で、活動を休止していたのでした。

「重次郎役がいないと重次郎のミュージカルはできないよ～」

そのとき、みんなの頭に浮かんだのが、前回ダンスで参加してくれていた小糸秀君です。しかし、彼は愛媛大学医学部の3回生。1月は試験もあって忙しいはずです。でも、秀君がダメなら公演は無理。そこで秀君のジャズダンススタジオの師匠、森田康二先生にご相談したところ、「重次郎のことはもっと多くの人に伝えないといけないと思っていました。ぜひ実現しましょう！」と力強いお言葉。先生のお力添えもあり、秀君が引き受けてくれ、ホッとしました。

しかし、再演とはいえ、舞台も主役も変わると作品がガラリと違ってきます。脚本や演出も手直しして、舞台監督の中村俊夫さんと舞台図を広げて、ああでもないこうでもない。音楽監督の山本太郎さんとは急ピッチで新しい楽曲の制作。裏は、大わらわでした。

みかん一座はメンバーや応援団の年齢幅が広く、三世代の大家族のようになります。学業や仕事との両立は厳しいものがありましたが、顕彰会の皆さんの「重次郎の生き方を多くの人に伝えたい」という夢を、私たちも共に夢にして頑張りました。

特に顕彰会初代会長の故・上岡治郎先生が「子どもたちに伝えたい」と命がけで取り組まれた夢を息子さんの幹夫さんが継いでいる姿に、私は親子の絆を感じずにはいられませんでした。

ひとつの夢の種は、多くの人たちの情熱によって花を咲かせていくのですね。

犬ぞりの神様といわれし日本人
名のみ残りて　その跡のなし

作家 新田次郎が和田重次郎を想い詠む

音　楽／山本 太郎　和田 耕一　中村 和憲
振付協力／森田 康二　藤﨑 俊和
舞台監督／中村 俊夫

みかん一座と応援団（アラスカにて）

みかん一座ミュージカル

オーロラに駆けるサムライ　～和田重次郎物語～（アラスカ公演）

【公演日】平成27年（2015）5月1日
【会　場】パフォーミング・アーツセンター（アラスカ アンカレッジ）

脚本・演出／戒田　節子

こんなときこそ「どんな時も希望を捨てず！」

「オーロラに駆けるサムライ」は、平成25年（2013）の公演で最後だと、節ちゃんは思っていた。ところが、NPO法人和田重次郎顕彰会は、この感動をアラスカの人々と分かち合い、重次郎の足跡がはっきりとアラスカの地に残ることを希望。さらに、重次郎の顕彰会がアラスカにもあって、このミュージカルのことを知り、いつしか現地公演への機運が高まっていた。

アラスカにはアジアの民族文化を紹介し、理解してもらうためのイベントがある。平成27年は日本を紹介する順番だった。NPO法人アジアンアラスカンカルチュラルセンターは「ジャパンプログラム2015」のメインイベントとして、重次郎公演を正式に招聘した。

こうして、みかん一座の「オーロラに駆けるサムライ」は、アラスカ最大の都市、アンカレッジにある2000人のホールでの上演が決定した。

愛媛県産のミュージカルが初のアラスカ公演実現となれば、重次郎の偉業とともに、愛媛の歴史や文化もまたアラスカで広く紹介されることになる。それは日米間の友好親善にとって大きな意義のあることだった。

そこで、アラスカ公演実現に向けて、支援組織「日米友好アラスカ公演応援団」（団長加戸守行 元愛媛県知事）が結成された。

（川崎）

オーロラに駆けるサムライ　～和田重次郎物語～（アラスカ公演）

アラスカ公演、大成功！皆様に大感謝です！

「いざ！アラスカ」のパネルが一階のロビーに置かれてから、約1年半。毎日眺めながら、まだまだ先だと思っていました。しかし、前年8月にみかん一座の30周年記念公演があり、それが終わってからアラスカへの本格的な準備が始まったため、やること山積み、忙しい日々でした。

３０００万円以上かかる資金をどうするのか、日本語でのミュージカルをどうやってアラスカの皆さんに伝えるのか、大道具や小道具はどうするのか。他にもたくさんの困難があり、「あ～、どうしよう。もうだめかも……」と、肩を落とすことが何度もありました。しかし、みかん一座の合言葉のひとつ「どんな時も希望を捨てず！」を唱えながら、とにかくみんなでがんばりました。

そして、4月28日。とうとう出発の日がやってきたのです。夕方、学校や仕事を終えて松山空港に集合！役者や裏方スタッフ、随行団、応援団を合わせると１００人近くがアラスカに向かいます。出発式には、中村知事をはじめ、多くの方々が来てくださいました。

松山空港での出発式

一行は、最終便で羽田空港へ。そこからシアトル、そしてアンカレッジへ。乗り継ぎの時間を含めるとほぼ1日かかります。アンカレッジに着いた時は真夜中。寝たのは3時。そして29日は、早朝からバスで約2時間半かけて重次郎ゆかりの地、スワードへ。時差ぼけを感じる間もなく、イベントに突入！

スワード

スワード高校のホールには３００人の子どもたちが集まり、日本の歌や踊り、遊びなどを楽しんでくれました。その反応はびっくりするほど大きく、最後のダンスは、ステージいっぱいに上がってきて、みかん一座のメンバーと一緒に踊ってくれました。もう感激！　旅の疲れも吹っ飛びました。

その夜はアンカレッジに戻り、次の日の「カルチャーエキシビジョン」のリハー

演出助手／平野 淳
音　楽／山本 太郎　岳人山　中村 和憲
振付協力／森田 康二　松本 南一夢　藤﨑 俊和
舞台監督／中村 俊夫

スワード高校

サル。30日の午前中に本番です。韓国や中国、フィリピンなど、アジア8カ国が順番に芸能を披露。日本はトリで、「伊予万歳」「ソーラン節」「さくらさくら」などを披露。会場に集まったアンカレッジの子どもたち2000人は、これまたものすごい歓声を送ってくれました。

イベントが終わると、いよいよメインのミュージカルの準備です。その会場で午前中「エキシビジョン」をしていたのですから、仕込みもできていません。次の日、5月1日夜7時からの本番に間に合うのだろうか？

カルチャーエキシビジョン

会場の裏方スタッフは、全員英語だし、ものごとが思うように進みません。日本からの舞台監督、照明、音響さんが現地のスタッフに指示を出すのですが、四苦八苦。もう汗をかきかき、くたくたでした。「本番に、もしかしたら、スポットライトが当たらないかもしれない……」なんて言われて、「えー、わたしゃ、暗闇でしゃべるんじゃろか……」と焦ってしまいました。

「いつもと勝手の違う外国での公演は、日本で当たり前と思っていることがそうではないことも多いから、何があっても対応できる柔軟性を持ってほしい」とメンバーにも言って覚悟してきたのですが、いろんな場面で「ああ、どうしよう……」がたくさんありました。でも、会場のスタッフは皆さんプロ。舞台にかける想いは日本もアメリカも同じでした。本番に向けてみんなが一つになり、知恵を持ち寄っていろんなことを解決し、そして幕が上がりました。

スタッフ

重次郎さんと、母・セツさんが奇跡を起こしてくれたんじゃないかと思うほど、感動の時間でした。舞台の両サイドに簡単な英語の字幕を出しましたが、芝居は日本語です。でも、客席では大きな笑い声やすすり泣く声。そして、お見送りのロビーで「感動したよ」と抱きしめてくれた人。「遠くにいる息子のことを思い出して涙が出た」と手を握ってくれた人。「私は故郷が宇和島です。とても懐かしかった」と喜んでくれた日本人。ロビーで、メンバーとアラスカの皆さんの涙の交流が長く続きました。「あー、来てよかった」と、私も初めて声をあげて泣いてしまいました。

この公演を行ったことで、アラスカのテレビニュースの取材を受けたり、新聞に載ったりしました。そのことで、公演を見てくれた人たちだけでなくアラスカの多くの人が和田重次郎を知ってくれたと思うと、本当に嬉しかったです。

　みかん一座は、重次郎さんのことを伝えるため、日本とアラスカの和田重次郎顕彰会からの依頼を受けてミュージカル公演をしました。これをきっかけに、アラスカの人たちがもっと重次郎さんのことを知って日本との友好を深めてくれたら、どんなに幸せでしょう。

　公演を終え、片付けが終わったら、また夜中。でも、アラスカは午後11時くらいまで明るかったんです。なんだか得した気分。興奮でなかなか眠れませんでした。

　次の日は、アンカレッジから日本に帰るチームと、フェアバンクスに行くチームに分かれました。子どもたち中心のチームは、飛行機でフェアバンクスへ。重次郎さんゆかりの町です。そこのウエストバレー高校のホールで交流コンサート。学校はテスト期間中だったので、集まってくれたのはシルバーの方々が中心。スクエアダンスをしている方たちなので衣装が華やかで、おばあちゃんもひらひらスカートでかわいかったです。生きていることをたっぷり楽しんでいる姿に感激しました。

フェアバンクス

　ここでも、スワードのときと同じように日本の歌や踊りや遊びを体験してもらって、みんなでダンスもしました。みかん一座の子どもたちは、アラスカの子どもからお年寄りまで、いろんな人たちと交流することができました。私たちのメンバーも10歳から80歳（加戸守行さん）という4世代にわたるほどの年齢幅だったので、本当に良い交流ができました。

　これらのイベントのほかに、アラスカの有名銀行に行ってパフォーマンスをしたり、アラスカの主催者の皆さんとのパーティーに出席したりと、行っているあいだ動き

フェアバンクスのみなさんと一緒に

回っていました。行く前は、こんなスケジュールで大丈夫だろうか？ ハードすぎて倒れる人がいるかもしれない……と心配していましたが、病人もけが人も出ず、不思議なくらいみんな元気に帰ってくることができました。

今回の旅で、いろんな出会いがありました。アメリカの重次郎さんの子孫の方たちがミュージカルを見に来てくれて、内子から来ていた重次郎さんの子孫の方たちと対面し、芝居の中の重次郎一家とみんなで写真撮影をしました。私は、重次郎の母の役なので、子孫の皆さんが私の子孫みたいな錯覚を覚え、笑ってしまいました。

こんなことがあるなんて夢にも思いませんでした。人生って面白いものですね。

重次郎の子孫と、劇中での重次郎の家族たち

5月1日 アンカレッジ（パフォーミング・アーツセンター）ミュージカル公演より

日本の文化を伝えるために新しく加えたシーン

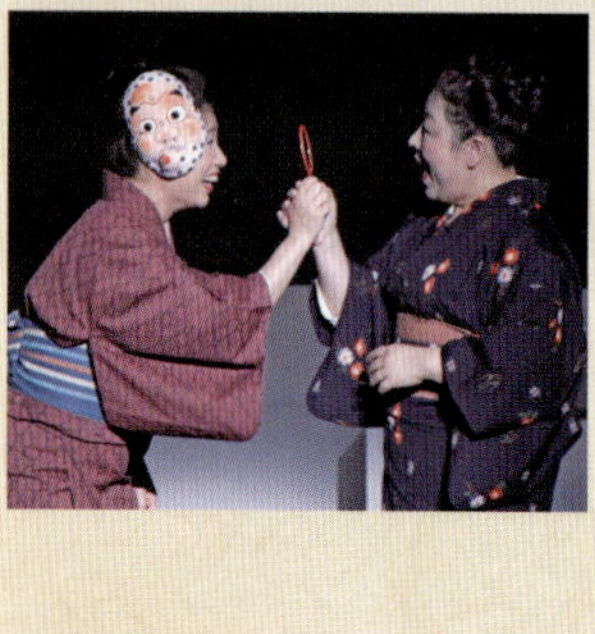

オーロラに駆けるサムライ ～和田重次郎物語～（アラスカ公演）

どんなに遠く離れても
忘れない
おまえの顔 おまえの声
この手のぬくもり
子を思う母の願いはひとつ
幸せに 幸せに

大人になった重次郎

子どもの重次郎

ノーウッド船長
ノーウッド船長
いろいろ教わり
感謝します

言葉や肌の色は違っても
美しいと感じる心はみんな同じ

スワードから
アイディタロット
まで道を開発
してください
スワード市長

バーネット
フェアバンクスから
ドーソンまで
犬ぞりを
走らせてくれ

どこまでも
重次郎を
追いかけてゆく
新聞記者コタ―

マイナス60℃
ブリザードの中を
走る犬ぞり

♪ 希望の道

作詞／戒田 節子　作曲／山本 太郎

広い大地
果てしなく続く白い世界
険しい山を越え 谷を走る
犬たちを信じ 自分を信じ
橇を走らせよう
凍てつく寒さ 暗闇の孤独
負けはしない
力をふりしぼり 前に進もう
厳しい旅の先に 何かが待っている
希望の道
未来に続く 希望の道

♪ 同じ人間

作詞／戒田 節子　作曲／中村 和憲

生れ来る命 それは宇宙からの贈りもの
清らかな魂 持って生れ来る
遥か遠い昔から 人は大地を踏みしめながら
空を仰いで生きてきた
命の重さは みんな同じ
いつの時代も どこにいても
肌の色が違っても 同じ人間（同じ人間）
温かい血が流れてる 同じ人間（同じ人間）

重次郎、イヌイットの村のキングになる

アラスカ公演には、南海放送の伊東英朗ディレクターが同行し、ドキュメンタリー番組「アラスカを拓いたサムライ～和田重次郎 母子物語～」を放送した。

覚悟が夢に変わるとき
和田重次郎のアラスカミュージカルを実現せよ

国際コーディネーター　松浦　宏之

「アラスカでのミュージカル公演の可能性」を探り始めたのは、平成24年（2012）の秋。アラスカの和田重次郎顕彰会会長トニー・ナカザワ氏と共に、アンカレッジ市内のホール、中学校や高校の講堂をいくつも訪ね、厳冬の季節には事務局長の上岡幹夫氏を伴い、視察に向かいました。アラスカ日本人会へ協力も求めました。そして、アラスカ大学フェアバンクス校の先生方にも協力を仰ぎました。それでも、私たちの思い通りの場所とめぐり逢うことは難しく、諦めの思いが芽生え始めていました。

平成25年（2013）の春、事態は動きました。アンカレッジ市にはアジア8カ国(China, Japan, India, Korea, Laos, Philippines, Nepal, Thailand)の人々によって運営されるAsian Alaskan Cultural Center（AACC）という非営利団体があります。その目的は、アラスカの人々にアジアの民族文化を紹介し、理解してもらうというものです。毎年、それぞれの国が持ち回りで催しを開催するのですが、来る平成26年、日本にその順番が巡ってくることが決定しました。また、友人のミサ西村さんとトニー・ナカザワ氏が日本理事を務めておられました。すべてはタイミングとご縁です。千載一遇のこの機を逃すものかと一気に詳細を詰め、和田重次郎のミュージカルを日本文化の紹介としてエントリーすることとなったのです。

しかし、アラスカの風は冷たかった。「民族舞踊や民謡が、慣例のスタイルだ」「ミュージカルが、なぜ日本の文化紹介なのか」「Jujiro Wadaって誰だ？」「そんな長時間公演、客はみんな帰ってしまう」「他の団体に依頼してはどうか」「日本語では、観客は理解できない」矢継ぎ早に、否定的ともいうべき意見や質問が各国理事から次々に出されました。これまでのスタイルとはまったく違うわけで、当然といえば当然でした。そのたびに、戒田節子座長と上岡幹夫氏との摺り合わせ、確認が繰り返されました。異文化の中で、舞台にも演出にも素人の私にどんな役割ができるのか、暗中模索以前の事態でした。日本サイドでは、国際交流基金をはじめ各方面への助成金申請、後援依頼がすでに始まっていました。私はもう、アラスカにでも逃げ出したい気持ちになっていました。しかし、アラスカでの公演ですから、それさえもできませんでした。私は事態を深刻に感じていました。

その夏、戒田座長、中村俊夫舞台監督、上岡事務局長と共に、アンカレッジでの公演会場となるパフォーマンスセンターを視察しました。会場はオペラ公演も可能な充実した設備と趣き、観客席も2000名を収容可能という素晴らしい劇場でした。私はその大きな舞台の真ん中に立ち、薄明りの誰もいない客席を見つめました。すると、みかん一座のみなさんが演じる和田重次郎の舞台、眩しいスポットライト、観客の割れんばかりの拍手と大歓声が聞こえてきたのです。それは私の中で、この公演をなんとしても実現させなければならないという覚悟を感じた瞬間でした。

一度腹の決まった人間のエネルギーは、おもしろいものです。舞台演劇に無縁だった人間が独学で学んでいきました。異文化の人々が日本へ馳せる思いとイメージを咀嚼し、戎田節子座長に伝え、何度も演出に工夫と改良を求めました。また、AACCの8カ国の理事を説得すべく、理事たちとコミュニケーションを深めていきました。

平成26年（2014）3月、私はすべてのAACC各国理事たちを前に最終プレゼンテーションに臨みました。そのとき私を応援してくれたのが、韓国理事のポール・ムーン氏と中国理事のティナ・マイザー女史でした。「このミュージカルは、日本の文化を表現する新しいやり方だ」「今までにない企画だが、アラスカの史実に基づいている」「これを実現させずに、どうする」と。とうとう追い風が吹いた瞬間でした。このときとばかりに私は、公演開催日を確定するため、理事長の前にひざまずいてスケジュール表を広げ、OKサインをもらうまで立ち上がりませんでした。


それから公演までの1年間は、本当に一瞬のようでした。毎日、毎日、現地アラスカと松山市に連絡を取り合う日々が続きました。ライトの色から舞台の暗幕、音響、舞台演出、楽屋の割り当て、弁当手配、宿泊施設手配、予算配分など、それらは公演実現に向けた、胃がキリキリと痛むような異文化と異文化の擦り合わせの日々でした。しかし松山を訪問するたび、みかん一座のみなさんの舞台の完成度が高まっていくのを、そして演出のイメージが一つ一つ具体化するのを拝見し、私は身震いするような興奮を抑えるのに精いっぱいでした。

そして平成27年5月1日、アンカレッジでの公演の日。会場は現地の日本人会や領事館の方々にご尽力いただいたおかげもあり、満員御礼。大成功の舞台となりました。大喝采の観客がスタンディングオベーションをする中に、私も一緒に立っていました。手が痛いほど、精いっぱい舞台に拍手を送り続けました。そして、「ありがとう。ありがとう。夢が実現しました。ありがとう」私は何度も何度も呟いていました。

「アラスカ公演」フィナーレ

松浦さん（左）とトニー・ナカザワさん

オーロラに駆けるサムライ ～和田重次郎物語～（アラスカ公演）

みかん一座と冒険家 河野兵市さん

グラフィックデザイナー 山内 敏功

最近僕は、自己紹介をするとき〝国際ミュージカルスター？〟と名乗ります。根も葉もある冗談ですが、そのきっかけは2015年のアラスカ公演「オーロラに駆けるサムライ」でした。

「びんさん、みんなの足を引っ張らないでね」と戒田座長から叱咤激励を受けながらアラスカへ赴き、いざ本番へ。

本番前日、日本の芸能を発表した会場で不思議な現象が起きました。突然、戒田座長が泣きながら廊下を駆けてきます。控え室の前にいた僕にしがみつき、「河野さんが、河野さんが……」と泣いているのです。一瞬なにごとかと戸惑いましたが、実は2001年、北極点から故郷愛媛まで15000キロを歩く「リーチングホーム」というとんでもない冒険の旅に出た河野兵市さんに、北海道稚内に到着したとき、みかん一座は「南中ソーラン節」を砂浜で踊って迎えるという約束をしていたのです。戒田座長の涙は、北極の海で命を落とした河野さんに一番近い場所で、果たせなかった約束を果たした安堵の涙だったのでしょう。

ところが、まだ不思議は続きます。事故から1年後、アラスカのレゾリュートに彼の記念碑が建ち、除幕式でイヌイットの人々が鎮魂歌を合唱してくれました。その記念碑をデザインした僕が、イヌイットの長老役を演じるという偶然。そして記念碑建立が5月1日、アラスカ公演は13年後の5月1日。この偶然を河野さんが導いたと考えるのは、僕だけではないでしょう。

リーチングホーム15,000kmと刻まれた
河野兵市さんの記念碑

「愛媛の歌」と「アラスカ州の歌」を歌う

みかん一座ミュージカル

オーロラに駆けるサムライ
~和田重次郎物語~（ありがとう公演）

【公演日】平成27年（2015）5月23・24日
【会　場】松山市民会館 中ホール

脚本・演出／戒田 節子

重次郎、涙のラストステージ

アラスカでの公演や人々との交流など多くの感動を、応援してくれた故郷の皆さんに伝えるため、ミュージカル上演と共にアラスカでのみかん一座の活動をまとめた映像を上映。

平成23年（2011）から続いた重次郎の公演は、これをラストステージとした。

（川崎）

アラスカに重次郎の銅像が！

トニー 中沢 さん
（アラスカ和田重次郎顕彰会会長）

アラスカ公演は、本当に素晴らしいものでした。アラスカに記されていた和田重次郎の足跡は、アラスカ黎明期の歴史そのものです。決して記憶の片隅に埋もれさせてはいけないものです。

今回のアラスカ公演に刺激を受け、アラスカ各地でも、日本人、和田重次郎への認識・再評価が深まり、現地の人たちの寄附によって、アラスカ・スワード市に重次郎の銅像が建立されました。

2つの物語に関われた重次郎役

医師　小糸　秀

「和田重次郎役を演じてほしいのだけれど」という突拍子もない連絡が来たのは平成24年（2012）春頃。同年1月の本公演を大歓声のなかで終え、「よし、本業を！」と切り替えている最中のことでした。

本作品は脚本、劇中歌ともに素晴らしく、大好きな作品の一つであったため、演じるチャンスを得られたことの嬉しさに二つ返事で引き受けました。このとき私は、戒田座長の勢いを完全に見誤っていました。

翌年1月には、新しい曲やシーンが加わった感動の舞台が坊っちゃん劇場で再演されました。しかしそれだけにとどまらず、顕彰会の強い思いと、それに応えようとする座長の思いが相乗効果となり、重次郎の生きた地・アラスカでの公演が現実となったのです。

私自身はますます拡大する企画に遅れまいと、芝居磨きに精進するのみ。当時私は大学6年生で、練習後の深夜に大学へ戻り、勉強する日々が続いていました。時も忙しく過ぎ、関係者全員の計り知れない努力の末、平成27年（2015）5月、アラスカで「オーロラに駆けるサムライ」を上演。人種、言葉の壁を超え、会場にいたすべての人が〝母と子の想い〟に涙し、心が一つになったことを今でも鮮明に覚えています。すべてが奇跡の舞台でした。

和田重次郎の偉業と孝養の精神を描いた本作品は、観る人を感動させただけでなく、私自身、彼の人生を演じることで、より深く彼の人生観、そして偉大さを身にしみて実感しました。

しかし、この舞台を通して感じたのは彼の人生だけではありませんでした。破天荒な、驚くべき発想で無から有を作り出し、夢を現実へと変え、私が感じる重圧とは比較にならないほどの重圧を乗り越えていく座長の〝人間力〟に驚かされたのです。生きた時代は違えど、両者に共通することは、信念を抱き、貪欲に人生を歩み続ける精神。和田重次郎物語を通して戒田節子物語の歴史の1ページに痕跡を残せたことは、とても嬉しいです。一つの舞台を通して2つの物語に関われた、非常に実りある作品でした。

みかん一座のおかげで果たせた「亡き父の思い」

NPO法人 和田重次郎顕彰会事務局長 上岡 幹夫

私の父、上岡治郎は、大正15年に松山市日の出町に生まれました。生まれてすぐに母親が病気で亡くなり、つらい思いをしたと聞いております。母親がいないという寂しさから父を救ったのは、祖父の言葉でした。

「治郎よ。このまちにはな、アメリカに渡って大成功している男がおるんぞな。しかもお母さんに仕送りしている孝行者ぞな。お前もそんな立派な男におなり」

父は、その祖父の言葉を思い出しては寂しい思いを断ち切り、勉学に励みました。そして、日の出町を校区に持つ「素鵞小学校」の校長に就任したときに、自分を励まし続けてくれた地元日の出町の人物を、生きた教材として子どもたちに教えたいという思いで探し回った結果、それが明治時代に犬橇《いぬぞり》でアラスカ・カナダを開拓した「和田重次郎」だったことが判明したのです。

退職後、父は重次郎の偉業と母セツへの孝養の精神を後世に伝えたいという思いで奔走し、石手川の河川緑地公園に顕彰碑を建立しましたが、その3週間後、あの世へと旅立ちました。

私は父の遺志を継いで、顕彰会の皆さんと一緒に顕彰活動をしていくことになりましたが、一つ気になることがありました。それは、重次郎の胸像の台座に「和田重次郎を架け橋とした、日本、アメリカ、カナダの交流の深まりを期待してやまない」という文章が刻まれているのに、その後が空白になっていたことでした。副会長の越智利明さんに聞くと、「それは上岡先生が、具体的に国際交流活動が実現できたら、それを書くためにわざと空白にしたんよ」とのことでした。それは、父が私に託した遺言だと思い、私はなんとかそれを実現しなければならないと心に誓いました。

戒田節子さんにお願いして、重次郎の生涯を描いたみかん一座のミュージカルができ、公演は大成功を収め、加戸守行元愛媛県知事をはじめとした多くの方々のご尽力で、重次郎が活躍したアラスカでの公演ができました。そして平成28年（2016）5月、胸像の台座にアラスカ公演が実現したことを刻字することができたのです。

さらには、アラスカ公演を契機として、アラスカでも重次郎の功績を伝え、残そうという気運が盛り上がり、犬橇使いであり、また教育者でもあるダン・シービー氏が中心となってアラスカ・スワードに重次郎像が建立されました。

重次郎の功績を伝え、残したいという思いは世界を駆け巡り、その結果、平成29年（2017）11月18日には坂の上の雲ミュージアムで「国際シンポジウム」が開催され、重次郎の関係するアメリカ、カナダ、日本の3カ国が協力連携して、今後の顕彰活動を発展させていくための調印式が執り行われたのです。

まさに、和田重次郎を通した国際交流活動は着々と進展し、亡き父の思いは果たされてきています。しかしこれも、戒田節子座長をはじめとしたみかん一座の皆さんのおかげです。和田重次郎のミュージカルがなければ、決して漕ぎつけることはできなかったでしょう。父も天国で喜んでいると思います。みかん一座の皆さん、本当にありがとうございました。

みかん一座30周年記念公演

瀬戸内海賊物語 in 愛媛　君の瞳 もっと輝け！

【公演日】平成26年（2014）8月16・17日
【会　場】松山市総合コミュニティセンターキャメリアホール

脚本・演出／戒田 節子

映画「瀬戸内海賊物語」をミュージカルに！

平成23年（2011）、未来を担う子どもたちが将来の大きな夢と希望を描くきっかけとなることを願い、香川県小豆島で「瀬戸内国際こども映画祭2011」が開催された。

この映画祭の「エンジェルロード脚本賞」グランプリに輝いたのは、伊予郡砥部町出身の映画監督、大森研一さんの「笛の伝言～瀬戸内海賊物語」だった。

映画「瀬戸内海賊物語」はそれを実写化したものだ。小豆島をはじめ全編瀬戸内海を舞台に撮影がおこなわれ、公開は2014年5月だった。

節ちゃんは、これまでも人との出会いから多くの脚本を書いてきたが、今回も映画のプロデューサー益田祐美子さんと監督の大森研一さんとの出会いから、このミュージカルが生まれた。そして、それは、みかん一座30周年記念ミュージカルとなり、プロもアマチュアも多くの人たちを巻き込んで、映画にはないシーンをたくさん作り、愛媛らしさに溢れた、みかん一座ならではの作品となった。（川崎）

瀬戸内海賊物語 in 愛媛　君の瞳 もっと輝け！

ものがたり

島の宝は、人情と子どもたち

愛媛県今治市沖、しまなみ海道沿いにある小さな島「夢見島」には、橋が架かっていない。今も船が島民の足なのだが、町営フェリー「希望丸」は老朽化で廃船を検討中。しかし、そうなると今治への直行便がなくなり、病院や勤務先への時間と経費が大幅に増える。住み慣れた島を離れて町に住むしかない者が出るうえ、島自体がさびれることも避けられない。反対派住民と町との間で対立が起こっていた。

この島に住む主人公、武が通う小学校には、自分の先祖のことを調べて瀬戸内の歴史を学ぶ課外授業がある。その発表のために、武が祖母に話を聞いたところ、彼の祖先には水軍大将がいるという。

今から4~500年前、戦国時代の瀬戸内海では、海賊衆とも海上のサムライとも呼ばれる水軍衆が活躍していた。屈強な水軍のなかでも最強と人々から畏《おそ》れられた能島《のしま》村上家の頭領、村上武吉《たけよし》が武のご先祖様だった。

祖母は武に、家に代々伝わる古地図と不思議な姿の石を渡す。それらは武吉がどこかの島に隠した財宝のありかを示すものらしいのだが、使い方が分からない。

武は、財宝が見つかれば希望丸の修理代が捻出できると、同級生4人で水軍の宝探しチーム「ドリーム」を結成。学校の先生の助けを借りて地図の解読を始め、地図が割り符になっていることを突きとめる。

そこで武は、祖母と一緒に蔵に入って地図の片割れを探す。古い箪笥から、武吉が息子の初陣に授けたという笛を見つけたところで、武は頭を打って気を失い、夢うつつに笛の音と武吉の声を聞く。

「迷わず進め」「闇へ飛び込みし勇ましき者、我が財宝にたどり着くであろう」「その勇気を見せるのだ」

一方、町の緊急集会では「希望丸」廃船の決定が通知される。大人は諦めムードだが、島を思う子どもたちは憤る。

ドリームの4人組は、ひょんなことから、古地図と割り符になっているのが初陣の笛に描かれた模様であることに気づく。地図が解読できた彼らは、しまなみ海道のイベント「水軍レース」で使う小舟に乗って、宝の島を探しに沖へ漕ぎ出す。

当初は順調だった航海も、やがて潮目が変わる。潮流が複雑で速い来島海峡に渦が巻いて、小舟は転覆。彼らは海に投げ出されてしまう。

そのとき黒い鎧をまとった1匹の大蛸《おおだこ》が現れ、4人の腕をつかんで岸まで運び、着いた先が宝の島。4人は島の洞窟の奥で、とうとう宝箱を見つけるが、箱を手にしたとたん轟音と共に洞窟が崩れ落ちる。

幸い4人は助け出され、村上家に伝わる石を鍵に、宝箱の蓋を開ける。しかし、彼らが命をかけて持ち帰った箱の中には陶板が1枚入っていただけだった。

大人たちは、そんな4人の子どもたちの必死な姿に心を動かされ、希望丸の修理を再検討し始める。結局、希望丸は修理して存続に決定。

宝箱から出てきた陶板には古い文字が記されていた。「人の世は、海原の如し。上下の者、皆一つの思いをなせ」子どもたちは、ちゃんと宝を掘り出していたのだった。

音　楽／山本 太郎　和田 耕一　岳人山
中村 和憲
振付協力／森田 康二　麻田 陽子　近藤 京
大野 拓都　藤崎 俊和
舞台監督／中村 俊夫

♪君の瞳もっと輝け

作詞／戒田 節子　作曲／山本 太郎

瀬戸内の小さな島
我がふるさと（私たちの）
陽が昇り 陽が沈み
寄せては返す波のように
めぐるめぐる 命はめぐる
海に山に大空に
勇気の種をまきながら

瀬戸内の小さな島
我がふるさと（私たちの）
子どもたち 大人たち
手をつないで心をひとつに
進め進め 前に進め
海に山に大空に
勇気の花を咲かせよう

どんな時も希望を捨てず
輝く瞳を失わず
夢に向かって歩いてゆこう
自分の心にまっすぐに！
どんな時も希望を捨てず
輝く瞳を失わず
夢に向かって歩いてゆこう
自分の心にまっすぐに！

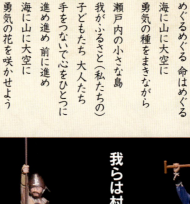

我らは村上水軍！

しまのわ

魚が
よう釣れました

島を守るため
ご先祖様の
財宝を
見つけよう

はやね はやおき
朝ごはん

東京から
帰ってきました

宝物は……

当時のパンフレットより

映画の制作陣、ミュージカル化にワクワク！

益田 裕美子 さん
（エグゼクティブプロデューサー）

2年前、（映画の）子役オーディションで松山に来たとき、初めて戒田さんと出会いました。そのときに、「映画をミュージカルにしたら面白いよね～」と盛り上がったのですが、その後、脚本ができたと知らされ、「本当に実現するんだ！」とワクワクしました。

大森 研一 さん
（映画監督）

映画「瀬戸内海賊物語」は、初めて故郷で撮った思い出深い作品です！ それをまた故郷で、節子さん率いる伝統あるみかん一座さんに、ミュージカルにしていただけたこと、大変うれしく光栄に思います!!

愛媛っ子たちの輝く元気な姿、スクリーンとはまた違った生の魅力を楽しみにしています。

映画を原作にオリジナルのミュージカル脚本

益田プロデューサーと大森監督に初めてお会いしたのは、平成24年（２０１２）５月。初対面なのに話が弾み、映画の物語を監督から伺いながら、シーンが絵のように浮かんできました。

「これをミュージカルにしたら面白いだろうな～」とは思ったけれど、次の年、坊っちゃん劇場で「オーロラに駆けるサムライ～和田重次郎～」の公演がある、いかんいかん！ 集中しないと……。でも、気になる。そこで映画の台本を送っていただき、読むとどうしても舞台にしたくなったのです。平成26年（２０１４）は、みかん一座30周年。「よし、30歳になった8月に公演しよう！」とだけ決めて、しばらくおあずけ。

そして、平成25年（２０１３）１月に「オーロラ…」が終わると、30周年公演に向け、少しずつ準備を始めていきました。とはいえ、みかん一座はミュージカル公演以外に、毎月のようにイベントがあるため、レギュラーメンバーは大わらわ。そんな中でミュージカルの参加メンバーがどんどん増え、メンバーの顔触れを見ながら脚本を書いていきました。

映画の大筋を柱にして、多くの新たなシーンを加え、オリジナルの脚本にしました。島は、夢見島。船の名前は「希望丸」。登場人物は…映画の主人公は女の子でしたが、舞台では男の子にして子どもたちの設定をみかん一座バージョンにしました。大人は、映画の登場人物が多く出てくるので、自分の役のイメージをつかむため映画が公開されると何度も見に行った人もいます。出演者は、内藤剛志さん、石田えりさん、小泉孝太郎さん、六平直政さん、阿藤快さん……。みんな映画を見てため息ついていました。

私は、中村玉緒さんが演じた村上絹子役。玉緒さんには近づけない……。私は私なりにと役作りしました。

みかん一座の船「希望丸」

30周年の公演は、瀬戸内海に浮かぶ愛媛の小さな島を舞台に繰り広げられる物語です。島の命綱であるフェリー「希望丸」が老朽化し、廃船に追い込まれる中で、村上水軍の子孫たちが島を守ろうと立ち上がる、勇気と愛のミュージカル。

思えば、これまでに多くの皆さんが、みかん一座の船に乗ってくれました。小さい船、大きい船、愛媛を回り続け、東京や福岡、岐阜、高知、徳島、香川にも行きました。遠くは、ドイツや韓国、アラスカ、ハワイにも。

大揺れしたり、難破しそうになったこともありました。でも、その度に「どんな時も希望を捨てず！」と、励まし合いながら舞台を作るという夢に向かって航海を続けてきました。

この公演では、キャスト、スタッフ、合わせて約100人が船に乗ってくれました。

プロの方々も友情出演。浜畑賢吉さんをはじめ、女優の丸山ひでみさん、シンガーソングライターの宇佐元恭一さん、旧三崎町出身のサスケさん。そして、映画「瀬戸内海賊物語」の主題歌を歌った上野優華さん、尺八奏者の岳人山さん。

物語で、子どもたちが命懸けで探した宝箱の中の陶板には「人の世は、海原の如し。上下の者、皆一つの思いをなせ」と書かれていました。まさに30周年の公演は、いろんな枠を超えてみんなが一つになれたと思います。

君の瞳 もっと輝け！

それぞれのジャンルのダンスの先生方が一緒に舞台に立ち、ダイナミックな世界を創り上げた。

行政と文化を同居

俳優・大阪芸術大学舞台芸術学科長　**浜畑　賢吉**

節ちゃん、長いお勤めご苦労様でした。昔、劇団四季に演技の修行に来られてからの長いお付き合いです。本業がありながら、ずっと舞台に関わってこられた情熱に敬意を表します。私も松山での公演に参加しましたが、その折は加戸守行元知事ご夫妻や、中村時広現知事、野志克仁松山市長とも共演し、同じ楽屋を使わせていただきました。そんな自治体は、多分愛媛県だけかもしれません。行政と文化をさりげなく同居させてしまったのは、節ちゃんのお人柄でもあるし、手腕でもあるのでしょう。

お互いに、いつまでも舞台に対する愛情を忘れないでいましょうね。

♪ 子どもは風の子 太陽の子

作詞／加戸 守行　作曲／加戸 秀美

青空高く 雲白く
山は緑に 水清き
自然の中で たくましく
育つ僕らの 愛言葉
子どもは（子どもは）
風の子（風の子）
太陽の子
子どもは（子どもは）
風の子（風の子）
太陽の子

真夏の日差し
照りかえる
小川も海も 友達だ
しぶきをあげて 元気よく
泳ぐ僕らの 愛言葉
子どもは（子どもは）
風の子（風の子）
太陽の子
子どもは（子どもは）
風の子（風の子）
太陽の子

30周年記念公演パンフレットより

みかん一座さん賛

作家・脚本家（旧北条市出身）　故・早坂 暁

「みかん一座」は、その名のとおり、愛媛特産の劇団です。

隣の香川県は自らを〝うどん県〟と名乗りあげているが、それにならえば、愛媛県は〝みかん県〟がふさわしい。その〝みかん〟を劇団名としている「みかん一座」は、まぎれもなく、エヒメ人による、エヒメだけの、エヒメ味の劇団だ。

しかし、ただのエヒメ味ではない。「シーボルトの娘・イネ」をもって、ドイツ公演を敢行しており、またアラスカ開拓者のエヒメ人・和田重次郎さんを描いたミュージカル「オーロラに駆けるサムライ〜和田重次郎物語〜」のアラスカ公演を目指している。こんな劇団をもっている県は、日本ではただ一つだと思う。

さらに素晴らしいのは、みかん一座の長い歴史の中で、２０００人以上のエヒメの人たちが参加して、歌い、踊っていることだ。まさにエヒメの濃縮ジュースみたいな歌劇団である。拍手！

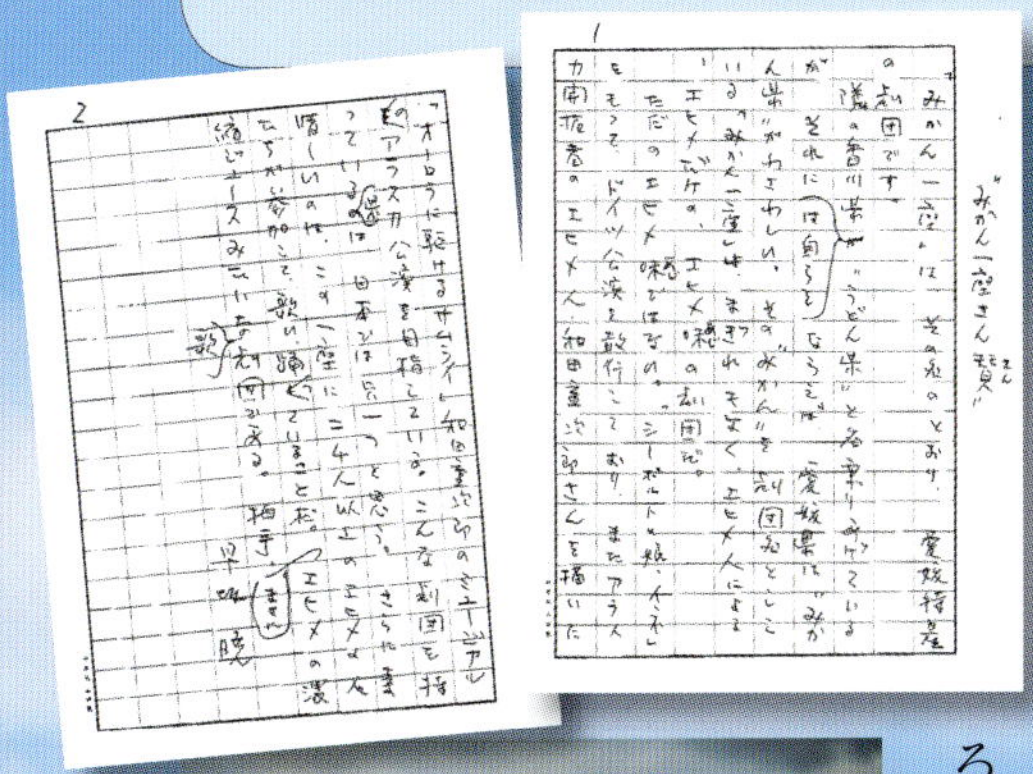

早坂先生ありがとうございました。

4年前、早坂先生からこんな素敵なメッセージをいただき、みかん一座一同感激しました。思えば、先生に「ダウンタウン・ヒーローズ」の場面をミュージカルにしたいとお願いしたり、松山市合併1周年イベントで北条・中島でご一緒させていただいたり、東京での「夢へんろ」公演の時には、応援団になってくださったり……。また、アラスカ公演の練習中に、稽古場に激励に来てくださったこともありました。

私が上京した時には、先生のご自宅に伺っていろんなお話を聞かせていただきました。いつか、先生の作品に出演してみたい……そんな大それた夢もありましたが、それも叶わぬこととなりました。

平成29年12月16日、先生は逝去され、大晦日に南海放送で「早坂暁追悼番組、最期のメッセージ」が放送されました。その中の再現ドラマで、みかん一座のメンバーが、先生の子ども時代や海軍兵学校時代、妹・春子さん、そして私は先生のお母様を演じさせていただきました。

先生、長い間、ありがとうございました。

「早坂暁 最期のメッセージ」の再現シーンより

みかん一座ミュージカル

輝け命！

【公演日】平成30年（2018）4月29・30日
【会　場】松山市民会館 中ホール

作・演出／戒田 節子

理想の町、夢見町に、座長の思い結集！

平成30年（2018）の春、節ちゃんが還暦を迎えた。稽古の途中でサプライズのハッピーバースデー。メンバー手作りの赤い帽子とちゃんちゃんこ、苺が敷き詰められたケーキ、真っ赤な60本のバラの花束。メンバーの心のこもったお祝いに節ちゃんは驚き、感激のあまり涙を押さえることができなかった。

節ちゃんがみかん一座を立ち上げたのは、南海放送にアナウンサーとして入社して3年後。それから34年間、本業であるアナウンサーと、座長というライフワークは、節ちゃんにとって、それぞれを補い合う両輪だった。その本業の方が、還暦と共に退職のときを迎えた。

「また、みかん一座に元気をもらいたいんだけど、次の公演はまだ？」というファンの声に押され、重次郎の公演から3年……、節ちゃんの還暦と退職を祝うミュージカルを行うことにした。

つまり、平成30年はみかん一座が、大きな変化と区切りの年となったわけである。翌年は「平成」という年号も変わる。私たちには、新生みかん一座の新たな展開を待つという楽しみができた。（川崎）

ものがたり

あったかい地域コミュニティーで、それぞれの命が輝く

～夢見町に住む住人たちの心温まる交流を描く。豊かな人間関係の中心に、地元のお年寄りを据えた物語～

町の年寄りたちが集う小梅サロンには毎日大勢が集まり、歌の練習に励んでいる。テレビの全国生放送「故郷を歌おう町対抗歌合戦」に、愛媛県代表として出場することになったのだ。

年寄りたちは歌の練習の合間に、千羽鶴を折っている。白血病で入院し、苦しい治療を受けている中学生の良の回復を祈って……。良は、夢見町中学校の陸上部の選手だった。総体が近づき、練習練習の陸上部員だったが、年寄りの想いを知り、自分たちも千羽鶴を折り始める。そして、歌合戦にも出ることを決める。「志を果たしていつの日にか帰らむ……」故郷の歌詞に気持ちを込めて歌い、テレビを通して良に想いを伝えるために。

テレビ放送の日、良は夢見町のみんなの姿を見ながら、消えようとしている命を振り絞って、かすかな声で口ずさんだ。

歌合戦が終わった直後、中学生たちは病院に駆けつけた。良の母は一足の靴を抱いていた。「この靴を履いて走りたいと良は夢見ていたけど叶わなかった……」

陸上部の中で一番の親友だった浩は「僕が良の靴を履いて走ります。良の夢を叶える！」と誓う。

一方、老人の中でも、あるでき事が起きていた。80歳を過ぎているアヤメが認知症になった。夫の清は、アヤメの変化に心を痛めていた。ある時、アヤメが「お嫁さんになりたい」という。昔、結婚式をしていなかったことをアヤメは心の奥にしまっていたのだと清は思い、アヤメが自分のことをわかるうちに結婚式をしようと思う。

みかんの白い花の咲く、清とアヤメ夫婦のみかん山で、町の人たちが集まり、結婚式が行われる。清は、「これからはアヤメにもっと寄り添って生きていくために、みかん山はやめようと思う」と泣きながら言う。その時、息子夫婦が「頼りないと思うけど、わしらがみかん山を守るけん」と、父母に誓う。

みかん山から下を見ると、自分たちの住む夢見町が見える。

♪街の景色は変わっても、
ふるさとの空の青さは
ふるさとの海の深さは
命の歌をうたってる…

歌いながら幕が下りる。

老人たち、それぞれの人生を垣間見る台詞がちりばめられ、心迫るシーンが多い一方、随所に心身の健康とコミュニケーション促進のための運動法「笑いヨガ」や、みかん一座オリジナル筋力維持のための愉快な体操「じじばばダンス」、一人暮らしの高齢者が本人の医療情報を記す「安心キット」の知識など、高齢者に役立つ内容を盛り込んでいる。

一座の歴史も披露する2部構成の舞台

今回のステージは、第1部がミュージカル、第2部は「歌って踊ってジャジャジャジャ～ン」と題し、みかん一座のバラエティー豊かな活動から生まれた歌と踊りを披露。

また楽日には、ほとんどの演目を終えた壇上で、南海放送「定年退職辞令」の交付式も行われた。

音　楽／中村 和憲　山本 太郎　岳人山
和田 耕一　市川 勇嗣
サスケ　宇佐元 恭一　新沢としひこ
舞台監督／中村 俊夫

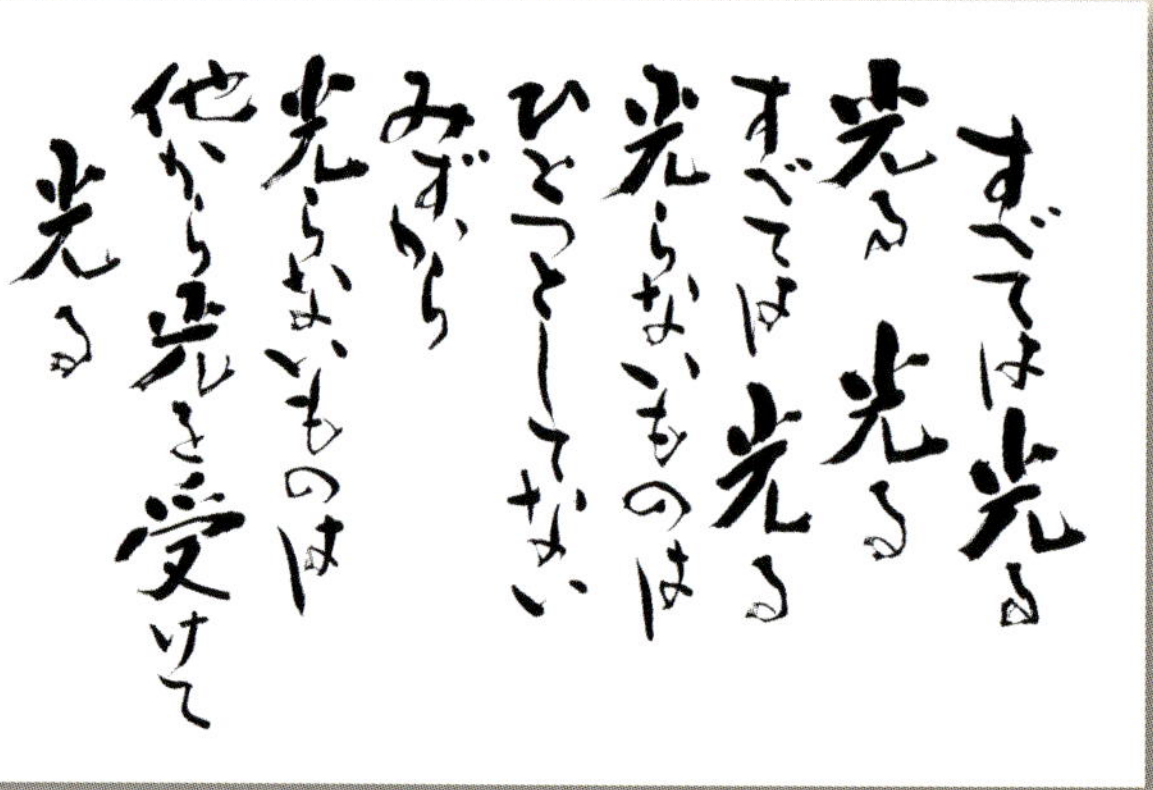
すべては光る
光る
すべては光る
光らないものは
ひとつとしてない
みずから
光らないものは
他から光を受けて
光る
坂村真民「すべては光る」 書 藤岡抱玉

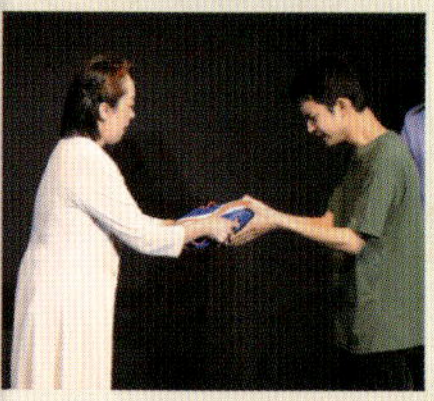

♪ この山にのぼれば 見渡せるほどの小さな町並み

♪ ただ生きている それだけで素晴らしいことだったね

♪ 時は流れ まちの景色は変わっても ふるさとの空の青さは ふるさとの海の深さは 生命のうたを歌ってる

♪ 志を果たしていつの日にか帰らむ……

最後の力を振り絞ろう

数年前から、馬力が衰えてきた私は、公演のたびに「大きなミュージカルはこれが最後かな」と思っていました。でも、アラスカと、ありがとう公演まではがんばれた。もう後は静かに定年退職を迎えようと思っていました。しかし、周りからは期待するお声をいただき、カレンダーを見ると平成30年(2018)、定年退職の4月末は珍しく3連休。「これは、何かしなさいってことかな?」おっちょこちょいの私は、勝手に思い込んでしまいました。そんなことで、またてんやわんやの日々が始まったのです。

理想のまち、夢見町

私はここ数年、愛媛県のテレビ広報番組で小梅ばあちゃんに扮し、オレオレ詐欺や還付金詐欺など特殊詐欺から高齢者を守るための啓発ミニドラマに出演していました。小梅ばあちゃんは、みかん一座ミュージカルの中で私がよく演じてきたキャラクターです。「夢見町～心の花を咲かすまで～」で36歳の時に初めて小梅ばあちゃんになり、その後何度も演じましたが、本当に小梅ばあちゃんに近づいた私は、集大成の芝居は、シルバーチームを真ん中に据えた物語にしたいと思いました。そこで、みかん一座の50歳以上のレギュラーメンバーや、周りにいる私が大好きな60歳以上のみなさんに声をかけ、初めて集まったのが公演の1年前、平成29年(2017)の春でした。80代、70代、60代の皆さん。それぞれの人生を力強く生き抜いてこられた人生の先輩たち。イキイキと輝いているその姿を見ると勇気が湧き、まだまだ人生これからなんだって感じます。

さて、個性溢れるシルバーチーム。それぞれの特徴を生かし、みんなが主役の脚本を書きました。

そして…長く生きていると、上り坂、下り坂、まさかの坂もいろいろある。だけど、命ある限り、前を向いて生きていきたい、そばにいる人たちと支えあいながら……。そんな思いを込めています。

共に過ごした1年間には、それぞれいろんなことがありました。もちろん、嬉しいこともありましたが、病気や怪我、家族との永遠の別れなど、悲しいことや辛いこともたくさんありました。親の介護がたいへんな時期に入った人もいました。寄り添いながらの月日、みなさんがいたから乗り越えることができました。

坂村真民「友への詩」　書　藤岡抱玉

また、子ども組は高校受験生が多く、全員が揃ったのは3月半ば。でも、子ども組みんながフォローしあいながらがんばりました。

このミュージカルは、83歳の加戸守行さんから、小学校1年生までの4世代が一緒になっての舞台。物語の中の夢見町は、みんなの理想のまちでした。

　みかん一座はアマチュア劇団なので、学業や仕事の後でする部活みたいなところがあります。大人は仕事が終わって夜の稽古、子どもは土曜の昼、合同練習は休日。

　みんな時間をやりくりするのは大変だったと思います。それぞれをフォローしたり、支えてくれた家族や職場の方々がいてくれたおかげで、この公演を成し遂げることができました。感謝の思いでいっぱいです。

6歳から83歳まで4世代（稽古場にて）

練習中に還暦のお祝いをしてくれて、感激で涙が止まりませんでした。晴香さんがちゃんちゃんこと帽子を編んでくれました。ありがとうございました。

29日公演メンバー

歌って 踊って ジャジャジャジャジャーン

第2部は、
みかん一座130曲の
オリジナル曲の中から
歌と踊りで楽しいステージ

はやね、はやおき、朝ごはん

還暦太鼓

元気で笑顔！

平成版 伊予万歳

南中 ソーラン節

旅のマドンナ

愛媛えがおの20

みきゃん音頭

感謝 感激 ありがとう

これから

女優　**土居 裕子**（宇和島市出身）

26歳から始めて今年60歳！その間ずっと続けていくのは本当に大変なこと。どんなにかご苦労もあっただろうと思います。でもやってきたんですね!!

　何があっても、一歩一歩進みながら！

　私は2000年の夏の作品、「みかんの花が咲いている」に出演させていただきました。愛媛の子どもたちのキラキラした瞳に、忘れがちな大切な何かを思い出させていただいた気がします。

　そして何より、同い年の節子さん！その子どもたちに負けないくらい、まっすぐに前を見つめ、溢れるほどの情熱を注いでいらした！みかん一座の大黒柱として、時に母のように、先生のように、友達のように、またお父さんのように！座員のみなさんに接していらした。そんな節子さんの温かさが、どの作品にも溢れているんですよね。素敵です。

　節子さん。あなたも私も、気がつけば今年還暦だなんて（笑）。でもまだまだ、〝今だからできる！〟ことを、これからも楽しみながらやっていきましょうね！〝これから〟の節子さんも、楽しみにしています！

裕子

戌年わん子

昭和33年生まれ還暦女子たち（全員**子**がつく）

恵美子　典子　啓子　節子　恵子　惠子

昭和33年生まれの東京タワー（333m）

サンシャイン・アイズという絆

シンガーソングライター　宇佐元　恭一

そこはアンコールのステージ、舞台を終えてやまない拍手。名前を呼ばれた私は、その光の中に吸い込まれるように……。黄色のTシャツに身を包んだ俳優さんたちに囲まれて、イントロが流れてきた途端、蘇ってきたのは……。

そこは南海放送のスタジオ。デビューしたての私は全国を新曲キャンペーンで回っていました。そして初めて戒田アナウンサーと会ったのは、今から遡ること35年前。キラキラと光る瞳が印象的なインタビュー。そのときはまさかこんなにご縁が続くとは想像もしませんでした。

それからどれくらいの年月が流れたでしょう。私のセカンドシングル「サンシャイン・アイズ」が、みかん一座のテーマソングになっているとのお知らせ。

周年記念公演があるとのことで、松山に呼んでいただいたその日。

いやあ、ものすごいサプライズ！

黄色いTシャツに刻まれた「サンシャイン・アイズ」の文字！ そして歌に合わせた振り付け！自分の楽曲がまさかこういう形になっているとは！本当に感激、感激。

歌は継がれてこそ、歌。……そんな思いがイントロに乗って一瞬のうちに蘇り、目の前で広がる大合唱の輪。この歌を作って、本当に良かった！ずっとずっと、歌い継がれていきますように。

実は私が俳優として舞台に立つことになったのも、松山での打ち上げのとき、演出家の田辺さんが私の歌を聞いてくれたことがきっかけでした。俳優としては手探りの私に、とても温かく、そして厳しくその道を開いてくれました。活動に新たな扉が開いたことは、とても大きなことでした。それも、みかん一座のみなさんのおかげです。そして戒田さん、本当にありがとうございます！

次なるは文字通り新しいステージですね。

これからも良き歌と舞台、一緒に作っていきましょうね。

君の瞳もっと輝け　Sunshine eyes in your heart

ウルトラ・レディー 戒田座長

元愛媛県知事　加戸 守行

一通のお便りから始まりました。

それは、平成11年1月愛媛県知事に当選してまもなく、県生涯学習センターのホールで開催される「みかん一座」の公演を見にきてほしいとの戒田節子さんからの依頼でした。私が文化庁時代、お世話になった浅利慶太さんが主宰する劇団四季のミュージカル公演や、あざみ野にある稽古場によく顔を出していたこともあり、愛媛でのミュージカルってどんなものだろうという興味がてら、妻同伴で参上したのがお付き合いのもととなりました。

多くの子どもたちの出演を拝見して、草創期の四季も子ども対象のミュージカルに力を入れていたなと思いながら、舞台で歌われた「愛媛70市町村」の曲は、知事に就任したら必須の情報源になるという強い印象を持ったことを覚えております。

それ以来、数々の本公演以外にも、ミニ公演や社会的行事における余興等々、さまざまなみかん一座の活動を拝見しながら、南海放送でのアナウンサーとみかん一座の座長との二足の草鞋をよく履き続けられるものだと感心しておりました。

特に「地球にエコしょ!」のパフォーマンス付きの歌は、環境の時代を先取りしたキャンペーンで、永年の環境啓発活動への継続した努力により、環境大臣表彰を受けたのは嬉しいことでした。「早寝早起き朝ごはん」も同工異曲で文科大臣表彰を受けております。

知事在任中は、外から応援しているだけの存在でしたが、知事退任後、妻道子がみかん一座の踊りに参加したいと年甲斐もなく申し入れてから関係が深まり、平成25年1月と27年5月の「オーロラに駆けるサムライ」の公演、26年8月の「君の瞳もっと輝け」の公演、今回の公演と、高齢の夫婦として出演させていただき、残り少ない人生の花を飾らせてもらい、感謝に堪えません。道子も若い人に混じっての踊りに生きがいを覚えているようですし、踊りは無理な私もセリフをいただければ餌にありつけて喜ぶ犬（私は戌年です）のようなものです。

中に入ってみてわかったことですが、戒田節子さんの、座長・企画・脚本・演出・作詞・出演・ナレーター・財務・宣伝等々の一人十役も二十役もこなしての八面六臂の活躍ぶりは、周りの協力・支援にも支えられているとはいえ、ただただ驚嘆の至りで、アラスカに行くまでは「スーパー・レディー」との愛称を勝手に付けさせていただいておりましたが、帰国後は「ウルトラ・レディー」に変更させていただいております。

今回の還暦・退職記念の公演という一区切りでのみかん一座の歴史の俯瞰にあたり、心からの感謝と深甚なる敬意を込めた一文とさせていただきます。

初めて加戸夫妻がみかん一座の
ステージに立ったとき（平成11年2月）

明日への伝言

南海放送株式会社 代表取締役社長
田中 和彦

4月30日の「輝け命！」の舞台をお借りして戒田節子アナウンサーに「退職辞令」の交付式をさせていただきました。普通は役員会議室で全役員が横並びした中でお渡しするのですが、戒田君には皆さんの前でそうすることが一番「らしい」と思ったからです。

振り返ると、1980年の秋、南海放送でアナウンサー採用試験がありました。当時4年ぶりの採用で、僕のすぐ下の後輩ができるのが嬉しくて、試験会場になっていたテレビスタジオの副調整室で音声試験の様子を見ていました。その時、度肝を抜いた受験生がいました。それが戒田君でした。最終試験のフリートークでいきなり「♪みかんの花が咲いている～♪」と歌い始めたのです。

その頃の南海放送は超堅いイメージの局だったので、試験官のみならず、僕自身でさえ目が点になりました。

そして、1981年に入社してから37年間、現役アナウンサーを貫き退職したのは彼女が初めてです。

実は、まさか僕が戒田節子アナウンサーに定年退職の辞令を渡すことになるとは思いませんでした。

ここは極力ロマンチックに考えて、運命的な星のもとに二人はあったのだ……と思うようにしています。

家人と名前が同じなので、戒田君のことを僕の奥さんと間違っている人も沢山いました。だんだん説明するのが面倒になって「はい。いつもありがとうございます」と適当に返事していましたが、最後ですからここは改めて声高に申し上げます。

〝戒田節子は僕の偉大な後輩です。そして、南海放送の宝物でした〟

ところで、数々のみかん一座の作品の中で、一番記憶に残っているのは、僕が自信作のラジオドラマ「平成オランダおイネ考」で全国最優秀が取れなかった時、悔しくて戒田君に頼んでミュージカル「オランダおイネ・一番星咲いた」を作ってもらったことです。

でき上がった舞台は、僕に足りないものが何か教えてくれるようなものでした。気取らず、分かりやすい言葉でふるさとと人の心を紡いでいく手法と、みかん一座の真剣さ、素敵さ。二重に僕は感動し、何度もうつむいて泣いてしまいました。

そしてこれもラジオドラマからミュージカルにしてくれた和田重次郎の「オーロラに駆けるサムライ」。結果、二度も地元の応援をもらい、海外公演までしたローカルの劇団がかつてあったでしょうか。

彼女が劇団「みかん一座」を立ち上げた頃の第4代の門田圭三社長からはじまり、その後歴代の社長がお辞めになる時に必ず「田中君。戒田君をしっかりサポートしてやってくれ」と言葉を残されていきました。

……遺言でなくそれは伝言でした。

僕は9代目の社長に当たるのですが、僕が辞める日も誰かにそれを言おうと思っています。

「みかん一座」は続くでしょうし、どこまでいっても戒田節子は「南海放送の戒田節子」なのだから。

節ちゃん！ たくさんの涙と奇跡を舞台で見せてくれて、ありがとう。

座談会

音楽スタッフおとなの話！

（音楽・作曲編）

進行　戒田　節子

肩書は劇団内での役割

作曲家
和田　耕一

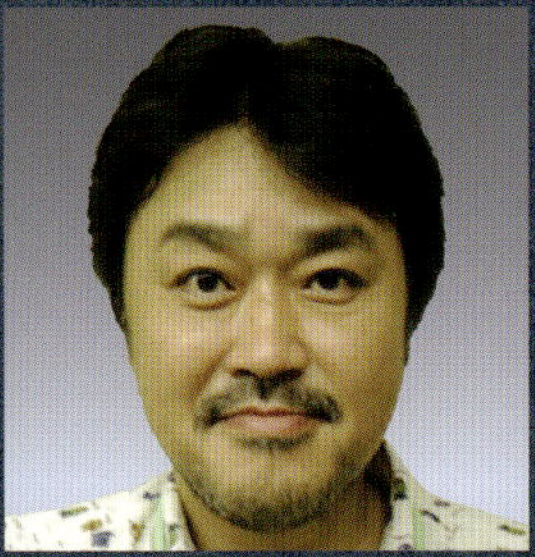

作曲家
山本　太郎

作曲家
中村　和憲

尺八奏者
橋本　岳人山

みかん一座のミュージカルが原点だった。

ラジオドラマの感覚で作られた舞台

和田　僕は、みかん一座の一番最初のミュージカル「サンシャイン・アイズ」から参加しています。今だから言うけど、タモリと一緒でミュージカルは嫌いだったんです。芝居は芝居でしょ。芝居を歌にするのはおかしい。ずーっと芝居してたのに、歌になったら急に踊り出すのは自分の中で違和感があって、馴染めなかったですね。でも、みかん一座は、それを超える何かがあったんですよ。だから、作った曲はミュージカルっぽくない。

戒田　私もミュージカルもどきで始まったから（笑）。

和田　僕が26歳の頃。全てが初めてだから、どこから手をつけていいのかわからない。好きだったらパッとできるはずなんけど、フォークをやってたので、そういう発想しか浮かばない。

まったくの手探り状態で、作曲、編曲、録音して当日のオペレーション。とても大変だった。今と機材がまったく違うんです。当時はオープンリールで、編集も自分でして、ホワイトテープのつぎはぎだらけ。きっかけの曲や効果音や歌が多いので、ホワイトテープだらけになる。「サンシャイン・アイズ」の本番のときもテープが切れたことがあった。会場が暑くなるとテープが熱で緩んでくるんです。大慌てで修理して、なんとか修復したけど、そういうミスがいっぱいあった。

戒田　舞台でたまに違う音が出たり、関係ないところで「母ちゃん」という声が出たりしたけど……（笑）。

和田　あれには理由があって、最大4台くらいの機器を使って音を出してるんですよ。BGMを流して、次のBGMを乗せ、キラキラっていうSE（効果音）を出して、次の曲を出す。コンピューターなら楽だけど、一人でやってるから手がいくつあっても足りない。間違えて「母ちゃん」というセリフが、流れ星と一緒に出てしまった（笑）。

戒田　演出かと思われていたみたい（笑）。

山本　野球のシーンで、客席側に役者が降りてきて、舞台上にバッターとキャッチャーがいる。客席からボールを投げるとシュッというSE（効果音）が出る。あれも普通の舞台ではあり得ないですよ。

戒田　ラジオドラマの感覚で作ったの。ラジオドラマってSEとかBGMとかいろんな音を使うでしょ。

和田　音の隙間がないんですよ。虫の音とか、雨の音とか、波の音とかが入る（笑）。

本番は3公演くらいあったんですけど、1回毎に手直しが入ります。長すぎるから短くしてとか……。

幕間に犬の遠吠えとか、夜泣きそばの音とか、チンチン電車とかを流すって。それ、ふつうはありえないんですが、泣きながらがんばりました。でも、それがあったおかげでみかん一座の舞台は他と違うっていうのがありました。ほのぼのとした世界が広がるという。

橋本　一言で言うとね、テレビを見ているみたい。テレビドラマだなというのが第一印象。通常、入れ替わりするときに幕間は静かなのが普通だけれど、その間、ずうっと音楽が流れている。これは僕にとって衝撃でしたね。

和田　節ちゃん的には、音が途切れると放送事故（笑）。

戒田　やはり、ラジオドラマやテレビドラマを、舞台の上でやりたかったんでしょうね。

橋本　そこが普通のミュージカルと違うところですよね。

電話口で採譜した節ちゃんのアカペラ

戒田　太郎くんが初めてミュージカルの曲を作るようになったのは……。

和田　3作目からですね。「笑うまちかどラッキーカムカム」

山本　僕はこの頃にパソコンを使った音楽づくりをしていた。たまたま、それをやり始めたときに耕一さんから「やってみない？」って誘われた。ミュージカルは観たこともなかったし、芝居の音楽がどういうものなのかわからなかった。想像もつかない状態で、編曲から入ったんです。最初に「ラッキーカムカム」や「シューシャインボーイ」という、戦後まもなく作られた古い曲の編曲を頼まれた。どちらもビッグバンドでね。

和田　太郎さんが入ったときから、ビッグバンドみたいな大掛かりなアレンジができるようになったんですよ。最初の1作目、2作目というのは機器も多重録音で、一人で全部音を重ねる。機械もなかったからピアノを弾いて、ベース弾いて、ドラム叩いてと、4トラックぐらいでカラオケ作ってましたが、アナログで音も悪かった。

戒田　相当時間がかかった。

和田　そのうえに手直しはきつかった（笑）。

山本　しかもテープでね。

和田　音質は悪いし、キーも

変えられない。今はすぐに変えられるけど……。

山本　初期の作品を聴くと、後ろにゴーっという音が入っている（笑）。

和田　34年前からと比べると、機器が変わってきた。最初はセオリーがなくて真似ができないので、独自のものが発展してきたと思います。太郎さんが入ってきてくれてすごくやりやすくなった反面、節ちゃんの要求が増えました（笑）。できることが多くなったんで、あれしてこれしてと……。

戒田　当時、私はラジオ番組「あいたかし歌謡道場」を担当していたので、「ガキの頃から博打が〜好きでぇー」という「よも源のうた」を、あいたかし先生に作曲してもらって、それを太郎くんが編曲したんよね。

山本　あいたかし先生の歌を聞いたときは、最初にガチャッというカセットの音や、あーあーあーという音量チェックが入ってました。ギターの伴奏で、演歌でしょ、これをどう編曲するんだと思って……（笑）。

戒田　でも、とってもいい歌になったよね。

和田　節ちゃんが曲を頼んでくるときは、すべてアカペラ。「こういう曲よ」と歌ってくれて、それを録音して音を拾っていって曲にするんですね。急ぎのときは電話。「歌うから」って、電話口でそれを採譜して曲にしたりとか……。

山本　朝起きたら、留守電に入ってたり（笑）。

中村　戒田さんの歌が生まれるはキッチンだそうですね。

戒田　鼻歌を歌ってたら、それが曲になる。キッチンで歌って踊っていたら、息子が「お母さん、ご飯作らずに何しよるん」って（笑）。

和田　節ちゃんの頭の中には詞とメロディーが一緒にできるのかなあ。

戒田　曲を作ってもらってイメージが違ったら、何度も作り直してもらったね。耕ちゃんの場合はカセット、太郎くんの頃はMDだったかな。デモテープをくれるんです。何回も曲を聴いてると、試行錯誤しながら音を作ってくれたんだろうなというのがわかるんですよ。こんなに苦労してくれてるんだって。私は涙が出た。

和田　大変でしたよ。

山本　レコーディングは、電話ボックスくらいの大きさのブースでやったね。

和田　僕の部屋に1人用の録音ブースがあって……。

山本　そこに3人くらい入って、合唱のためのレコーディングをすることがあったけど、みんな、汗ダラダラで歌った……。

和田　昔は、メンバーたちも徹夜で録音していた。

戒田　今だったら、ピッチ変えられるんだけど、昔は、生でちゃんと歌わないとダメだったから、何回も何回も録り直して、みんなくたくたになって。しかも、耕ちゃんが「機械が壊れた！」と言う（笑）。

山本　よく壊れましたよね。

和田　ある時期、録音スタジオが保免《ほうめん》から朝生田《あそうだ》に移りました。

山本　朝生田に移って隣近所の迷惑にならなくなったけど、さらに過酷になりましたね（笑）。

和田　時間が自由になったんで、夜明けまでは当たり前……。

芝居の流れを邪魔しない曲づくり法が「みかん一座メソッド」

戒田　台本を書きながら歌詞を作っていくんですが、七五調で書くこともあるけど、台詞として書くこともある。でも、それがちゃんと素晴らしい曲になってたのが不思議だった。

山本　お芝居の曲はセリフの延長だから、必ずしも楽曲のルールに則っていないことがあって、言葉が余ったりすることもある。みかん一座の曲には、同じフレーズがないものもある。音楽的にはおかしいけれど、曲としては成立している。

橋本　音楽の常識じゃない部分がある。外から見ていると、無茶振りを曲にしていったんじゃないかなと思うこともある。でも無茶振りから生まれた傑作も多いんじゃないかと思うよ。

戒田　そんなに無茶振りしていた？

和田　振り返ると、無茶振りになるね……（笑）。

橋本　それが普通のミュージカルと違うから面白いんじゃないかな。当たり前の方法だったら飽きるところでも、音楽が変わり続けて新鮮さが失われないから、最後まで興味を持って観られるようになっている。

戒田　音楽的にはいろいろなタイプのものを作ってもらったよね。

和田　演歌から童謡、クラシック、ジャズなど、いろんなもの……。流れの中でやるから演劇的な曲の作り方ではなく、テレビ的。だから、芝居の流れを邪魔しない曲づくりになっている。

戒田　音楽は楽しみながら作ってた？

和田　いやいや、血を吐きながら一生懸命作ってました（笑）。

山本　締め切りとの闘いもあったし。（笑）。

橋本　でも、本番がミラクルなんですよね。

山本　私は、最終的に節ちゃんを信頼してるんで……。ある程度の水準には達しているから、本番にはそこにたどり着く。

和田　橋本先生が言われるように、本番ミラクルというのはありましたよ。本番まではうまくいかなくても、集中力でみんなの力が引き出されるというパターン。だから、それを信じてみんなが頑張っているんです。

山本　回数を重ねてきて、今までの成果を知っているから、本番にはなんとかなるというのがわかる。でも、そこへいくまでが大変だな、と。

戒田　カセットやMDでやりとりしていた曲が、パソコンでやりとりできるようになって、曲のトーンやリズムを変えたのを、離れていてもすぐに確認できるようになってきた。夜中にそのやり取りをしていたら、太郎くんの家に雷が落ちたことがあった。

山本　最終の追い込みをやっていたときにバーンと停電になって、ふとパソコンを見たら煙が出ていた。触ると熱くなってたので、すぐ節ちゃんに電話した。

戒田　あのときはどうなるんだろうと思った（笑）。

山本　ハードディスクだけを外して、新しいパソコンを買いに行って試したら、データが生きていた。だから、なんとか間に合った。

戒田　音楽も時代とともに変わっていって、便利になったんよね。

山本　耕一さんの時代は、曲を直すのにとても時間がかかっていたんですが、ネットを介して曲を聴いてもらうことができると、時間のロスがなくなってきた。でも、ロスがなくなった分、仕事も増えてくる（笑）。

和田　昔はアナログだったから、そのとき、完璧にしなければならなかったんですが、コンピューターが発達すると、後から音程を変えることができる。

録ったデータを変化させられるから、いいものが作れる。クオリティーが高くなりましたね。

山本　今は歌を録ってから、その上に音を重ねる感じで完パケができるようになったので、劇的な変化ですね。

和田　音源を変えたり、いろいろな形にアレンジできる、いい時代になったと思いますよ。

戒田　2人とも、今ではいろんなところでミュージカルの作曲をしている。

和田　音楽の仕事の幅を広げてくれたのが、みかん一座です。

山本　曲づくりはみかん一座のときと変わっていない。他を知らないので、みかん一座の作り方が今の僕の音楽の基礎になっている。

言葉がメロディーに乗って、心に入ってくる

戒田　「オーロラに駆けるサムライ」で、橋本先生や中村さんに参加していただきました。

山本　心癒される、すごく優しい曲を書いていただきました。

中村　僕もミュージカルの作曲はそれが初めてだったんですよ。ずうっと長い間、音楽を封印していたのが、たまたま松山市の食育ソング「松山さんちの食育家族」を作った。戒田さんからお声をかけていただいて、僕は音楽活動を本格的に再開させることになりました。でも、若いときから音楽を続けていたら、今のような曲の作り方はできなかったと思います。自分流の曲を作りたいという自己主張が強かったんじゃないかと思うんですよ。物語に合わせた曲、言葉に重ねる曲が作れるようになったのは、音楽をやめていた20数年の歳月だったと思います。戒田さんと出会って、できた曲を持っていったら、「言葉の発音や日本語の響きを大切にして」と言われ、それがすごく腑に落ちました。台本を何度も読み直したり、稽古の場にいたりすることがとても大事で、曲を作るのではなく、探すんだなあと……。この舞台で何を伝えようとしているのかを考え、出演してくれる人たちの思いを自分の中にいかに入れていくか。それができたときに、曲がポンとできる。

戒田　言葉にはアクセントか抑揚とかがあって、音楽を作る人はそれに逆らうことによって面白くすることもあると思うんですけど、私自身、根っからのアナウンサーなのか、素直に言葉を言いたいんですよ。

山本　選択肢を最初から減らされるので、最初はストレスだったんです。本当はいろんなメロディーをつけたい。でも、言葉はイントネーションが変わると意味が違ってくる。

橋本　通用しなくなるよね。

山本　セリフにイントネーションの異なるメロディーがつくのはナンセンスですよね、どんないい曲でも。徹底してそれを意識するようになりました。それを変えることで方言になったりするので、積極的に利用しますけどね。

和田　ミュージカルというのは言葉優先ですよね。だから、いい言葉にはそれに沿ったいいメロディーをつけたくなる。

中村　脚本でも想いを届けることができるんだけれど、そこに曲がつくことによって、より一層、伝えることに意味ができる。先日、太郎さんと話したことがあるんですけど、太郎さんは音楽を主張しないと言う。そのことがすごいと太郎さんに言ったら、それは和田さんに学びましたって言われました。そういう音楽の作り方が34年続いてき

たことに意味があると思うし、私も曲づくりに、それを生かそうと思います。言葉に思いをエッセンスのようにふりかけると、曲ができ上がってくる。そういう意味ですごく面白い。

戒田　BGM一つにしても曲に意味がありました。「オーロラに駆けるサムライ」のとき、中村さんがうちに来て電子ピアノを弾いて、太郎くんがパソコンに入れてくれました。そのとき、中村さんは楽譜の代わりに台本を置いて、台本を読みながらピアノを自在に弾いてた。だから、音符を弾いているんじゃなくて、私が語る意味をそのまま弾いてくれてたわけで、「すごーい、天才や」と思ったんです（笑）。

中村　あれが僕の作曲のスタートで、みかん一座で音楽を学ばせてもらいました。音楽は背景です。どんな素敵な物語も、背景がなければ成立しないし、心に届かない。感動的なシーンは、そこに音楽が流れているから心に入る。でも、音楽は自ら主張しない。背景画のような存在感だけなのかもしれません。「はじめに言葉ありき」というように、言葉があってメロディーがある。僕は基本的に言葉が先だなあと思います。曲は物語があるから輝くんですね。何もないところから、メロディーは生まれてこない。

橋本　大体、ミュージカルは8割方、曲が主張することが多いんです。動きが活発というか、ダンスの力によって音楽が薄められるので、音楽だけだとコテコテでも、演技やダンスで観ることができる。みかん一座って、みんな一生懸命にやっていますよね。音楽に対して、濃くもなければ薄くもない。それぞれに堪能な音楽担当者がいるから、そこが素晴らしいし、プロの劇団と比べても劣らないと思うんですよ。言葉がしっかり第三者に伝わるわけですよね。曲が勝ってしまうと言葉が死んでしまって、俳優の演技力だけでなんとか意味がわかるようになるという感じですよね。それがみかん一座にはなくて、すんなり言葉が心に入ってくる。それを支えているのが音楽なんです。特異な集団ですね（笑）。

和田　言葉のことで言えば、僕はアラスカ公演には行ってないんですけど、あのときは翻訳出したんですかね？

戒田　両脇の壁にスクリーン付けて簡単な英語は出したんよ。

アラスカ公演の両脇の壁に設置したスクリーン

♪Sunshine Eyes♪
♪Sunshine Eyes♪

和田　ドイツでは幕間にドイツ語の簡単なナレーションを入れたよね。こういうときに真価が問われるというか、海外でみかん一座の芝居を見てもらって、感動してもらえるだろうかと、すごく心配でしたね。日本の物語や演技、歌が向こうの人にどう響くのかなと……。

戒田　ドイツの人も感動してくれて、新聞にも大きく載り、すごく評価してくれた。

ドイツ人スタッフと共同で

和田　会場が由緒正しいオペラハウスでね、今から考えたら、すごいよね。

橋本　アラスカもすごかったね。号泣している方が何人もいました。

和田　言葉は通じなくても、思いが伝わるんでしょうね。そのためのミュージカルであり、音楽ですよね。

中村　言葉がメロディーに乗って、心に入ってきて感動する。言葉を書いた人が歌うのが一番ふさわしいと思うんですよね。ただ、それを他の人が歌う場合には、詞を書いた人の気持ちを汲み取る必要がある。英語の歌を聴いたとき、歌っている内容はわからないのに感動することがあるでしょ。それが僕は大事だと思ったんです。言葉は違っても、そこにある想いを音楽で伝える。

戒田　セリフも一緒ですよね。実は、英語での上演も考え、練習した場面もあって、それをネイティブの人に見てもらったら、英語がわからんと言われたんです。これじゃいかんと思って日本語に戻したんですけど、日本での公演のときよりもっと思いを込めようとみんなに言いました。全身を使って思いを伝えると、役者も気持ちが大きく膨らんでいく。歌も、日本語の美しい響きを伝える。同じように、芝居も日本語でも想いが伝わり、外国の人たちに感動してもらえたんじゃないかな。

山本　伝える側の人たちがリアルタイムで動いている感情をぶつけたら、何かわからないけど感動が生まれる。みかん一座は、言葉を大事に考えているから、すごく単純に思えても、いろんなものが盛り込まれていて、本番で役者の心が動いているのが見える。本番で化けるというのが、その部分だと思うんですよ。なかなかできるものではないんだよね。

中村　今年開催された「輝け命！」の公演には、みかん一座の今までの懐かしい曲が聴けました。

戒田　130曲以上オリジナル曲があるんですが、どれも思い出深いものばかり。その中から、選んで使いました。

和田　みかん一座の34年の歴史が曲に残っています。一つひとつの曲が蘇ってすごくいいステージになりましたね。

戒田　ミュージカルは音楽で作品が変わると言われます。音楽担当のみなさんのおかげで、みかん一座は多くの方に喜んでいただける舞台を続けることができました。ありがとうございました。

和田　みかん一座ミュージカルは、観客の方たちだけじゃなく、僕たち作曲に携わってきた者たちの人生や、地元の演劇界にも大きな影響を与えてきたと思うね。

公演の成功を
祈って！

公演の成功を
祝して！

やめて、やめて、
私、重いけん、
やめて～！

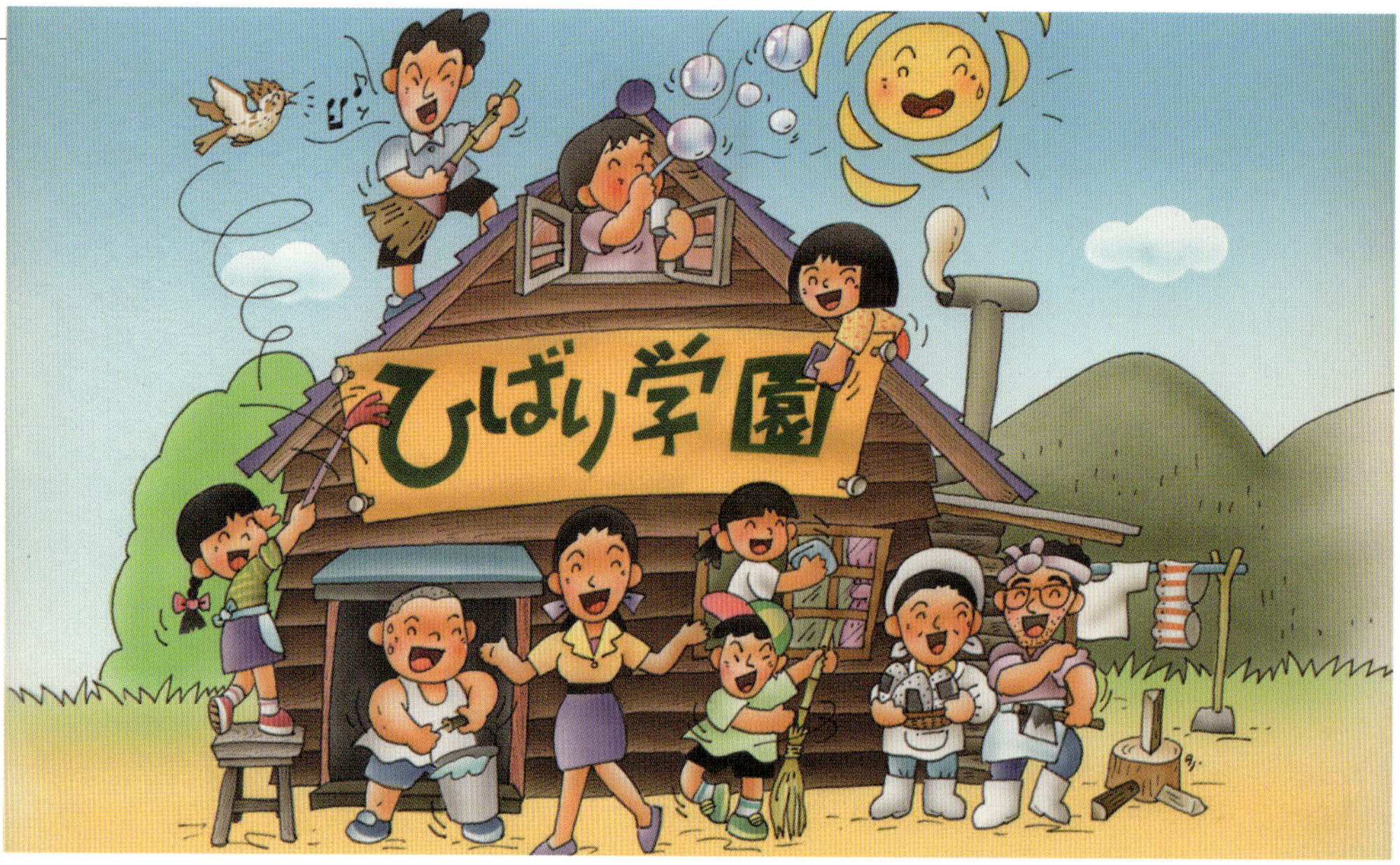

絵 青木のりあき

ひばりのこどもたち

私は母親になってから、子どもの世界に目が向き、テレビやラジオの番組でも子どもを取り上げたものが多くなりました。

息子が2歳になったころです。ラジオ番組の取材で、今治市波止浜にある児童養護施設「あすなろ学園」に行く機会がありました。ここではいろいろな家庭の事情で、家族が養育できない子どもたちが生活をしていました。私は一日そこにいて、子どもたちが学校から帰ってご飯を食べたり、おしゃべりしたりするようすを見ていたのですが、ある子どもが書いた詩が目にとまりました。

「親子どんぶりは、にわとりと卵、親子が一緒にいるけど、卵どんぶりは子どもだけ。私には親がいないから、卵どんぶりだ」。壁に貼られていたその言葉が私の心に突き刺さりました。

それから程なく、今度は野村町（現西予市）にある「野村学園」に取材に行きました。野村学園は、知的障がいのある子どもたちが寮生活を送りながら、自分の能力に応じた勉強をしているところです。昭和45年頃、ある園児が散歩や遊びの最中につぶやいた無心のことばが、素晴らしい詩になっていることに気付いた仲野猛先生が、針金で粘土板に詩や絵を自由に描かせ、版画にしたところ、子どもたちの作文や詩をつくる力を開発することにつながり、その版画詩の題から「どろんこのうた教育」といわれました。

私は、ここにも一日中ずっといて、詩を読ませてもらったり、仲良くなった子と一緒に牛を見にいったりしたのですが、その子は、私が帰るとき、車が見えなくなるまでずーっと、手を振り続けてくれました。

こうした体験を立て続けにしたことで、私は子どもの心というものを深く考えました。

子どものためのミュージカル

ちょうどこのころ、社会では「いじめ」が問題になっていました。

どうしたらこのいじめ問題を解決することができるんだろうと考えていたある時、ご主人が小学校の先生をしていたという、老婦人にお目にかかる機会がありました。その先生も、クラスにいた少し障がいのある子を生徒たちがいじめていたので、どうしたらいいだろうと解決法を考え、子どもたちに芝居をさせてみたところ、みんながその障がいのある子の心を理解し、ひとつになれたという話をしてくれました。

私は短期間にこうした経験をしたことで、自分に「なにかやれよ」と命じられたような気持ちがし、全部をひとつにした物語をつくりました。それがミュージカル「ひばりのこどもたち」。ひばり学園という養護施設の中での物語です。

最初は大人組が子どもを演じていましたが、子ども組ができてから、子どもが子役をするようになりました。すると、単純なストーリーにもかかわらず、いじめる側の子は本気でいじめ、いじめられる役の子は本気で苦しみ、本当に泣きました。見ている観客も泣きます。けっして長いお芝居ではないのですが、一種の疑似体験をすることにより、いじめる側も、いじめられる側も、こんなに苦しい、こんなに哀しい、ということがわかるのだと思います。

よく、「相手の立場に立ってものごとを考えなさい」と言われますが、考えるだけでなく、実際にことばに出し、行動を加えることで、どんなに心が痛み、どんなに身体が痛むかが子どもたちにわかります。そして、それが、お芝居にできる心のシミュレーションなんだと思います。

このミュージカルは、代々出演者が変わる形で、大勢の子どもたちによって演じ続けられてきました。私にとっても、みかん一座にとっても、大切なお芝居です。

平成4年(1992)からこれまでに、いろいろな場所で14回公演を行いました。

初期の「ひばりのこどもたち」(大人組)

ものがたり

現実と芝居を重ねて、子どもたちの心の動きを描く

児童養護施設「ひばり学園」に、ナオという新しい子が入ってきた。ナオは、うまくことばが発せられない。だからいつもみんなにいじめられてばかり。

子どもたちのお母さんのような存在である節子先生は、どうしたらみんなが仲良くなるか思案していた。そして「ひばりのこどもたち」という題で芝居の台本を書く。

…ひとりぼっちになったひばりの子どもたちが次々に飛んできて暮らしている森に、嵐にあって羽が傷つき、飛べなくなり、さえずることもできなくなった子がやってきた。みんなで手当てをし、声が出るように応援すると、その子は元気になってみんなにお礼を言う…という物語。

傷ついたひばり役はナオ。芝居の練習を通じて、みんながナオをいたわり励ましてほしいと節子先生は願っていた。しかし、たった一つの台詞も満足に言えないナオにいら立ち、罵声を浴びせる子どもたち。

ナオは、自分のせいで芝居の稽古が進まないことを嘆き、天国の母に「私も母ちゃんのところに行きたい……」と泣く。それを、一番のいじめっ子・ミチが陰で見ていた。

発表会の迫ったある日の練習。やはりナオはうまく台詞が言えない。

何度も何度もみんなに謝りながらも、一つのことばを必死で言おうとする。しかし、うまくいかない。みんなから「なんでこれだけの台詞がいえないのか!」と責められた時、「ナオは一生懸命なんよ。ナオができるまで待とうよ。みんな友達じゃろ?」とミチが言う。驚いたナオはゆっくりと言った。「わたし、げんきになれた。ありがとう」

ナオが台詞を言えた。みんなはナオに駆け寄って拍手をする。そして、芝居を続け、最後に「友達になるために」をみんなで手をつないで歌う。

節子先生は、発表会が終わると施設をやめて結婚することになっていた。

子どもたちが言う。「先生、結婚したら赤ちゃん大事にしてね。ずっと、親子どんぶりでいなくちゃいかんよ」と。

♪ ぼくたちゆかいな
ひばりのこども

夕飯は親子丼だよ

ともだちじゃろ!

メソっ子ナオや〜い

子どものためのミュージカル

脱帽、みかん一座さん

元愛媛県文化協会会長　故・畑野　稔

「児童劇」を大人対象の劇より一段低く見る傾向が、私たちの周りには、まだあります。だが、子ども対象の劇が大人のものより難しく、そして本当の演劇の醍醐味は、むしろ児童劇の中にあることを、多くの経験を積んだベテランの俳優たちも強調しています。

「みかん一座」は、この困難な仕事に敢然と挑まれ、素晴らしい成果をいくつも残されてきました。それは、たいへん重い意味があると考えられます。

もちろんその他にも数々のユニークな舞台の足跡を刻まれて、今日に至っているわけですが、すべて戒田さんの力量と皆さんの精進の賜物と理解しています。絶大の敬意を表します。

日本赤十字社愛媛県支部120周年式典で

キャプテンピーマンの島

作・演出／戒田 節子

瀬戸大橋が開通した昭和63年（1988）、船で橋を見に行こうというツアーが行われた。

南海放送の企画で船の中にステージを作り、親子で楽しめるミニミュージカルを……と依頼され、できたのがキャプテンピーマンの島。

翌年5月に今治の唐子浜遊園地のステージでも行った。

偏食をしないようにと、子どもたちに楽しく訴えたミュージカル。

キャプテンピーマンに捕らえられたプッチン・プリンセスを助け出すために、勇んでピーマン島へ乗り込んだピーターだが、どうにも頼りなさそう……。

クリスマスシリーズ

ミュージカル「サンタへの贈り物」「とっておきのおくりもの」「あしたがすき」「一日遅れのクリスマス」「サンタクロースは誰だ」など、クリスマスのお話をいろいろ作った。

心の奥の魔法の泉

作・演出／戒田 節子

ある日、私は飛行機の窓から外を見ていたら、白い雲の上を雷の子どもたちがピョンピョン走り回っているのが見えたような気がした。そこから想像を広げて書いた物語。

平成3年（1991）、24時間テレビのチャリティーミュージカルとして制作し、県内各地で今までに5回上演している。

主人公は、親を亡くし、肩を寄せ合って生きるカミナリ5きょうだい。雲の上の悪徳業者、ごろ金が金儲けを企んで、きょうだいを騙し、立ち退きを迫る。さぁて、困った！ いったい街って、地球って、誰のもの？ きょうだいで一番心根の優しいあかねが身を呈して、ごろ金の心の奥の魔法の泉に気付かせる物語。

子ども組

みかん一座の地球環境への取り組み

環境啓発ミュージカル

1994年、松山市消費生活展の担当者からゴミの減量と4種分別の徹底をミュージカルで啓発できないかというお話がありました。「え？ ゴミのミュージカル？」それまで聞いたことも見たこともなかったので戸惑いましたが、当時環境のことは難しいとか、面倒くさいとかというムードがあったので、できるだけわかりやすく、楽しく、ちょっと感動的に伝えてみようと思って書いたのが、環境ミュージカルの始まりでした。

翌年から松山市では環境に取り組んでいる団体のリーダーが集まって「ゴミゼロフェスタ」実行委員会ができ、私もそのメンバーになりました。そして松山市総合コミュニティセンターで「ゴミゼロフェスタ」が始まり、みかん一座は毎年ミュージカル公演を行いました。今はエコバッグは当たり前になっていますが、当時はまだ一般に普及していなくて、松山市では買い物袋持参運動を推進しようと、毎年タイプを変えながら買い物袋（エコバッグ）をミュージカル来場者にプレゼントしました。

環境問題は、大気汚染、酸性雨、ダイオキシン、森林伐採、砂漠化、オゾン層の破壊、地球温暖化……など、いろいろなことがありますが、どうしてそういった問題が起きるのか、原因と対策を考え、私たちができることは何なのかをいろんなストーリーで伝えていきました。脚本を書くときは、環境団体の方々に教えていただいたり、本や講演会などで勉強したりして……。私は、松山市から環境ミュージカルを作るきっかけをいただいたことに感謝しています。みかん一座のメンバー、特に子どもたちが環境への関心を高めることができました。

♪ たった一つの地球だから

作詞　戒田 節子　作曲　山本 太郎

この世に生まれてきたことに感謝して
気づいたら始めよう 私たちにできること
気づいたら伝えよう 隣にいる人たちに
心を合わせ 力を合わせ
地球の命を守っていこう
本当の幸せに向かって 一歩ふみだそう
生きとし生けるもの すべてをいつくしみ
美しい自然とりもどし 澄んだ空気とりもどそう
青い空 青い海 清らかな川 豊かな大地
今始めなくちゃいけない
まだ間に合うと思っちゃいけない
私からあなたから できることから始めよう
たったひとつの地球だから かけがえのない命だから
生きとし生けるもの すべてをいつくしみ
本当の幸せに向かって 一歩ふみだそう
この世に生まれてきたことに感謝して

ゴミゼロフェスタを中心に、15年間にわたり愛媛県内で20公演を行う。

◆ゴミはまちをよごしてる 1

ゴミのポイ捨てを平気で行う若者たちに、いつも町の掃除をしている老人たちがゴミのない町にするために、ゴミの減量と4種分別の徹底を呼びかける。

◆ゴミはまちをよごしてる 2

前年のミュージカルをもとに、ここから「松山市ゴミゼロフェスタ」ミュージカルが始まった。

ゴミの分別や減量に全く関心のないお父ちゃんたちに、ゴミ博士が授業を行う。

◆物の一生晴れのちくもり

木の子どもたちが泣きながらやってきた。森に人間がやってきて親を切って連れて行ってしまったという。人間の、紙や木製品の大量消費を悲しむ声を聞いた夢見町の子どもたちは、「木を守らないかん！」と限りある資源と環境のためにできることを始める。

◆ゴミおばけの出る町は

公園から夜な夜な聞こえるうめき声で、夢見町の子どもたちは寝不足。探偵団を結成して調べると、捨てられた道具たちがオバケになっていた。ゲゲゲの金太郎の助けを借りてオバケになった訳を聞くと、道具たちは「まだ働けるのに、ゴミになりたくない」と悲しんでいた。「物の命を大事にすることは、地球の命を大事にすること」と、夢見町の人々が7種分別（この年から松山市は7種分別が始まった）の勉強をする。

◆わたしたちの地球だから

小学5年の媛野愛子ちゃんは、学校で環境問題について習い、「地球が危ない」と聞いて怖くなるが、大人たちは無頓着。そこで、地球上の子どもたちに「子ども環境会議」を呼びかけたところ、氷が減りつつある南極のペンギン、大量伐採に苦しむ木や鳥、水や食糧不足にあえぐアフリカの子ども、オゾンホールの拡大で紫外線に悩むヨーロッパの子どもなどが夢見町公園に集まってきた。子どもたちは、彼らから各地の実態を直接聞いて、地球を守るために自分たちにできることを始めた。すると、大人も子どもを見習って、4R（リフューズ・リデュース・リユース・リサイクル）などの実践を始める。

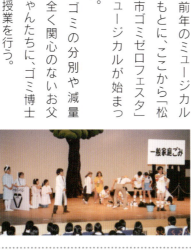

◆今、始めよう！ わたしたちにできること

地球環境のために自分たちにできる具体的なことについて、老人を中心に夢見町の人々が立ち話する様子を描いた物語。人間が便利や快適ばかりを追い求めて大量消費社会を作り、大量のゴミを出すが、正しい分別やリサイクルがなかなか伴わない。増加するCO_2が地球の温暖化を、また、大気汚染物質が酸性雨をもたらして、土や水や動植物を蝕んでいることなどが話題に上る。「ゴミにされた物たちの叫びは地球の叫び。全ての物は地球の資源からできているから」と、町の人々が、買い物袋の持参、グリーンマークやエコマークを目印にリサイクル商品を購入すること、CO_2削減のため環境家計簿をつけることなど、様々な方法を学び合う。

◆たったひとつの地球だから

夢見町の子どもたちがパソコンを使って遊んでいると、ゴミおばけのゴミラから「ゴミを減らさなければ町を襲う」というメールが届く。大人はそんなメールを気にしなかったが、やがて子どもたちの前にゴミおばけが現れた。野菜オバケは「食べれば栄養、捨てればゴミ」、古いおもちゃや家具、家電などのオバケは「ゴミになるのはいやじゃ」と泣いて訴えた。ゴミラたちの言い分を受け取った子どもたちがゴミの減量化を考えようとする姿に、町の大人たちも「ゴミダイエット作戦」を始める。

当時、松山市は、ゴミ回収が7種分別になって3年を経過。分別は以前より上手になったが、ゴミの出る量は一向に減っていなかった。

◆しあわせってな〜に？

木の精のお爺さんと子どもたちが、温暖化による体調不良を嘆いているところに、人間の家族が通りかかる。木の精たちは、現代人の便利な生活と物の豊かさが、家族を昔よりバラバラしていると感じた。そこで、木のお爺さんは、人間の家族を昭和38年の彼らの母親の家庭にタイムスリップさせる。トレーやパック、ナイロン袋、合成洗剤、様々な家電製品などが普及していなかった当時、人は食材や道具を今より大切にしていた。ゆったりとしていた時代には個食も少なく、家族で囲む食卓には笑顔が溢れていた。「人間には心がある。心は変われる」と木の精のお爺さんは、温暖化に歯止めをかけることを人間に託す。

◆この地球、誰のもの？

ゴミを夜間に出す人がいるため、ゴミ置き場にタヌキが出没。タヌキの子どもたちは、美味しいものを捨てる人間の豊かな暮らしに憧れ、人に化けて町に出てきた。すぐにタヌキであることがばれるが、町のとめ吉爺さんとタヌキの子どもたちの婆さんが、子ども時代、山で友達同士だったため事なきを得る。ところがタヌキ婆さんが、汚れた空気のため喘息をわずらって死んでしまう。悲しむ人間とタヌキの子どもたちは町の環境調査隊を結成。「地球は人間だけのものじゃない」と、環

みかん一座の地球環境への取り組み

境改善のため自分たちにできることを調べ始める。そんな子どもたちに触発された大人たちも、ゴミを減らし、ムダなエネルギーを使わない工夫を始める。

◆もったいないけん！

主人を亡くして一人で畑を耕し、野菜を作っているおばあちゃんのくちぐせは「もったいない」。それを聞いて子どもたちは「ばあちゃん、ダサーイ！」という。

町の大人たちも「時代遅れかも？」なんて言う。

ある日、ひょんなことから町の人たちが江戸時代にタイムスリップ。井戸から汲んだ水を大切に使ったり、野菜くずのゴミなどが出ないように全部食べたり、豆腐や醤油などを買うときは、入れ物をもっていったり、着物はお下がり、破れたら繕う、着られなくなったら雑巾や袋に縫いかえ、あとは燃やして灰にし、畑の肥料に……。

そんな徹底した循環型社会だった江戸時代の人々の生活を見て、「どんな物にも命がある。もったいないは感謝の心」だと気づく。

現代に戻り、自分たちができる循環型社会への取り組みを始め、子どもたちも「いろんなものを大切にする！もったいないけん！」と言うと、ばあちゃんは驚いて嬉しそうにほほ笑んだ。

このミュージカルはＤＶＤになり、環境省中国四国地方環境事務所から中国四国の小学校に配布され、環境授業に役立てられた。

環境ミュージカル 公演記録

「ゴミはまちをよごしてる1」
- '94.10（松山三越アトリウムコート）松山市消費生活展

「ゴミはまちをよごしてる2」
- '95.05（松山市総合コミュニティセンター）ゴミゼロフェスタ'95

「心の花を咲かすまで～環境編～」
- '95.09（三瓶文化会館）

「物の一生晴れのちくもり」
- '96.06（松山市総合コミュニティセンター）ゴミゼロフェスタ'96
- '96.10（砥部町中央公民館）

「ゴミおばけの出る町は」
- '97.06（松山市総合コミュニティセンター）ゴミゼロフェスタ'97

「リサイクルミュージカル」
- '97.10（愛媛県県民文化会館）県環境ミュージカル

「わたしたちの地球だから」
- '98.06（松山市総合コミュニティセンター）ゴミゼロフェスタ'98

「今、始めよう！わたしたちにできること」
- '98.10（アイテム愛媛）県環境ミュージカル
- '99.06（松山市総合コミュニティセンター）ゴミゼロフェスタ'99
- '99.09（三間町町民会館）
- '00.11（野村町野村公会堂）
- '01.02（宇和町文化会館）

「たったひとつの地球だから」
- '00.05（松山市総合コミュニティセンター）ゴミゼロフェスタ'2000

「しあわせってな～に？」
- '01.05（松山市総合コミュニティセンター）ゴミゼロフェスタ'2001

「この地球、誰のもの？」
- '02.06（松山市総合コミュニティセンター）ゼロエミフェスタ'2002
- '02.11（保内町文化会館）

「もったいないけん！」
- '03.05（松山市総合コミュニティセンター）ゼロエミフェスタ2003
- '06.11（愛媛県県民文化会館 サブホール）3R推進中国四国地方大会
- '08.11（松山市総合コミュニティセンター）全国産業廃棄物連合会青年部協議会全国大会

「地球にエコしょ！」大ブレーク

２００７年、南海放送地球温暖化防止キャンペーン「地球にエコしょ！」が始まり、環境担当の山中佐代子ＴＶディレクターから「節ちゃん、子どもからお年寄りまでみんなが歌って踊れる曲を作ろう！」と言われた途端、「♪地球にエコしょ、ええことしょ！」というフレーズが出てきました。

「それ、いいねー。作詞・作曲・振り付けがんばってね」そしてできたのが「地球にエコしょ！私のエコ宣言」。当時、環境省が提唱していた６つのエコアクションを入れています。

そして、２００８年、南海放送「地球にエコしょ！プロジェクト」がスタートし、テレビ・ラジオ、各種イベントや幼稚園・保育園への出前授業で、地球温暖化防止活動を展開し、みかん一座も精力的にエコ体操を県内に広げていきました。

２００９年「ストップ温暖化『一村一品』大作戦　全国大会」に愛媛県代表で参加し、みかん一座メンバーでエコ体操を披露。県外にも輪を広げることができました。

エコ体操で体を元気に、エコアクションで地球を元気にしましょう！

愛媛県庁

南海放送

坊っちゃん・マドンナ編（道後温泉）

メッセ・まつやま

愛媛マンダリンパイレーツの試合で

愛媛FCの試合で

南海放送地球温暖化防止推進ソング

地球にEcoしょ！～私のエコ宣言～

作詞／作曲：戒田 節子　編曲：和田 耕一

♪　地球の温度が 上がってる
こわいこわい 温暖化（温暖化）
地球の温度を 上げないために
減らそう減らそう CO_2（CO_2）
わたしの住んでる地球 命の星を守りたい
だから 地球にエコしょ ええことしょ！

一つ…エアコン温度は適切に！
二つ…蛇口はこまめにしめましょう！
三つ…車の発進ゆっくりと！
四つ…買い物するならエコ製品！
五つ…いつも持ちましょエコバック！
六つ…こまめに抜こうコンセント！

環境授業

環境授業

環境授業

ストップ温暖化「一村一品」大作戦全国大会に愛媛県代表として出場

環境授業

啓発＆イメージソング

戒田節子が主に作詞・作曲・振付し、みかん一座で広めていったたくさんの啓発ソングやイメージソング。

エコ関係

省エネソング「こつこつ・なかま」

学校CO_2CO_2（こつこつ）削減コンテスト四国大会をきっかけに、四国の子どもたちの想いをつないで作る。四国四県で放送されたテレビ番組「四国こつこつ省エネ仲間　節水・節電Boys＆Girlsはどこだ！」のテーマ曲。エコイベントで活用される。

「ぽっちゃんチャチャチャ」

松山市水道イメージキャラクター「ぽっちゃん」にちなんだ歌。水を大切に！の意識を子どもたちに伝える。歌の一部は水道週間には、テレビCMとしても活用される。

循環型社会推進ソング「3Rのうた」

3Rの普及に貢献。
リデュース（減らす）
リユース（繰り返し使う）
リサイクル（再資源化する）

健　康

食育ソング「はやね はやおき 朝ごはん」

楽しい歌と踊りを通して、子どもたちの生活習慣の見直しに活用される。
この取り組みにより「文部科学大臣表彰」、「かがやき松山大賞」を受賞。
南海放送から県下の全小学校にCD・DVDを寄贈。

手洗い・うがい・歯みがき推進ソング「元気で笑顔！」

松山市から市内全部の幼稚園・保育園・学校にCD・DVDが寄贈され、感染予防などの強化に役立つ。

その他

消費生活啓発ソング「かしこい消費者になりましょう」

歌を通して被害未然防止をめざす。

愛媛県のイメージキャラクターの歌「スマイルみきゃん」

テレビ「集まれ！えひめの愛顔キッズ」のテーマ曲。県民イベントなどでも幅広く活用される。

南海放送還暦ソング「感謝 感激 ありがとう」

南海放送創立60周年記念ソングとしてつくられ、アナウンサーと　みかん一座が手話を交えて歌い、テレビで放送。この歌は、結婚式や節目の行事などでも活用されている。

「赤く燃えよ！ フェニックス」

松山フェニックスの都市対抗野球大会出場を記念して、応援歌を作った。

「みきゃん音頭」

愛媛県中のみなさんに楽しく歌って踊っていただきたいと思って作った曲。

座談会（役者編）

今だから言えること

進行　戒田 節子

みかん一座の役者たち

鎌田　仁

大西 裕二

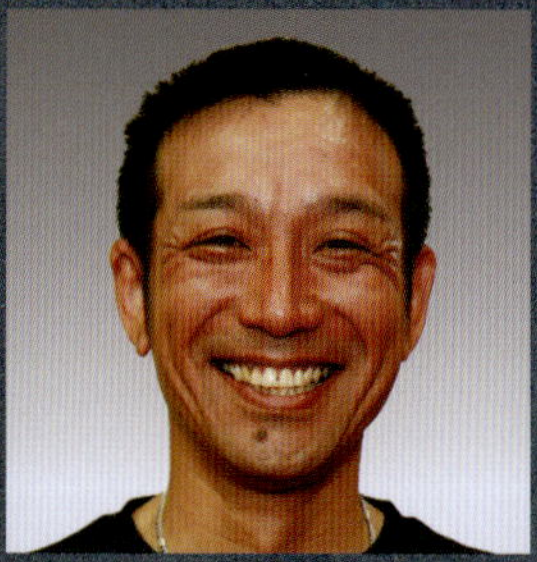
桐林 史明

武市 政幸

ハンパなかった達成感、いろんな人たちが一つになれる場所がみかん一座だった。

戒田　今日集まってくれたメンバーは、大人組で長くかかわってくれた人たちです。それも、ゴミゼロフェスタで環境ミュージカルを毎年しながら、他の公演も並行してがんばってたメンバー。

曽我部　今よりずっと若かったからできたんよね。

みんな　その通り！

浜辺　みんな50歳以上になったんやねえ。

桐林　僕は、まだですけど…。

いろんなことを先取りしてきた

曽我部　みかん一座は、先取りしていることが多いよね。ミュージカル劇団も愛媛では初めてだと思うし。

大西　郷土の偉人を取り上げてミュージカルにするというのも先駆的だし、海外公演をしたのも愛媛県では初めて…。

鎌田　いろんな市町村に行って、地元の人たちとミュージカルをしたり、ワークショップしたり……。

浜辺　AKBみたいに大勢が同じように踊るのも、みかん一座は昔からやっとった。

戒田　AKBとはちょっと違うけど…(笑)。私が子どもの頃、テレビでスクールメイツっていう若者たちが同じ格好して歌って踊ってたんよ。それにあこがれてね。そういうのをしたかった。

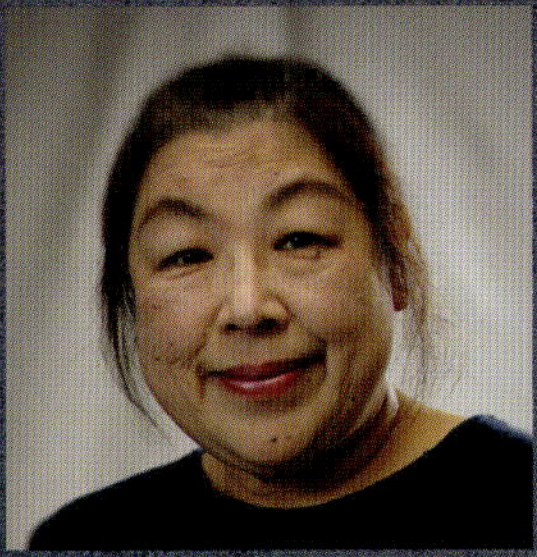
浜辺 多佳恵

曽我部 富美枝

片岡 智子

浜辺　あー、それでみかん一座のオリジナルTシャツの下は、子どもたち、白いスコートだったんやね。

武市　大人の女性は、さすがにあのスコートは短かすぎて着られんかったね。

浜辺　はい。はけません！

曽我部　ゴミのことをミュージカルにしたのは、みかん一座が日本で初めてやろ。

戒田　始めた当時は、聞いたことはなかったね。5月30日が、語呂合わせでゴミゼロの日だから、その前後の日曜日に松山市の「ゴミゼロフェスタ」が毎年行われてた。

浜辺　いろんなミュージカルしたね。台本書くのも大変やったでしょ。

戒田　見る人に関心を持ってもらえるように、わかりやすく楽しく、そして感動もして、実践につなげてもらえるように、と考えて物語を作ったんよ。

片岡　私たち演じるほうも、知らないことがいっぱいあって勉強になったし、楽しかった。登場するのが人間だけじゃなくて、木や鳥や亀やペンギンやタヌキ……。

鎌田　トマト、みかん、扇風機。ゴミお化け「ゴミラー」まで出てきた。

浜辺　その衣装を作るのが一苦労で。子ども組のお母さんたちや大人組で、知恵を出し合い作ったねぇ。

戒田　みんなが力を合わせたら、すごいものができるんだって感心したよ。

大西　「もったいない」のミュージカルは、中四国の小中学校で環境の教材になったよね。

戒田　舞台を見る人は限られているから、そういう形で活用されて嬉しかった。

武市　ミュージカルの中の歌も、いろいろ活用されたね。

曽我部　おそうじダンスは、松山市の市民大清掃の出発式で踊ったこともあったし、婦人団体がイベントで踊ってくれたり。

浜辺　小中学校にも掃除の時間にかかってた所あったよ。

戒田　「たった一つの地球だから」はCMソングで使われたり、女声合唱団がコーラスにして歌ってくれたり……。

桐林　あ、環境ソングと言えば「地球にＥｃｏしょ！」愛媛県の皆さん、よく踊ってましたよね。

戒田　南海放送地球温暖化防止ソングだったから、テレビでもいろんな人たちが踊って啓発してくれた。撮影するとき、カメラの横で私が踊って、それを皆さんが真似したんよ。

曽我部　マンダリンパイレーツの試合の途中、みんながワーっと走って出て行って踊ったのはダイナミックだったなあ。

浜辺　あの試合、座長が始球

式でボール投げたんでしょ?

戒田　うん。でも球が届かんかった…。

曽我部　「地球にＥｃｏしょ!」は、忘年会で替え歌で歌われとったの知っとる?

戒田　知らん。

曽我部　ＣＤにカラオケも入っていたから、職場に合わせた歌詞つけて盛り上がっとったんよ。

鎌田　ところで「地球にＥｃｏしょ!」で、座長は幼稚園・保育園や学校などに環境授業をしに行ったんでしょ?

戒田　うん。みかん一座の活動と並行しながら、会社の業務で多くの場所でエコ授業を行ったよ。南海放送はテレビやラジオやイベントを通じて「地球にＥｃｏしょ!プロジェクト」を立ち上げていたから、すごい勢いで広がっていった。

曽我部　そして、南海放送とみかん一座のこの取り組みが認められて、2009年2月、東京品川で行われた「ストップ温暖化一村一品大作戦全国大会」に愛媛県代表で出場。

戒田　各県の代表が発表したんだけど、そこで徳島代表の方と知り合って、後日、徳島に呼ばれてエコショーをしたり、高知や香川にも行った。

曽我部　四国を制覇したもんね。仕事が休みの時は、ほとんどいろんな所でエコ活動してた。こんなことする劇団は他にないやろ。

たくさんの人が習いにきてくれた「南中ソーラン節」

曽我部　今はいろんな所で南中ソーラン節が踊られているけど、愛媛県で最初に踊ったんは、みかん一座やったんよね。

戒田　南中ソーラン節にみかん一座が取り組んだのは、1999年のこと。その頃「稚内発―学び座 ソーランの歌が聞こえる」という映画が日本各地で自主上映されてた。

片岡　この映画は、校内暴力で「日本一荒れた学校」といわれた日本の最北端にある北海道の稚内南中学校が、教師や地域の人々の努力、子どもたち自身の自覚の芽生えによって立ち直っていくという実話をもとに作られた映画だったよね。

鎌田　安達祐実さん、渡瀬恒彦さん、田中好子さんたちが出演してた。

戒田　その中で、中学生たちが伊藤多喜男さんの歌うアップテンポのソーラン節に取り組み、かつて日本一荒れた学校の生徒が、全国民謡民舞大会で日本一になった、という感動のシーンがあって、そのソーラン節を映画が終わったら、同じ格好で同じ踊りをしてほしいといわれたんよ。

浜辺　誰に?

戒田　愛媛県倫理法人会から。

武市　あれは、その年の24時間テレビのチャリティーイベントとして、倫理法人会が南海放送のテルスターホールで上映したんやった。

浜辺　座長は、ラジオで倫理法人会の番組を担当しとるから、嫌と言えんかったんじゃね。

戒田　映画を事前に見て、すごく感動したんよ。だからみかん一座で踊りたいと本気で思って、「はい!喜んで」って言うた。

大西　ところが映画はアップ

も多いし、ソーラン節の振り付け全部が出てない。だから、この踊りはレクチャーを受けたんじゃなく、その振りを自分たちで起こして夜中まで練習したから、とてもハードだった。

曽我部　でも、みんな踊りが好きだったというか、ぶっ通しで稽古したよね。

武市　翌日、稽古のしすぎで体が痛くなって、階段を上るときにイタタ、イタタ…（笑）。

曽我部　座ったら立ち上がれなくて、壁を這うように……（笑）。

戒田　練習の時、鎌田さんが「今日のパンツは赤ですか」と私に聞いたことがあったよね。

鎌田　脚を大きく広げて中腰になって踊るとき、ズボンのおしりがだんだんと破れていって……。後ろで踊っていたから、目に入ってしもたわ。

曽我部　本人は何も知らず……。

戒田　それをずっと見よったんや（笑）。

鎌田　悪い夢を見ているようで（笑）。

浜辺　ニヤニヤしよるけん、何があったのかと思うとった。（笑）。

戒田　衣装の長ばんてんは智子さんが担当してくれたよね。

片岡　稚内南中学校に電話して、どこで買ったかを校長先生に教えてもらった。そして、北海道の近藤染物店にお願いして、みかん一座のロゴ入りの長ばんてんを作ってもらって…。

戒田　近藤染物店というのは、昔、徳島から北海道に行かれた方だったんよね。

片岡　みかんを送ったら喜ばれました（笑）。

武市　半端じゃない練習の末、その長ばんてんを着て、映画の最後に舞台に出て行って踊ったら、見ていた皆さんすごく感動してくれて…。

曽我部　その後、ミュージックナイターで踊ったら、PTAの方や先生方が「あの踊りをやりたい」といって習いにきてくれたり、教えにいったりして…。

大西　その後、テレビドラマの「金八先生」で、取り上げられてどんどん広がっていった。

片岡　みかん一座の南中ソーラン節は、ダンスというより精神的な部分をきっちりと伝えていこうと座長はずっと言ってた。だから、手を抜かない。網を引いたり、魚を捕るといった仕事の動作が踊りの基本になっているから。

戒田　富美枝ちゃんは看護師の仕事が忙しいのに、休みの日を使って、今もいくつもの中学校へ教えに行ってくれている。本当に頭が下がります。

衣装に合わせた体重、役者に合わせた台本

武市　「春や昔十五万石の城下のまちで」の再演の時のこと。1回目の公演でスマートな福田さんが演じた、タキシードを着た案内人を僕がすることになって……。そのときに座長から難題を出された。「このタキシードに身体を合わせてほしいんよ」と言う。それで、107キロ体重があった僕は25キロ痩せた。食事内容と運動で痩せようと。練習のない夜はジムにも行って……。

戒田　本当に痩せたよねえ。衣装は特殊なタキシードで、特別に作ってもらったから、あの衣

装しかなくて……。

武市　だから、必死だった（笑）。

曽我部　私も30周年公演のときにバレエで着るような衣装を着ることになって。みんな細いのに私には無理そうだったから、「これ、いかんやろ」ということで10キロ痩せたのよ。なんとかなるもんよね。

片岡　ごめん、私、気が付かんかった（笑）。

曽我部　ええーっ。

武市　10キロじゃいかん、20キロ痩せんと（笑）。

曽我部　座長も、公演のたびによう減量しようたね。

戒田　体を引き締めるのと、体力つけるために毎日、温泉で歩いた時期があったなあ。

浜辺　一時間ほど歩くんよ。私も一緒に入ったことあるけどついていけんかった。そして、本番が近づくにつれてぐんぐん細くなって…。

戒田　本番前はすごく忙しくなるけんね。でもね、最近ちっとも痩せられん。

役もおばあちゃんが多いから、痩せるのはもうええかな…と思って。

曽我部　乙女の役になったらどうします？

戒田　自分でそんな配役はしません！（笑）

浜辺　そりゃそうじゃ。

曽我部　よそでは役をオーディションで決めたりするけど、座長の中では、ある程度この人を何役にしようかと考えてる？

戒田　参加するメンバーそれぞれの特徴や特技を生かせるような役を作って、あてがき台本を書くことも多いよ。

鎌田　ゆうくん（大西）は若いとき、アクションやってたから、そういう役も多かったね。

曽我部　ピエロ役でジャンプしたり、バク宙してたもんね。時代劇では、殺陣も。役づくりがすごかった。

大西　現状で満足したくなかったんよ。「まだまだ上がある」っていう姿勢を崩したら、舞台に立てないという思いがあったんで。

浜辺　私はねぇ、お笑いが多くて…。

武市　ゴミのミュージカルの時は、夜ゴミを出す、いけない主婦とか…。

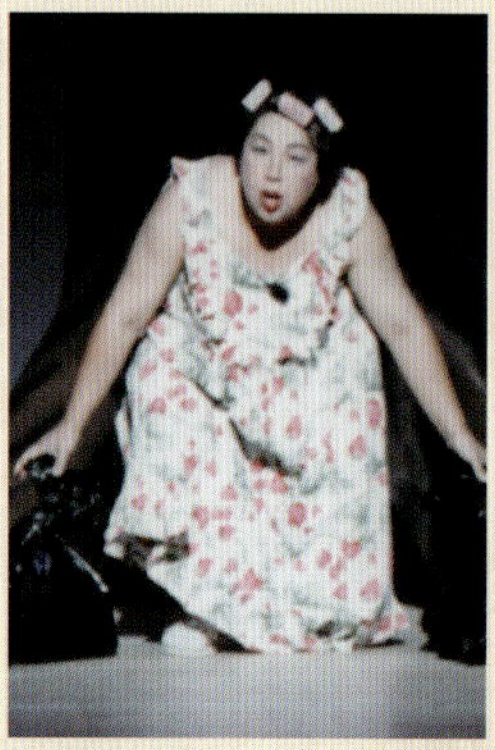

浜辺　バーベル持って「減量減量」と運動するけど、ゴミはどっさり出すとか…。本当は家ではちゃんとしよるんよ。

戒田　ごめんね。でも、多佳恵ちゃんが演じるとみんなが笑うんよ。

浜辺　はい。みかん一座のお笑い担当は、任せて下さい！（笑）

役づくり

武市　僕が最初にステージに上がらせてもらったのが「夢見町・心の花を咲かすまで」のおじいさん役。もともと、みかん一座に入ったのは、ミュージカルをやろうと思ったわけじゃなくて、昔、高校生のとき、節ちゃんのラジオ番組に参加させてもらったことがあって旗揚げ公演に裏方で関わった。その後、県外の大学を卒業して松山に帰ってきたら、「遊びに来ん？」ということで覗いたら……そこで振られたのがおじいさん役。セリフもどうしたらええんやろと、すごく悩んで、大街道に行ってお年寄りを研究した。

曽我部　役づくりのため？

武市　20代の僕にはお年寄りの動きや表情がわからない。結局習得できてなかったと思うし、今見たらすごく恥ずかしいだろうけれど、そういう努力もしたんよね。

曽我部　桐ちゃん（桐林）の最初は「環境ミュージカルで馬の役やったよね。

武市　人を乗せたり、野菜を積んだりして大八車も引いたじゃろ。

戒田　桐ちゃん、どうしてみかん一座に入ってきたの。

大西　僕は聞いてますよ。彼は哀川翔に憧れて芝居をしようと……（笑）。

みんな　えーー！

武市　うちでは哀川翔みたいな役はないけど（笑）。

大西　でも我々より若いし、独特の雰囲気があるからね。

桐林　まったくの素人だったのに、東京にも、ドイツにもアラスカにも行かせてもらい、いろんな役を演じました。

浜辺　子どもさんが小さいころからの活動だったけど、奥さんはどう言よったん？

桐林　「もう、辞めんけん」って言われたこともある。（笑）。

鎌田　みんな仕事や家庭やいろんなこと抱えながら芝居をしているんよね。芝居をするためには、どこかで無理をしないといけない。でも、それを乗り越えると感動が待っている。芝居で得られる達成感はハンパないけんね。

舞台上のことが本当になる！

片岡　みかん一座のミュージカルって、舞台上での話が現実のものになることがいろいろあって不思議だった。

大西　富美枝ちゃんは妊婦役で妊婦になったし。

曽我部　そう。私の最初の舞台は「オランダおイネ・一番星咲いた」で妊婦役。

お腹にいっぱい詰め物して練習してたら、そのうち本当に妊婦になった。

戒田　どうしようかと思ったよ。でも、私も練習中に妊婦になっても公演できたから大丈夫かなと……。富美枝ちゃんに確認はしたけどね。

曽我部　私は三人目の出産だし……。

ただ、帝王切開で出産するシーンがあり、昔の人は麻酔もなく手術するから、すごく痛いだろうと、ギャーッと叫びながら練習してたら、その後声がガラガラになって……。声が潰れたというのか、「ああ、こんな声になってしもうた」と思ってたら、私の娘も大人になって同じ声しとるけん、練習のせいじゃなかった（笑）。

鎌田　「春や昔、十五万石の城下のまちで」というミュージカルも奇跡を起こすものだったね。1995年の1回目の公演の時、

舞台の上で坊っちゃん列車を走らせたら、その6年後に、本当に松山市内を坊っちゃん列車が走り出してびっくりしたことがある。

戒田　昔、梅津寺《ばいしんじ》パークに展示されていた坊っちゃん列車を見て、この列車が本当に動いたらいいなと思ったことがあったの。会社に入ってから知り合った方で、坊っちゃん列車を復活させたいと活動している方がいて、ならば舞台で走らせようと思ったんよ。

片岡　そして、再演の時は「松山市民シンポジウム」での公演だったから、中村時広市長が明治時代の愛媛県知事の役を…。そしたら本当に知事になった。

曽我部　「君の瞳もっと輝け!」の時、校長先生役をした小学校の先生が本当に校長になったね。みかん一座の舞台は縁起がええんかなあ。

とんでもないスケジュールだった

武市　今だったら絶対にできないけど、若かったからできたことがいっぱいあるね。

浜辺　松山祭りで踊ってへとへとになった後、南海放送の稽古場に行って翌日の三瓶の練習をし、練習が終わったら、そこから移動して三瓶に行って次の日公演とか。

曽我部　「もったいないけん」を県民文化会館のサブホールで上演した後に、メインホールで坊っちゃん劇場の役者さんと「漱石坊っちゃん」のリハーサルをして、次の日、本番とか、結構過酷だった。

鎌田　1995年から、みかん一座のラジオ番組が南海放送で始まって、練習が終わってから録音をしていたから、いつも夜中に帰宅。

大西　「いけないシンデレラ」という深夜0時になったら始まる番組で週に1回の放送だったけど、毎回ミニドラマを作ってたよね。

戒田　あれは、さすがに大変だった。台本書いて録音して、編集、完パケするのにめっちゃくちゃ時間がかかった。それが毎週だったし…。

見かねて、武市君や智子さんが時々、台本書いてくれてありがたかったよ。

浜辺　私たちは、あのドラマで演技が相当鍛えられたと思うんよ。

戒田　舞台の芝居と、ラジオの声だけの芝居は違う。両方できるようになって、舞台での演技に細やかな表現ができるようになったのかもね。

曽我部　今は「みかん星交響曲」に名前が変わって、ドラマはないけど、座長と多佳恵ちゃんと私の3人で、お笑い番組やってます。

戒田　え?　お笑い?

驚くことが多い、座長の言動

浜辺　座長は時々、みんなが「えーっ」と思うことがあるよね(笑)。

曽我部　忘れもしません。1998年の秋、三笠宮親王殿下が愛媛に来られて、アイスフォークダンス大会が催されたことがあって、そのとき、前夜祭でみかん一座が「平成版伊予万歳」や「旅のマドンナ」を踊ったら、殿下はにこにこ喜んでくださってね、そしたら座長が「殿下、お肩をお揉みしてよろしゅうございますか?」って……。

戒田　殿下は「お願いします」って言われたので、心を込めて揉ませていただきました。

武市　僕がドキドキしたでき

事は、1999年2月、愛媛県生涯学習センターでのこと。「春よ来い」という公演で、1部は「ひばりのこどもたち」、2部はコンサートショー。そのショーの途中、座長は愛媛県知事になられたばかりの加戸さんと奥さんの道子さんが客席に来られているのを知り、「加戸ちゃーん!」と呼んだ。僕は「えーーー、加戸ちゃんって……」と青ざめたんよ。

鎌田 初対面だったんでしょ?

戒田 うん。でも、何かに「加戸ちゃん」って書いてあったから……。

浜辺 その時から、加戸さんご夫妻とのご縁がつながって、今ではみかん一座の大事な役者さん。

戒田 アラスカ公演の時は団長を務めてくださり、私たちを引っ張って行ってくださった。いつもいつも支えていただいてばかり。

大西 感謝してもしきれませんね。

同僚になった、かつての出演者

戒田 みかん一座にはいろんな人が関わっていたから、思わぬところで懐かしい人に出会ったりすることが多いよね。

曽我部 私の職場で「みかん一座の方ですか」と聞かれたから「そうよ」と答えたら、「私、出たんです」って言われたんよ。昔、西予市でミュージカルしたときに出てくれた地元の子どもさんだった。

戒田 そのときの子どもが大人になって、一緒に働いてるんやね。

鎌田 僕もまったく同じことがあった。会社に若い子が入ってきて、芝居とか踊りが好きだというんでいろいろ話してたら、おイネの舞台に出てたんよ。パンフレット見たら、丸坊主の子やった。

曽我部 私ら年取ったんやねえ(笑)。

戒田 子どもたちがどんどん大人になって……。

曽我部 うちの子どもは4歳の時に入って、今30歳やからね。子どもが入った後、私もメンバーになって25年。人生の半分以上、みかん一座とともに過ごしてきたんよ。

浜辺 私も、旦那の次に長いのはみかん一座やけん!

曽我部 私は一人っ子やったけん、きょうだいの思い出がないんよ。だけど、みかん一座に来たら、きょうだいがいるっていう感じ。みかん一座の人は家族だと思うとる。

大きな公演の前に座長の身に何かが起こる

大西 「夢へんろ」の公演前に、座長がみんなの前で号泣したことがあったけど、よほど精神的に追い詰められていたんだろうと思う。その後、胆石で苦しみ、手術した。

戒田 お腹が痛くて痛くて……。東京公演が1カ月後という時期、そこでうずいたらみんなに迷惑かけるから腹腔鏡で全摘手術したんよ。

3日後には退院して仕事したけどね、ラジオの番組があったから。

片岡 次の日には全体リハーサル。そして歩き遍路にも行ったでしょ?

戒田 必死だったんよ。

曽我部 座長は、そのあとも公演の前にいろいろなことがあった。

戒田 「オーロラに駆けるサムライ」の2回目のときは、足を負傷して松葉杖をついたし、アラスカ公演の前には盲腸の緊急手術をして、そこから悪性リンパ腫が見つかって……。

浜辺　あの時はびっくりしすぎて言葉も出んかった……。

戒田　私も医師から言われたときは、脳が渦巻いたよ。なんで今……って。アラスカ公演に向けて準備が進んでたからね。もし、私がいけなくなったら誰に座長の役目をお願いしたらいいか、重次郎の母の役は○○さんにお願いしてみようとか、治療しながら行けたとして、もし髪が抜けたらカツラをかぶろうかとか、様々なことを想定して考えた。でも幸い、2カ月かけて8回の点滴治療で寛解《かんかい》したからよかったんよ。

その後、ずっと検査に行っていたけど「輝け命！」の練習が始まってしばらくして、また再発。

大西　なんと言ったらいいか……。でも座長は明るかった。

戒田　1回目の時、人生何が起こるかわからないって思ったから、前みたいにあわてなかった。どう治療すればいいかわかっていたし。それに、稽古場は、笑いヨガでみんなが笑って病気を吹き飛ばしてくれるような気がしたんよ。そして、今回も同じ治療で寛解した。

「輝け命！」のメンバーは高齢の方が多かったから、私だけじゃない、皆さん何かしらしんどいことを抱えてた。だから、坂村真民さんの「かなしみをあたためあってあるいていこう」の詩が身にしみてね。

公演するという夢に向かって仲間がいたから、私はこれまでがんばれたと思ってる。どんな時も希望を捨てず……と唱えながら。

枠のない集団

戒田　みかん一座は、年齢、性別、障がい、国籍、いろんな垣根を超えて一つになろうという集まりだから、本当にいろいろな人たちが参加してくれたね。

武市　フランス人やアメリカ人やトルコ人もいたし。

浜辺　偉い人も、私らのように普通の人も……。

鎌田　プロもアマチュアも。

曽我部　ダンスもジャンルを超えて、ジャズ、日舞、タンゴ、クラシックバレエ、フラダンス…ほかにもいろんな先生が出て一緒に踊ってくれたり……。

浜辺　普通では考えられないようなことが起きるのがみかん一座。

みんな　そうじゃねえ。

戒田　いろんな人たちが同じ場所で一つになれたらいいなあと思って。

片岡　私は、家庭の事情もあって、ここしばらく離れていたけど、こうやって再びみんなに会ってもブランクを感じない。でも、会いたいと思っても会えない人たちもいる。

武市　これだけ長いあいだやってると、亡くなった人は多いよね。若い頃に教えてもらった人たちの年齢に、今、僕たちがさしかかっている。

戒田　私は、亡くなった方々の写真を家のみかん一座の物を置いている部屋に飾っててね、何かあるごとに写真に話しかけるんよ。

大西　本当に多くの人がみかん一座を経験した。

桐林　たくさんの思い出を作ってもらって感謝しています。

戒田　一緒に作ったんよ、みんなで。

浜辺　私は、座長に出会って、みかん一座に入って人生が変わりました。「ああ、みかん一座に入って良かった」って心から思います。

イベントいろいろ、がんばりました!

松山まつり「野球拳おどり」「野球サンバ」

踊りながらゴミ拾い

イベントいろいろ、がんばりました!

東京で愛媛のみかんをPR

東京で松山をPR

しまなみ海道'99プレステージ愛媛

全国レクリエーション大会で
愛媛をPR(小倉にて)

松山お城下ウォーク

県民総合文化祭フェスティバル

南こうせつピクニックコンサート

パナソニックイベント

しまなみ海道でのイベント

愛媛教育の日

愛媛国体愛顔ステージ

農林水産まつり

県民総合文化祭フェスティバル

イベントでみかん一座がよく歌う、役にたつ曲

すべての市町村が出てくる「愛媛70市町村」の歌で、多くの人が愛媛の市町村名を覚えた。
市町村合併後、20の市と町になり、同じメロディーで
それぞれのまちの特長を入れながら「愛媛えがおの20」につくり変えた。
この歌を覚えていたおかげで、テストでちゃんと答えが書けたという子どももいた。

♪ 愛媛70市町村

作詞・作曲／サスケ

愛という字ではじまるよ 僕らの愛媛
大好きなんよ（南予） 夢に夢中よ（中予） 僕らの故郷《あるさと》うよ（東予）

段々畑とみかんなら まかせてちょうだい
南予の町はええとこ南予 「ヤッホッホ」
八幡浜 宇和島 大洲に保内 伊方に瀬戸町 三崎に三瓶
宇和町 明浜 城川 野村 三間町 広見町 松野町
吉田に津島に日吉村 御荘に一本松 西海町
城辺 内海 長浜 内子 肱川 五十崎 河辺村（ハイ）

お城と温泉 焼き物はまかせてちょうだい
中予の町でのんびりしなさいや「よっこらしょ！」
松山 伊予市 北条市 中島町に川内町
重信町に中山町 となりは双海町
砥部町 松前に広田村 柳谷村
久万町 小田町 美川村 そして面河村（ハイ）

活気あふれるコンビナート大きな虹の橋
東予のお祭りはこりゃまた元気「ワッショイ」
川之江 伊予三島 新居浜市 西条 今治 東予に小松
丹原 土居町 新宮 別子山 波方 弓削 大西町
玉川 大三島 伯方町 菊間に吉海 宮窪町
魚島 朝倉 生名村 上浦 関前 岩城村（ハイ）

愛という字で始まるよ 僕らの愛媛
大好き南予 夢にむ中予 僕らのふるさ東予
愛媛70市町村（ハイ）

♪ 愛媛えがおの20

作詞・作曲／サスケ

愛という字で始まるよ 僕らの愛媛
大好きなんよ（南予） 夢に夢中よ（中予） 僕らの故郷《あるさと》うよ（東予）

段々畑とみかんなら まかせてちょうだい
南予の町はええとこ南予 「ヤッホッホ」
カツオの愛南町 真珠の宇和島市 滑床渓谷松野町
きじの里だよ鬼北町 五つの町が元気だ西予市
風車のまわる伊方町 チャンポンてやてや八幡浜市
肱川鵜飼の大洲市 白壁の町内子町（ハイ）

お城と温泉 焼き物はまかせてちょうだい
中予の町でのんびりしなさいや「よっこらしょ！」
夕日と五色姫、ホタルの伊予市 義農作兵衛松前町
焼き物の町砥部町 安らぎの里東温市
ことばのちからでまち作り松山市
自然とふれあうミュージアム久万高原町（ハイ）

活気あふれるコンビナート大きな虹の橋
東予のお祭りはこりゃまた元気「ワッショイ」
瀬戸の花道しまなみ海道 タオルと水軍今治市
しおさいの歌が聞こえます上島町
うちぬき名水西条市 太鼓祭りの新居浜市
書道ガールズ紙の町四国中央市（ハイ）

愛という字で始まるよ 僕らの愛媛
大好き南予 夢にむ中予 僕らのふるさ東予
愛媛えがおの20（ｔｗｅｎｔｙ） 愛媛産には愛がある～！

イベントいろいろ、がんばりました!

忘れられない思い出

元南海放送クリエイション社長　**東川　稔**

1998年9月4日から6日まで「第52回全国レクリエーション大会in愛媛」が開かれ、その開会式で愛媛県民文化会館メインホールに集まった3000人が一斉に立ち上がり、戒田アナウンサーのリードで「手のひらを太陽に」を歌い、踊り出しました。ものすごいエネルギーが渦巻いたことを忘れることができません。この司会は、南海放送の戒田節子アナ、松本直幸アナで行いました。2人とも事前に講習を受けて、レクリエーション指導者の資格を取っての参加でした。

全国から2万人の参加者を迎え、3日間にわたって行われた大会の閉会式は、南海放送サンパークで行われ、みかん一座のミュージカルコンサートで幕を閉じました。坊っちゃんやマドンナが登場するミニミュージカルや、愛媛をテーマにしたオリジナル曲も次々に登場。愛媛県70市町村の名前を全部入れた「愛媛70市町村」は、「愛媛県レク協会のテーマソング」にもなりました。

愛媛らしい演出、楽しく温かい閉会式。全国からのお客様は感動して帰られました。開会式と閉会式の担当プロデューサーだった私は、どちらも大成功し、誇らしい気持ちで皆さんを見送りました。

愛媛大会のコンセプトは「既成の全国大会を席巻、圧倒すること」でした。開会式、閉会式において、戒田アナウンサーとみかん一座は、それを見事に果たしてくれたのです。あのときのことは、一生忘れないでしょう。

そして、閉会式で披露した歌を中心に、みかん一座の曲で「愛媛県レクリエーションソング選集」のCDを作成し、それが全国のレクリエーションの場で活用されました。

国際交流イベント

イベントで国境を渡った みかん一座

韓国 ソウル

2001年4月4日

「日・韓文化交流会」に日本国内の文化団体とともに参加。教科書問題で日韓関係がぎくしゃくしていた最中だったが、みかん一座が舞台で「上を向いて歩こう」を歌いだすと、客席から韓国の人たちが日本語で一緒に歌ってくれた。また「手のひらを太陽に」の歌で会場がひとつになって踊り、笑顔が溢れた。

アメリカ ハワイ

2016年11月1日 （アラモアナショッピングセンター内のステージ）

「オーロラに駆けるサムライ～和田重次郎物語～」の公演映像（愛媛CATV）と、アラスカ公演ドキュメント（南海放送）をハワイのテレビ局が放送するにあたってのPRと、愛媛県主催の愛媛フェアPRを兼ねて催したもので、1日に2回のショーを行い、歌や踊りを中心に愛媛の文化や物産などを紹介した。

イベントいろいろ、がんばりました！

ハワイの2日間

ホノルル日本国総領事館を訪問

ハワイに着いて、すぐにえひめ丸慰霊碑を訪れ黙禱

バスでアラモアナ・ショッピングセンターへ

南中ソーラン

みきゃん音頭

愛媛の物産をPR

平成版伊予万歳

「もぎたてテレビ」が取材に来ていた

ハワイの方と野球拳

現地の人たちが「ふるさと」を一緒に歌ってくれた

その他の活動

ミュージカル絵本

ワニ夫のなみだ

作／**戒田 節子**　絵／**青木 のりあき**

いじめっ子で嫌われもののワニ夫が、チョウチョのヒラヒラに恋をして、やさしい男の子に変わっていく、心あたたまる物語。歌詞には自由にメロディーをつけてもらう。

絵本を映像化し、みかん一座のメンバーで声優に挑戦。24時間テレビのチャリティー公演として制作し、その後DVD化して、いろいろな場所で楽しまれてきた。

また、他の劇団や学校でスライド劇や演劇にもなった。

【布絵本】

西条おもちゃ図書館「ぽけっと」のメンバー約10人が、10年かけて布絵本を制作。絵本がいろんな形で広がっている。

みかん一座のメンバーが担当する

ラジオ番組

1995年から「いけないシンデレラ」が始まり、毎週「ミニドラマ」を制作し放送した。

当時の「いけないシンデレラ」出演者たち

現在は「みかん星交響曲」で、みかん一座のオリジナル曲を中心に放送している。

みかん一座のメンバーが朗読劇

ピーコとポンタの初めての大冒険

著者、愛媛県東温市出身の大西篤志さんが幼い頃父親から聞いた物語を絵本にまとめた。

タヌキのきょうだい、兄のポンタと妹のピーコは、両親が留守の間、人間にばけてあこがれの道後動物園へ。ぼっちゃん列車に乗って2人だけの大冒険！

みかん一座の伊予弁の朗読劇を収録したCD付き。

友情出演した公演

恋は魔法

作・演出／二宮 美日

【公演日】昭和62年（1987）1月
【会　場】ラフォーレ原宿

二宮美日さん主宰の劇団「虹」公演。

魔女が人間の刑事さんに恋をして……。

前年の「吸血鬼inジャパン」で知り合ったメンバーも参加。その後、みかん一座2作目の「心に灯りがともるまで」の公演につながっていった。

長屋の若様

作・演出／山本 信子

【公演日】平成9年（1997）6月
【会　場】松山市民会館 大ホール

山本信子さん主宰の「愛歌クラブ」公演。
第1部・歌謡ショー、第2部・時代劇
みかん一座は大勢で本格的な時代劇に出演した。座長の山本信子さんは、みかん一座ミュージカルに何度も友情出演してくれた。

みかん一座 大人組

みかん一座 子ども組

みかん一座 子ども組

私が南海放送に入社した時は、松山市道後樋又に本社がありました。そして、本町会館には結婚式場やパーティー会場のほか、たくさんの講座がある南海放送学苑というカルチャースクールもありました。その中に、南海放送のアナウンサーが講師をしていた「話し方教室」があり、私もその講師の一人でした。

受講者にはアナウンサー志望の大学生もいましたが、「もっと上手に話をしたい」という年配の方もたくさんおられました。発声や発音の練習から始まり、音読やフリートークなどを行いますが、思うようにいかず、苦労されている方が多かったのを見て、私は思いました。「小さい頃から訓練していたら、大人になって苦労することはないかもしれない」そんな思いを当時の学苑部長にお話しすると、「節ちゃん、子どもの講座を作りましょう」と言ってくれました。

何という講座名にしようかと考えましたが、「子ども話し方教室」ではかたい感じです。そこで「子どもたちが大きな声で、はっきりと自分の思いを人に伝えられるようになってほしい」という願いを込め、「子どもミュージカル教室」と決定！　そして、みかん一座の子ども組として、芝居や歌やダンスも交えながら表現することを体験し、いろんなことを学んでほしいと思いました。

平成4年（1992）の6月6日（習いごとを始めるのに良い日）、土曜日。初めて子どもたちが集まり「ちょうちょ」を歌って踊りました。4歳から小学生までの小さな子どもたち、その時のかわいい姿が目に焼き付いています。

公立小中高校は平成14年から完全週休2日制になっていますが、平成4年は、月1回（第2土曜日）の休みが始まった年でした。そこで、子どもたちの稽古は土曜日の午後。毎週土曜日になると、本町会館4階のレッスン場にキラキラ瞳を輝かせて13人ほどの子どもたちが集まってきました。私はその頃、息子が2歳になったばかりで、子育てはまだまだこれからという時期。子どもの接し方は素人です。そこで、みかん一座メンバーで元保育士の敷村一元さんが立ち上げを手伝ってくれたのです。

「あえいうえおあお……」大きな声でしっかり口を開けて発声練習。「あめんぼあかいなあいうえお」の言葉に感情をのせて

みかん一座 子ども組

表情訓練。お母さんたちもレッスン場の後ろに座って一生懸命に見学し、時には参加して親子でレッスン。小さい子のお母さんは、ダンスをしっかり覚えて家で子どもと復習していたようです。

その年のクリスマス、本町会館テルスターホールで初めての発表会。ミュージカル「とっておきのおくりもの」を上演しました。衣装も小道具もお母さんたちの手作り。そして、来てくれた皆さんには手作りクッキーをプレゼント。とてもアットホームで、楽しい公演でした。

次の年「一日遅れのクリスマス」を上演しました。子ども組だけのクリスマス公演は2回だけ。というのも、大人で演じていた「ひばりのこどもたち」や「心の奥の魔法の泉」を子ども組でするようになったり、大人組の公演に子どもたちが参加したりと忙しくなってきたからです。

平成5年（1993）の「オランダおイネ一番星咲いた」の公演以降、全てのミュージカル作品に、子ども組も出演しました。また、毎年行っていた環境ミュージカルも併行しながらがんばりました。

ミュージカル公演以外にも、歌やダンスで啓発活動、24時間テレビ「愛は地球を救う」の街頭募金やチャリティー公演、施設への慰問活動、テレビやラジオや映画への出演など、いろんなことを経験しました。

こんな中、南海放送は地上デジタル放送に対応するため、本社を本町会館に移転することになり、平成17年（2005）4月から全面改修工事が始まりました。そして、平成18年3月に学苑も終了。子どもたちは、道後樋又の大人組の稽古場でレッスンするようになりました。その後、平成18年8月にテレビが、11月にはラジオが移転。それに伴い、みかん一座の稽古場も本町会館をお借りすることになったのです。

始めた頃のメンバーは、幼稚園児、保育園児と小学生でしたが、小学校を卒業する子が中学になっても続けたいというのです。それで、小学生と中学生にしました。そのうち、高校生になっても続けたいという子も増え、子ども組は小・中・高校生で活動するようになりました。子どもたちのレッスンを大人組のメンバーが手伝ってくれたり、子どもたちの間で先輩が後輩の面倒を見たりと、大家族のようでした。そして、教わる側から教える側になると、子どもはどんどん成長していきました。

高校を卒業すると、進学や就職で故郷を離れる子も多く、活動を続ける子は一握りです。久しぶりに会いにきてくれる子もいるのですが、大人になった姿がまぶしくて嬉しくなります。いつまでたっても、みかん一座の子ども組にいた子は「みかんの子」とか「うちの子」と言ってしまいます。また、子どもができて親になった子たちも多く、私は孫がたくさんできて「おばあちゃん気分」です。

24時間テレビ「愛は地球を救う」ボランティア活動

大人組と一緒に、チャリティーミュージカルやコンサートを長年行い、募金を呼び掛けてきた。最近は子ども組を中心に街頭募金で参加している。

24時間テレビ応援チャリティーコンサート（坊っちゃん劇場のみなさんと一緒に）

子ども組初期のミュージカル

歌のコンテストで入賞

新井満先生が稽古場に来てくれた！

野志市長と「元気で笑顔」の収録

テレビ番組でも活躍

内子町参川小学校閉校
コンサート（校門の前で）

クリスマス会

和田重次郎の記念イベントに毎年参加

子ども組卒業生からのメッセージ

※名前は旧姓で表記しています。

みかん色の思い出

薬剤師 **篠原 尚樹**（36歳）

先日、お風呂で「♪世界中の子どもたちが〜」と息子が口ずさみました。「♪一度に笑ったら〜」と私が続き、気づくと一緒に大合唱していました。この歌は私の初舞台である「ひばりのこどもたち」に使用された曲で、まるで過去の私が息子に投影されたような不思議な体験をしました。

もう18年ほど前のでき事です。戒田先生から電話がありました。「尚樹、明後日の公演出られる？　鎌田君が急病でね」「えっ」「代役でお願い！」「あ、はい！」その夜、徹夜でセリフを覚え、当日ぶっつけ本番で舞台に立ったことを覚えています。当時高校生だった私ですが、一足早く社会の厳しさを知りました。

セリフの多くが伊予弁で、ふるさと愛に溢れる「みかん色」にアレンジされた舞台は、今でも私の心の中で輝き続けています。

学び、伝える

元舞台スタッフ **安部 小百合**（35歳）

私は子ども組1期生として、小学3年生からみかん一座で多くの経験をさせていただきました。子どもからお年寄り、幅広い人たちとの関わりも普段ではないことでした。多くの大人からたくさんのことを学び、それらをまた次の子どもたちに伝える。こんな素晴らしい経験ができたことに感謝しています。

趣味として始めたミュージカルでしたが、舞台芸術に携わる仕事がしたいと思い、5年前からプロとして子どもたちを教えてきました。子どもたちが笑顔になったり、一歩を踏み出す勇気を持ってくれたら……と願いながら。それは、私たちを育ててくれた戒田先生の思いと同じです。

みかん一座での経験は私にとって、最高のギフトでした。そんな場を与えてくれた先生には感謝しかありません。ありがとうございます。

私と娘とみかん一座

主婦 **野本 麻由美**（35歳）

私は結婚し、今2歳の女の子を育てています。

小学校3年生のころから約18年間、みかん一座のたくさんの舞台に立ちました。大きな舞台だけではなく、いろいろなイベントやボランティア活動にも積極的に参加しました。お客さんを巻き込んで一緒にオリジナルソングを歌ったり踊ったり……。とても楽しかったです。そして、そのたびにとても温かい気持ちになりました。また、人と人とが目を見て触れ合い、しっかりとコミュニケーションを取ることはとても大切なことだということも学びました。

みかん一座で学んだことは数多くあり、ここにはすべて書ききれませんが、そのことは、娘に、しっかり目を見て話し、教えていきたいと思っています。

自分の心にまっすぐに

主婦 **藤本 かおり**(34歳)

幼いころ、外では自分を出せない私を見兼ねた母が子どもミュージカル教室へ通わせてくれました。それが「みかん一座」との出逢いです。一瞬でどんな役にもなれてしまう戒田先生を見て、心を奪われてしまったのを今でも覚えています。公演では、仲間の大切さ・命の尊さ、自分を信じることなど、作品に込められたメッセージを感じ、役を演じて気付いたことが多くあります。結婚して、松山を離れた今、辛いことや子育てに悩んだとき「どんなときも希望を捨てず　輝く瞳を失わず　夢に向かって歩いてゆこう　自分の心にまっすぐに」と、口ずさんでいることがあります。みかん一座の経験と歌は、私にとってかけがえのないものです。

みかん一座と私の生き方

元ラジオディレクター **河村 英美**(32歳)

子どものころ、戒田先生のようなアナウンサーになりたいと憧れていました。

しかし、舞台に立ったり、大学時代にアルバイトでラジオのＡＤ(アシスタントディレクター)をするようになると、裏方として頑張っているスタッフに胸を打たれ、自分も表で活躍する人を支えたいと思うようになり、大学卒業後、ラジオのディレクターになりました。みかん一座の活動があったからこそ、人との関わりや番組構成などがスムーズにできるようになり、今もいろいろな場面で活かされているのだと思います。みかん一座が社会にいろいろなことを発信してきたように、私もラジオを通して、多くの人たちにさまざまな情報を発信できたことに改めて感謝しています。

一番感銘を受けたのは、先生のバイタリティー

写真家 **細川 博美**(32歳)

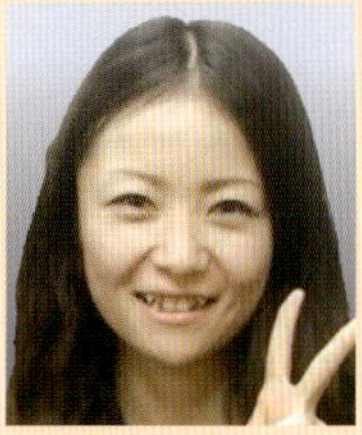

私がみかん一座と出会うきっかけとなったのは、自身のあがり症でした。

克服できればと見学した際、同年代の子たちが楽しそうに踊っている姿を見て入ったのを今でも覚えています。みかんに入ってからは、子ども組はもちろん、大人組や、多くのスタッフさん、南海放送の方々などと何百人が一丸となる「舞台」を何度も経験することができました。その中で一番感銘を受けたのは、先生のバイタリティ、考え方や活力でした。先生は今の今も尊敬する私の「先生」です。

今はみかん生の際に興味を持った裏方と呼ばれる技術へ進路を決め、色々学び経験する中でスチールの道を歩んでいますが、そのおかげか声を掛けていただいたアラスカ公演。大人になった自分ができる恩返しとして、先生の何か力になれたことを願うばかりです。

いつまでもサンシャイン・アイズで!

みかん一座は家族

看護師　曽我部 真衣（30歳）

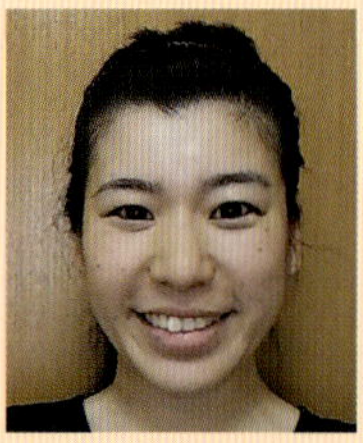

みかん一座で一番、人間じゃない役をしたのは私だろうな、と思います。環境ミュージカルの中で、カメや鳥や木や壊れた扇風機や……。いろんな立場から人間に訴える役でした。当時は恥ずかしかったけど、大事な役だったんですよね。

私は4歳からずっとみかん一座。受験の時期もほとんど休まず……。看護師の母と一緒にみかん一座の活動を続け、私も看護師になり、3人の子どもの母になりました。子どもたちはみかん一座の歌が大好き！

みかん一座は私にとって家族、大きな家族です。そして戒田先生は、もう一人のお母さん。大好きなお母さんです。感謝しています。

ターニングポイント

映像制作会社 営業企画　田中 正美（29歳）

私の人生のターニングポイントは高校1年のとき。学校に行けず、両親に心配も迷惑もかけていました。学校生活に悩んで苦しいとき、唯一の励みと居場所になったのはみかん一座でした。

そしてそのころ、ドイツ公演がありました。気持ちが大きく動いたのは、幕が閉じる瞬間でした。見たことのないスタンディングオベーション。国境を超えて想いが伝わっていることに、自分があまりにもちっぽけに感じました。「私が悩んでいた世界はなんて小さかったんだろう」そして、ドイツ公演を終えて学校に行けるようになりました。この経験がなければ、きっと今の私はいなかったと思います。

小学2年生からずっと指導をしてくださった戒田先生は、私にとって第二の母親です。反抗期のようなときもあり、素直になれなかったり……。反省の気持ちもいっぱいです。本当にいつも感謝しています。

オーストラリアより愛を込めて

主婦　高田 鈴麻（28歳）

私にとってみかん一座は、「自分が自分らしくいられる、ありのままの自分を表現できる場所」でした。辛いときも、みかん一座があったからこそ乗り越えられたこともあり、ミュージカルを通してたくさんのことを学びました。みんなで一つの目標に向かって一丸となり、舞台を作り上げた情熱。今でもあのときに味わった感動や達成感を覚えています。みかん一座を通しての、たくさんの人との出会い、いろんな経験を積めたことが、私の人生にとって大切な思い出です。

今はオーストラリアの男性と結婚し、幸せに暮らしています。いつか彼と2人で、みかん一座の公演を見に行きたいです。

みかん一座での9年間

化学メーカー エネルギー管理者 今村 芽衣（25歳）

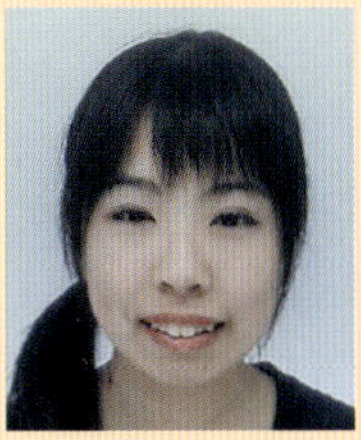

私は小学3年生のときから9年間、みかん一座に所属していました。防空頭巾にモンペ姿の戦後の子ども役、江戸時代の下町の子ども役、山から下りてきた子狸役など、さまざまな役を演じさせていただきました。特に印象深い役は、中学1年生のときと高校2年生のときに演じた「ひばりのこどもたち」のナオちゃん役です。その際には夜遅くまで熱心にご指導いただき、自分本位の演技をするのではなく、観ている人に伝わる演技をすることの大切さを学びました。

　みかん一座の公演を通じて、いろいろな人と出会えたことはとても貴重な経験になりました。

笑顔の原点

幼稚園教諭 塩見 香奈（25歳）

幼いころ、人見知りで人前に立つのが苦手だった私は、小学3年生から約10年間、みかん一座で舞台やボランティア活動に参加しました。

　一人ひとりは違っていても一生懸命踊っていると感動と笑顔が返ってくることがわかり、私も自然と笑顔になっていきました。

　みかん一座での経験を生かして今、私は子どものころからの夢だった幼稚園教諭として人前に立っています。まだまだ緊張することが多いのですが、自然と笑顔で接することができ、「笑顔がいいね」と言われることも増えました。これからもみかん一座で身に付いた笑顔で、子どもたちと接していきたいと思います。

サンシャイン・アイズ

女優 池田 恵理（25歳）

「どんなときも希望を捨てず、輝く瞳を失わず、夢に向かって歩いていこう。自分の心にまっすぐに！」

　みかん一座で出合ったこの言葉が、今も私のモットーになっています。お遊戯が嫌いだった私が、人前に出て表現することが好きになったのもみかん一座に入ってからです。確実に人生が変わっていきました。

　今では芸能界の荒波の中で生きています（笑）。厳しい世界ですが、その分、楽しみや感動があります。自分の夢を叶えていくことで、人にも夢や感動を与えられたらいいなと思っています。この言葉があるから大丈夫。

　私は夢を叶えます！ 頑張るけん。

声楽の道に進んだ私

音楽大学院生　木原　理菜（24歳）

私は小学校2年生から6年生の夏まで、子どもミュージカルに参加させていただいていました。そのころはまさか自分が声楽の道に進むなんて思ってもみませんでした。みかん一座での日頃の練習、舞台裏、本番での緊張、体験したことすべてが、今の私の財産になっています。右も左もわからない小学生に、数え切れないほどの素晴らしく貴重な経験をさせてくださったことに感謝の気持ちでいっぱいです。今後も、たくさんの後輩たちが同じように素敵な経験をして羽ばたいていくことを心からお祈りしています。

縁の下の舞

大学生　関家　淳（23歳）

みかん一座では練習やステージを通して、たくさんの知識や礼儀、人と人とのつながりの大切さなど、貴重な経験をさせていただきました。その中でも一番私が重要だと学んだことは、裏方の大切さです。

練習から本番に至るまで、戒田先生をはじめ多くの大人が裏で動いてくれていたおかげで自分たちがステージに立てていることに気付き、準備など、できることを手伝うようになりました。私の母が小道具の管理を任されており、それを近くで見聞きしていた影響も大きいでしょう。親子で葛藤し、それを乗り越え、走り続けることができました。たくさんの思い出と経験をありがとうございました。

私の世界を広げた貴重な経験

大学生　塩見　友理（19歳）

4歳のときにドイツ、16歳のときにアラスカと、海外公演には2回も参加させていただきました。私は、みかん一座での文化活動により、言葉では語り尽くせない情熱、愛、想いを伝えることを学び、演劇を通して、2つの国が交流を深め、心を通わせるという経験をさせていただきました。そして、国際理解のためには、異なる文化を理解し、共有することが世界平和への一歩となるという考えに至り、今、私はみかん一座を卒業して、英語や他者理解、主体的に表現する力を身に付けることのできる大学に通っています。そして将来、人と人をつなぐ仕事に就きたいと思います。

子どもたちのふるさと

みかん一座 子ども組 **保護者一同**

「ただいま」「お帰り」

みかん一座は いつ帰っても温かく迎えてくれる家のような場所です。

ミュージカルを習いたい子はもちろん、人前で話すことや人見知りを克服したい子など、子ども組に入った理由は様々ですが、みんな楽しく練習しています。

みかん一座の活動はミュージカルだけではなく、ボランティアにも熱心で、思いやりのある子どもに育っています。みかん一座で経験したことは子どもたちの人生において、とても役に立っています。地道な努力を積み重ねる大切さ、当たり前のことを当たり前にする大切さ、礼儀やけじめも学んでいます。そして、笑顔で人と接する気持ちが育まれ、子どもたちの未来に輝きを与えてくれます。

たくさんの子どもたちを、やさしく厳しく、お母さんのような心で導いてくださった戒田先生、私たち保護者も多くのことを学ばせていただきました。そして、大人組のみなさんにも子どもたちを大事にしていただきました。これからも、みかん一座は子どもたちが大人になっても帰れるふるさとであってほしいと願っています。

2016年2月、愛媛マラソンに挑戦した戒田先生に感動！

保護者より

先生のがんばる姿に涙が出ました。先生は、何事も始めるのに遅すぎることはないということと、あきらめない姿勢を、子どもたちに、そして私たち保護者にも見せてくださいました。そして、人は人に支えられて前に進めるということも。

「成功の遺伝子」という番組は、成功した人たちが「私が成功したのは、この人との出会いのおかげです」と紹介する番組です。その番組を見ながら、成功もしていない我が息子は「俺の成功の遺伝子は、戒田先生やなあ」とつぶやいていました。

先生のパワーは、確実に子どもたちの背中を押してくれています。

生まれて初めてフルマラソン

子ども組保護者の奥田寧さんが一緒に走ってサポートしてくれたおかげで、ギリギリ完走できました。

みかん一座のみんなが沿道で応援してくれたので、前へ前へと進むことができました。

（タイム：5時間59分35秒 完走）

愛媛と東京の架け橋 ―― 座・東京みかん

四国中央市出身の演出家・田辺国武さんは東京での公演「夢へんろ」に協力してくれた。その後「座・東京みかん」を結成し、みかん一座のいくつかの脚本を東京で上演。みかん一座の親戚のような劇団だ。

強い絆

演劇集団「座・東京みかん」主宰（旧新宮村出身）　田辺　国武

魔法使い？のような戒田さんの心の宇宙から生まれるお芝居は、時間の流れが変わって、客席の空気が澄みわたり、いつの間にか温かい涙が溢れ、勇気と希望が湧いてきます。雑然とした都会で活動している私は、いつも心洗われ、芝居づくりの原点を教えられます。

全員揃っての稽古がほとんどできないのに、本番では見事な感動の世界ができ上がっている不思議を何度も見ました。やっぱり魔法使いなんですね。

私が主宰している「座・東京みかん」は、2007年6月に東京公演を行った、みかん一座のミュージカル「夢へんろ」をお手伝いしたことをきっかけに、その年の9月、東京メンバーで結成しました。子どもから大人までが参加し、観劇し、ともに語り合える作品づくりを通して、21世紀を担う子どもたちの「心が育つ環境創り」を目的としています。

これまでに、みかん一座の財産ともいえる「ひばりの子どもたち」「この街で」「夢見町　心の花を咲かすまで」の上演をお許しいただき、四国中央ふれあい大学事業の市民ミュージカル「風船爆弾を作った日々～しゃぼん玉　宇宙までとばそ！～」の脚本も書いていただきました。感謝しています。

ところで私は、童謡詩人・金子みすゞの実弟である劇作家・上山雅輔氏に約20年間師事し、師の亡き後も思いを受け継いで1992年から金子みすゞの詩を朗読や歌で紡いでいます。戒田さんとの出会いも、金子みすゞでした。2003年に愛媛県の事業で「金子みすゞの世界」を演出したとき、戒田さんにみすゞ役をお願いしたのです。また、みかん一座の皆さんにも出演していただきました。それからの長いお付き合いですが、これからも愛媛のみかんと東京のみかんがさらに強い絆で結ばれていきますように！

座・東京みかんとみかん一座

座・東京みかん

「ひばりの子どもたち」「この街で」「夢見町 心の花を咲かすまで」を、
田辺先生の演出で、何度も公演してくださいました。

金子みすゞの「鯨捕り」の踊り

「座・東京みかん」のために書き下ろしたミュージカル

風船爆弾を作った日々 ～しゃぼん玉、宇宙《そら》までとばそ！

四国中央市公演／平成26年（2014）11月15・16日
東京公演／平成27年（2015）7月24～26日

脚本／戒田 節子
演出／田辺 国武

終戦間際、気球の原料となる紙の産地に住む女学生たちは、軍の特命で、秘密兵器「風船爆弾」の製作に駆り出された。四国では1944年6月～翌年3月に旧川之江高等女学校の33回生159人が和紙の原料になるこうぞの皮はぎや気球づくりに参加した。

「川之江高等女学校三十三回生の会」の手記「風船爆弾を作った日々」を原作にミュージカルを…と田辺国武先生から依頼され、いろんな資料を集めながら、当時の状況や人々の暮らし、想いなどを脚本にしました。戦地へ行かなくても戦争に翻弄《ほんろう》された女学生たちの想いを語り繋《つな》ぐための舞台化でした。

平成26年11月に行われた四国中央市土居文化会館（ユーホール）での公演は、当時、風船爆弾を作った女学生だった皆さんが見てくださいました。

私は、この風船爆弾の脚本を書きながら、以前みかん一座で公演した「青い瞳を忘れない」（旧土居町の話）を思い出していました。同じ時代、同じ地域で、町の宝である紙を使って正反対のものをつくっていたのです。

一つは、アメリカを攻撃するための風船爆弾。もう一つは、子どもたちの友達として存在していた「青い目の人形」を乗せて、「ふるさとアメリカに帰れ」と飛ばす気球。

町の宝は平和のためのものでなくてはいけない……。そう思い「風船爆弾を作った日々」の幕開けは、三島高校の書道パフォーマンスから始めました。

書いてもらう文字は

「夢 大空へ 命輝いて！」

第2幕が始まりますね

女優　丸山 ひでみ

初めての出会いは、座・東京みかんの旗揚げ公演のとき、私が「南海放送アナウンサー、みかん一座の座長、戒田節子さんがお見えになっています」と客席から舞台に上がっていただいたときでした。

あれから10年以上経ちました。節子さんのシナリオを東京みかんで公演するときは、節子さんと同じ役を演じ、また松山に呼んでいただいたり、田辺先生の故郷四国中央市でも共演。そして座・東京みかん10周年記念公演では姉妹を演じました（もちろんシナリオは節子さん！）。

田辺先生から「戒田さんと丸山さんは宇宙人!!」と言われます。同じ年で演劇が好きで、夜中まで元気で、よくしゃべる（笑）。先を見ずに走ったり、ガス欠まで気付かなかったり、場所までたどり着かなかったり、世間と時間軸が違ったり。私たちは宇宙時間を歩いているのかも？とも思いますが、松山と東京の距離を感じずに、仲良しになりました。

また一緒に舞台に立ちましょう！

ここから、2幕が始まります！

ひでみ＆節子は同い年

田辺国武先生と

「金子みすゞの世界」　金子みすゞ役、丸山ひでみさん

みかん一座、映画撮影に協力！ 2018年6月

日露交流年記念、南海放送開局65年記念
映画「ソローキンの見た桜」
劇場公開・テレビ特番 2019年春

平成17年（2005）日本民間放送連盟、第1回日本放送文化大賞ラジオ部門でグランプリに輝いたラジオドラマ「松山ロシア人捕虜収容所外伝ソローキンの見た桜」（田中和彦作）。このドラマは日露戦争のさなか、愛媛県松山に設置された「捕虜収容所」を舞台に、日本女性とロシア軍少尉の捕虜とが織りなす「愛」の物語。

ラジオドラマに、みかん一座のメンバーも出演し、節ちゃんは、ソローキンの恋人、ゆい役だった。

そのラジオドラマが映画になる！

2018年、「輝け命！」の公演を終えてまもなく、みかん一座のメンバーは、映画に出演することになった。節ちゃん、今度はゆいのお母さん役。（川崎）

桜子＆ゆい役
阿部 純子

ソローキン役
ロデオン・ガルチェンコ

河野所長役
イッセー 尾形

映画「ソローキンの見た桜」

「ソローキンの見た桜」松山ロケ、「みかん一座」に大感謝！

映画監督　井上　雅貴

益田祐美子プロデューサーから、日ロ共同製作「ソローキンの見た桜」の監督を依頼されたとき、頭をよぎったのは、松山での撮影ができるかどうかでした。ロシアでの撮影は、前回監督した長編映画「レミにセンティア」で全編ロシアロケを敢行し、ある程度のクオリティーの映像をつくりあげることに自信はありました。

　しかし、日露戦争時代の松山の情景や役者の動き、衣装、美術、ロシア兵や大勢のエキストラの調達などができるかどうか、限りなく不可能な状況でした。周りの映画関係者からは「それは無理」「ものすごくお金と時間がかかるから」と言われました。

　そんな時、みかん一座の戒田節子座長と会い、お話を聞き、今までの活動や保管している着物を見せてもらい、公演などを鑑賞し、この映画は「みかん一座の皆さんと一緒に制作したら、できる！」と実感しました。

　劇団員の皆さん、楽しそうに、機転をきかせながら演じている、このパワーと団結と実績があれば、いける。

　予想通り、大がかりなエキストラの撮影も、みかん一座の皆さんのおかげで、素晴らしい映像が撮れました。

　イッセー尾形さんや　ロシアの名優ドモガロフさんらとも見劣りしない堂々の演技、素晴らしいです。

　主人公ゆいのお母さん役の戒田節子さん、見ごたえある大女優の風格を備えておりました。また、勝山中学の校長先生役、加戸元愛媛県知事をはじめ、看護婦、警官、日本兵、医者、町人たち…みかん一座のみなさんがいろいろな役で、暑い中長時間の撮影に付き合ってくださったこと、スタッフ一同、感謝しています。ありがとうございました。

　今後、また、みかん一座さんと映画を作りたいですね。

ロシア兵捕虜と松山

日露戦争が始まった明治37年（1904）に全国初の捕虜収容所が松山に設けられました。当時わずか3万4千人の松山に、戦時中や戦後、延べ6千人のロシア兵が収容され、多い時には一度に4千人もが収容されていた。

　松山の人たちは捕虜を大切にし、道後温泉の入浴や相撲や芝居などの見学も許可され、けがや病気の捕虜には、献身的な看護を行った。それは当時世界の国々で、捕虜は人道を持って扱うこと…と約束された「ハーグ条約」によるものだが、昔から「お接待」文化がある松山の人々は、特に大切にしたようだ。

　戦争が終わって、多くの捕虜たちはロシアに帰って行った。しかし、松山で亡くなった98人の霊を慰めるために、故郷、ロシアの方へ北向きにお墓が建てられた。

　そして、松山市民によって保存活動が続けられ、松山市立勝山中学校では、生徒会の呼びかけで昭和59年から清掃活動を行ってきた。以前は「ロシア人墓地」だったが、埋葬者の出身地はロシアだけでなく、ポーランドやウクライナ、バルト諸国、中央アジア諸国などの人たちが含まれているため、名称が「ロシア兵墓地」に変わった。

座談会

（衣装・ヘアー・着付け・照明・舞台監督 編）

いっぱいあり！スタッフこぼれ話

進行 戒田 節子

肩書は劇団内での役割

ヘアー・着付担当（美容師）
岡 晴香

カツラ・着付担当（舞踊家）
松本 夢

衣装担当
安倍 やすみ

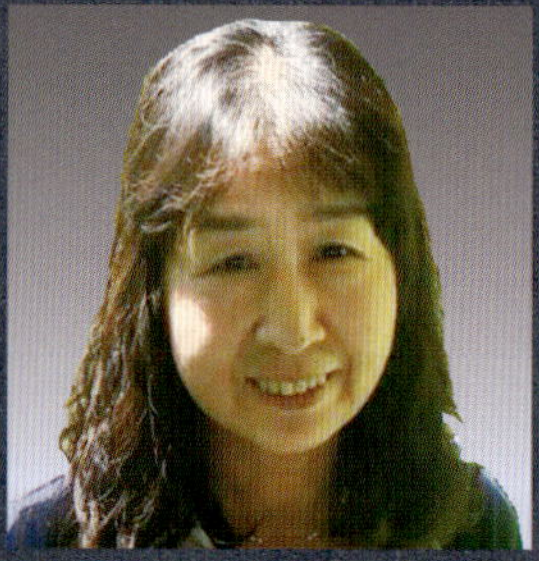

衣装担当
田中 真貴子

舞台が終わったとき、必ず泣いてしまうスタッフたち。

みかん一座は修行の場

戒田 ヘアーや着付け担当の岡さんは、プロの美容師さんですが、時間がある限り練習場に何度も来てくれるんですよね。

岡 人間関係を作りたいというのが主な目的です。初めて会う方には、どうしてもコミュニケーションが取りにくいので、練習場に行って親しくなってからスムーズに作業したくて。あと、お芝居の内容と時代を合わせないといけないので、座長とどんなふうにするか相談したり。

戒田 人物のイメージとか、ある程度を決めますよね。髪を染めることもあるし、カツラを用意することもあるし……。

岡 こんな感じでいいかと、ある程度デッサンし、OKをもらったら、役者さんに「髪を切らんといてね」とお願いしながら、一人ひとり役に合わせてヘアスタイルを描いていきます。

戒田 そして、本番当日も、楽屋で多くの役者のヘアーや、着物の着付けなどでてんてこ舞い。

岡 これが役に立ったというか……。実は、「ソローキンの見た桜」の映画にみかん一座も参加

座談会　いっぱいあり！　スタッフこぼれ話

しましたが、私はヘアーでお手伝いしました。日本髪風に何十人も結い上げなくてはならないのですが、みかん一座は、時間との戦いでしたから、鍛えられていたんでしょうね。早いピッチでどんどん仕上げることができました。

戒田　映画のスタッフが、なんでそんなに早くきれいにできるの？って驚いてましたよ。

岡　それは、嬉しい！

田中　ヘアーだけじゃなく、みかん一座の芝居は、衣装の早変わりも多いですよね。

舞台監督
中村 俊夫

照明
藤井 孝文

仁王立ちの節ちゃんと、周りを走り回る衣装スタッフ

岡　おイネさんのミュージカルの時、一番大変だったのが最後のシーン。旅立ちのシーンというのがあって、節ちゃんが着物を着替え、手甲脚絆もつけて旅姿にならないといけない。たった1分半ぐらいの時間での早替えは、それはそれは大変でした。

稽古場で、他の人で着替えの練習をして、どうしたら手甲脚絆を速くつけられるか工夫して、タイムを計って何度も繰り返しました。

戒田　私たちが芝居の練習をしている一方で、スタッフの人たちは別の練習をしてたんよね。

岡　本番の時、スタッフ5人が袖で待ち構えている。あなたは手甲脚絆の人、あなたはかんざしの人、あなたは、と決め……。

戒田　そして、私が舞台からゆっくり歩いてきて、舞台袖に入ったやいなや、待ち構えていた5人が周りを囲んでビューッと着替えさせる。

安部　節ちゃんは仁王立ちの格好で、みんながその周りを走り回って（笑）。

戒田　私は、されるがまま。1分半でできたなんてすごい！

アラスカ公演全員が走った！

松本　アラスカは、もっとすごかったですよね。

戒田　このミュージカルは、明治の日本から始まり、アラスカになったり、イヌイットの村になったり、また日本になったり……。とにかく時代と場所がいろいろ変化するから、衣装もヘアーもメイクも大変だった。

松本　日本での公演以上に、アラスカでは相撲や、舞妓さんを盛り込んで日本らしくしていたから、さらに大変でした。

岡　ある役者さんは、1、団子屋のおかみさん。2、舞妓さん。3、白人男性。4、白人女性。5、イヌイットの女性。6、犬。

7、新聞記者の男性。8、日本のおかみさんと、変身し続けた。

田中　それ、うちの娘。2人で、衣装持って行くのだけでも大変でした。

岡　シーンが終わると、走って脱ぎながら楽屋に帰ってきてね。私たちは、誰かが入ってくるのを待ち構えていて衣装を変えるんだけど、役者さんが出て行ったあとは、みんなで「ハアー」ってため息をついてた(笑)。

みんなが「ご飯食べてないでしょう」って私らを気遣ってくれて食べものを置いといてくれたけど、結局食べられなかった。

田中　次の人が来るかと思うとおちおち食べてられんかったですよね。

戒田　特にアラスカは、費用もかかるし、仕事を休まないといけないので、ぎりぎりの人数でたくさんの役をしたから、全員が何役も……。

松本　出番の多い人は楽屋まで戻れないから、舞台の袖にテントみたいな部屋を作って着替えましたね。

岡　重次郎役の秀君の出番が多いし衣装替えも頻繁なので、2人がかりで着付けを担当して。何というか、2時間全力で疾走してる感じだった。

大事に持って行ったカツラ

戒田　夢先生は日舞の先生ですが、着付けもカツラも化粧も担当してくれて……。ドイツもアラスカも同行してくれました。

松本　空港でのでき事で、カツラをX線で撮ったら金具しか映らない。それで、職員さんが「見せろ」と言うんで、開けて納得してもらったり。空港に着いたときは、三度笠を持っていたんですけど、入国のとき検査員から「オー、ラストサムライ!」と言われました。(笑)。

戒田　海外に行くと、入国するだけでもいろいろなトラブルがついて回るので、気が気じゃないですよね。

松本　ドイツと比べると、アラスカの方がセキュリティーは厳しかったですね。

岡　アラスカのときは、着物やカツラがバラバラになったらいけないというので、夢先生が全部をまとめて持って行ってくれた。大変でしたね。

松本　カツラが荷物受け取りのコンベアで倒れないか心配で。衝撃で紐が切れたら大変でしょ。心配してたんだけど、大丈夫でほっとしました。

芝居を支えた衣装担当

岡　みかん一座は、いろんなタイプの芝居があるから、縫いものも多いですよね。

戒田　縫いものの上手な人が受け持ってくれて……。

安部・田中　上手じゃないけど……（笑）。

戒田　安部さんと田中さんは、子ども組の保護者として始まり、長い間ずっと衣装を縫い続けてくれましたよね。

田中　ドイツ公演の忍者の衣装は、黒いハッピを何枚縫うたかね。20〜30枚縫ったと思うけど、大変でした。

戒田　シーボルト・ギムナジウムという学校の子どもたちも参加するのだけど、金髪とか髪の毛の色がいろいろなので、江戸時代の話の中でどんな役がいいかと考えた結果、忍者役なら黒で顔以外覆うから違和感がないと思ったんです。

田中　黒い布を買ってきて、ひたすら縫いましたね（笑）。

戒田　それをドイツに持っていって、代表の子に着せたら、みんなが笑い転げた。現地の新聞の取材もありました。忍者の衣装で載ってた。（笑）

安部　でも、きれいでしたよね。黒で統一されて……。

戒田　その忍者の衣装で「長英ランナウェイ」というダンスを踊ってもらいました。

それと、「青い瞳を忘れない」のとき、水兵さんが登場して「月月火水木金金……」って踊る衣装も作ってもらった。

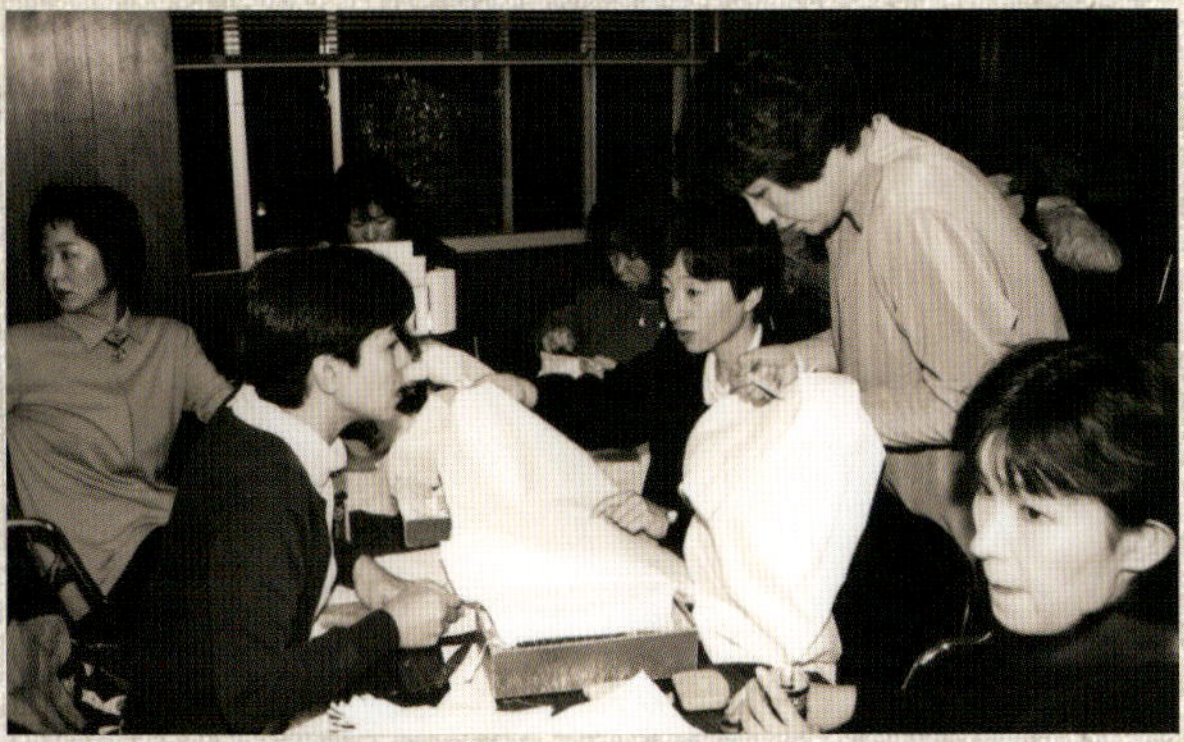

安部　当時、子どもの母親が何人も集まって練習場にミシンを持ち込んで水兵さんの白いズボンと上着と帽子を何十枚も縫うたねぇ。

田中　みんなで、子どもたちの練習も見ながら、ダッダダッダ縫って楽しかった。

最近は、小糸啓子さんが、みかん一座の衣装をたくさん作ってくれています。

安部　ありがたいです！

ガムテープとホッチキス

戒田　芝居のなかで意地悪な産婆さんがおイネさんをいじめるシーンがあって、踊っているうちに本気になったのか、おイネさんの着物の袖が引っ張られて破れてしまった。

岡　みんな、破れた瞬間、どうしようって目が点になった。

戒田　片手で抑えて舞台袖に入った瞬間、みんなが待ち構えていて……。

安部　まずはガムテープで裏からくっつける。見えないところはホッチキスでとめる。

戒田　何事もなかったように、私は舞台に出て演技する。

田中　そして、休憩に入ったら座長の着物を脱がせて、安部さんが針と糸でしっかりと縫っていった。そして、着物を着せる。

岡　あれはすごい時間だった。

安部　追い詰められたら、なんとかなる。（笑）

田中　それまでも裁縫箱は必需品だったけど、それからは衣装係もガムテープとホッチキスは必需品になりました。

なぜか、残された下駄ひとつ

岡　これは、アラスカから帰ってきて、ありがとう公演の時のこと。全ての芝居が終わり、フィナーレで座長が舞台に出ていったとき……。

舞台袖に下駄が片方残ってる。え？と思って、座長の足元を見ると…下駄と草履を片方ずつ履いている。うっそー、と思ったけどどうしようもない。

戒田　なんで、一つずつ履いたんやろね。

岡　足にパッと入ったのを履いて、そのまま気付かずに出ていったのかな？

戒田　客席からは見えてなかったからいいけど。

安部　いや、下駄は黒いし、草履は白い…。

戒田　草履の片方は、どこにいったんかなあ？　不思議なことがあるもんだ。

魔法をかける

岡　昔、スタッフが集まって、どうすれば座長の思いを叶えることができるか、よく話し合いました。

みんな若くて経験もないので、座長から「あそこで光がいる」と聞いたら、練習が終わった後、みんなでご飯を食べながら、「どうしよう」って言って。「座長は全体を見て考えている。それは絶対必要なんだ」って私が言ったら、舞台監督の日之西さんが「俺たち、節ちゃんの信者なのかな」とか言ってましたね（笑）。私たちは座長の希望をいかに叶えるかを考え、「節ちゃんは、もう……」ってブツブツ言いながらもニコニコしてるんです。

戒田　そんな会議をしてくれていたと後で知って、頭が下がりました。

照明は、担当の藤井くんにイメージを伝えると色を作ってくれて、自分が想像していた以上のいい場面にしてくれる。こだわっている部分は「こうしてくれ、ああしてくれ」と難題を突きつけることもあるけど、それを叶えてくれた。

藤井　僕の師匠は、照明マンであり、舞台監督だった日之西さん。照明のことを教わった会社の大先輩です。僕はその人の照明を見て、この道を歩もうと今の会社に入ったくらいです。照明は作る人によって演出が変わるほど重要なもので、照明のことで何か言われると、「わかりもしない素人が、何を言いよるんか」と思う人もいるし、「こっちはプロなんだから文句をつけるな」という人もいる。しかし、あくまで演出家を最大限に尊重し、そのなかで「こういうふうにしたらどうでしょうか」と提案するのが僕らの仕事だと思うんです。イメージを具現化していって、知恵を絞って考えるわけです。でも、どうしても無理なところに明かりを出せと言われたら、どうしようかと（笑）。

戒田　ここで蛍を飛ばしてとか（笑）。

藤井　でも、結果的にすごく良かったと言ってもらうと、やって良かったという励みになる。それらの積み重ねで僕のことを信頼してくれて、安心して任せてもらえるようになる。

戒田　私の言いかたは、例えば「春の日差しの中で心が幸せいっぱいになるような明るさ」とか、抽象的に伝えることが多いんだけど、それを具体的に作ってくれる。びっくりするほどイメージ通りで、嬉しくってよく踊るんよ。

岡　踊るほど嬉しいんよね、座長は。長年のお付き合いの中でわかり合えることって多いです。初めての人だと、なかなかイメージ化できないかも…（笑）。

戒田　プロの役者さんなら、演技力だけで観客を魅了させられるかもしれないけれど、みかん一座はアマチュアの皆さんなので、演出の仕事というのは「いかに魔法をかけるか」だと思っています。衣装を着て、ヘアー、メイクをすると、姿勢や顔つきが変わってくる。舞台のセットを造ってもらって、照明が当たって、音響が入る。そうすると、人ってすごく変わりますよね。練習中には見せなかったような表情とか演技力が出てきます。それらを補っていくのが周りのスタッフですから、演出家としてスタッフの皆さんにお願いしていくのが私の役割なのかなと思ってるんです。

海外公演で通じ合ったプロ同士の職人感覚

藤井　海外で仕事をするのはドイツが初めて。下見はしているけど、勝手が違いすぎる。照明の図面を書こうとしたら「図面はいらない。どういう照明が欲しいか、要望を言ってくれ」と言うんです。こういう照明が欲しいと要望を伝えると、向こうの人がバーンと照明を見せてくれて、吊り込みをしてくれる。あそこの明かりを何十パーセント落としてくれと言うと、きちんと準備してくれている。

驚いたのは、ドイツはオペレートする人と吊り込みをする人は、ランクに大きな差があります。オペレートする人は試験があってマイスターという免許を持っている。その人しか機械に触れないんです。マイスターは指示をするだけで、吊り込みはしない。日本だと、照明をする人は吊り込みもしてしまう。海外では勝手がわからないから自分でやろうとすると、それはやらなくていいと言われました。休憩のときに、向こうの若いスタッフとコーヒーを飲みに行って片言の英語で会話をしてたら、名刺にオペレーターと書いてあるのに、どうして他の作業をするのかと聞かれたので、日本では全部やるんだよって言ったら納得してくれましたけどね。

照明の作業

戒田　国によって、やり方が違うんよねえ。

藤井　アメリカではユニオン(組合)で決められている。

戒田　海外の大きな公演が二回あって、私たちにしたら未知の世界へ飛び込んでいったようなものだけど、ほかにも東京とか、いろんなところへ泊まりがけで行って、現地の人たちと一緒に進行してきたよね。一緒にものを作っていくと心が自然につながっていったね。

中村　アラスカで一生懸命働いている人がいた。その人の仕事ぶりに「GOOD JOB!」と言って褒めたら、次来たときにサーモンの燻製を持ってきてくれた(笑)。それ以来、妙に仲良くなったんですが、日本人を褒めるのと同じなんですよ。一生懸命働いてくれる人との関係は強いものになる。言葉が通じなくても、必ずわかってくれるんだなあと思いました。

戒田　ドイツにしてもアラスカにしても、現地のスタッフと日本から行った数人のスタッフだけで全部やってしまうのがすごい！ 機械も違うのに……。

藤井　照明だと、海外で公演するとなったら、大体日本から照明のチームがごそっと行って作業するのが普通なんです。だけど、みかん一座は、1人で行って、あとは全部向こうのスタッフ。会話は大変だけど、こっちは1人しかいないので、向こうのスタッフにお願いするしかない。拙い会話でコミュニケーションを取りながら頼みましたね。

英語で出してたつもりのキューは、すべて日本語だった！

中村　アラスカ公演のとき、自分は英語を使ってるつもりで、片言の英語でも通じてたんだと思ってたのに、撮影されたビデオを見てみると全部日本語で指示を出してて、向こうの舞台監督もOKとか言ってる（笑）。自分自身もびっくりでした（笑）。

藤井　僕は照明を操作する調光室で、向こうのスタッフと2人きり。中村さんからの合図はインカムというレシーバーで聞こえてくるんですけど、わけのわからんキューを出してるんですよ（笑）。このキュー、外人さんには伝わらんやろなと向こうのスタッフに話してた（笑）。

中村　図面を見ながら、向こうの舞台監督に「OK?」と確認を取ってたんですが、インカムで出してたのは英語じゃなくて日本語だから、そりゃあ向こうの人にはわけがわからんでしょう（笑）。

戒田　でも、それでよく舞台が進行できたよね（笑）。

中村　その通り（笑）。

戒田　中村さんは、アラスカ公演が終わったときにオイオイ泣いてましたよね。

中村　言わんといて、恥ずかしい（笑）。

岡　私たちも、いつも泣く。舞台袖で。

松本　舞台の上では、芝居が滞りなく進行してるんだけど、その周りではみんなが走り回っている。自分の持てる限りの力を使って一生懸命働いて…。

田中　みんなが一つになって公演を成功させたから、感動できる。

安部　ドイツ公演の時も、ドイツの人たちと私たちスタッフが一緒になって抱き合って歌って、感動の涙が溢れました。

アラスカ公演日米スタッフ

アラスカ公演
本番前のミーティング

フィナーレは
スタンディング
オベーション

南海放送アナウンサーとしての　戒田　節子

昭和56年（1981）4月、南海放送へアナウンサーとして入社した節ちゃんは、テレビのニュースキャスター、全国放送の地方からのリポーター（女のネットワーク、朝のホットライン、トップテン、ベストテンなど）、民謡・娯楽・教養などの番組を数多く担当。

ラジオでは、DJ、ワイド番組のパーソナリティー、民謡、演歌などの歌番組、インタビュー番組、朗読番組……。また舞台の司会など、あらゆるジャンルの仕事をしてきた。

七色の声を持ち、表現力の豊かさで、それぞれの番組の特徴を出し、ディレクター業務からアナウンス、録音までワンマンで制作している番組やCMも多い。また、スポンサーからの信頼が高く、長寿番組を数多く担当。

入社以来「心に太陽を、くちびるに歌を」をモットーとし、地域の人たちと手をつなぎ、放送局の大切な役割でもある「故郷を元気にする」活動を続ける。

アナウンサーとしての仕事の領域を広げ、言葉や歌の持つ力を信じ〝歌って踊るアナウンサー〟として名物的存在であった。

37年間でアナウンスやCMなどのコンテストで全国最優秀賞をはじめ、約50もの賞を受賞した。

平成30年（2018）4月30日、みかん一座の公演舞台上で社長から辞令を受け取り、定年退職。

入社から定年までずっと現役でアナウンサーを務めることができた社員は、彼女が南海放送の記念すべき第1号だ。（川崎）

入社時　同期と

定年退職辞令交付式

歌のない歌謡曲を卒業

平成30年3月30日金曜日、担当して33年3カ月で卒業。最後の曲は「愛燦燦」でした。33年生まれの私はこんなに3が並ぶ日に卒業できるのは奇跡だと思いました。次にバトンタッチした月岡瞳アナウンサーはなんと33歳でした。

月岡アナウンサーと

懐かしのイベント

「えひめの酒杯・えひめカラオケ歌謡大賞」決勝戦では、毎年ゲストと愛媛の地酒で乾杯。

カラオケ列車

ラジオ番組「青春キャンパス」のイベントで大街道で人の鎖をつないだ。

松山城天守閣から生放送

南海放送アナウンサーとしての戒田節子

思い出せば……

私が入社したころ、女性の先輩方はほとんど20代でした。そして、松沢はつみ先輩が結婚退職した後、私は28歳で女子アナの最高齢になりました。

男女雇用機会均等法が昭和61年（1986）4月に施行されてから、女性の働き方にも変化が出ていました。例えば、施行前、テレビのニュースキャスターは女性もしていましたが、それ以外のテレビ、ラジオのニュースは女性は読んでいませんでした。深夜業務もありませんでした。それらが一気に男性と同じになりました。

また結婚しても出産しても働き続ける女性が多くなりました。昔では考えられない年齢構成、環境です。アナウンサーだけではなく、ディレクターや他の部署で働く女性の年齢も幅が広がり、職場で活躍する女性が増えてきました。男性に負けないたくましい女性も……。どんどん可能性を伸ばしてほしいです。でもね、やはり女性には女性特有の性質や体質があります。それも大切にしてほしいな、と思うのです。そして太陽のように輝いてほしいです。

37年間の間には、私はたくさんの先輩や同僚や後輩たちが退職するのを見送り続けてきました。いつも淋しさを感じながら…。

そして、とうとう私も見送られる時がきました。長い間、ありがとうございました。

南海放送のみなさんから卒業のメッセージをいただきました。

昭和59年（1984）女子アナ集合

平成2年（1990）女子アナ集合

年を重ねて

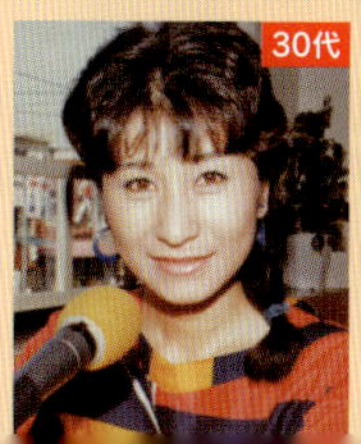

みかん一座と誕生日が同じ

南海放送 ラジオ局次長（アナウンサー）　永野　彰子

「あっこちゃん、お誕生日おめでとう！」8月1日に、毎年欠かさずメッセージを送ってくれる戒田さん。自分でさえ忘れてしまうのにと嬉しく思っていたら、「みかん一座の誕生日と同じだから、私にとっても大事な日なんよ――」光栄です。

私が入社したころ（昭和末期）、戒田さんはテレビの華。入社半年で「なんかいニュースToday」のキャスターに抜擢され、8年間、女性キャスターとしてきりりとニュースを読み、情報番組「朝のホットライン」では、歌か演技かコスプレか、きょうはどんなスタイルで登場する？　と、毎回全国のファンを楽しみにさせた「愛媛の節ちゃん」として存在感を示していました。そんなカリスマ的存在でありながらも、本番や撮影が終わると、「いまのインタビュー変じゃなかった？」「これでいい？」と、不安な少女のように、新人の私たちに聞いてくる、そのギャップをいとおしくも感じました。必ず誰かに意見を乞うという、仕事に対する謙虚な姿勢は、大・大ベテランの今でも変わりません。

昔、南海放送のスタジオから、自作の歌を全国放送で生で歌ったり、最近では、日テレの「スッキリ」で、愛媛のスイーツをミュージカル風に紹介したりした節ちゃん。また、上半身しか映らないテレビニュースの時、原稿を読むのに夢中でだんだん足が広がっていくので、新人フロアディレクターが目のやり場に困ったらしいとか、ニュース原稿にすべてふりがなを振り、カタカナにまで振っていたらしいとか、まことしやかな伝説も数々持つ節ちゃん。100年に1人のアナウンサー節ちゃんの後輩でいられて幸せです。

その髪型は何？　戒田くん

女学生

はりまや橋で純信和尚

茶摘み娘

坊っちゃん

「一休さん」のさよちゃん

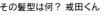

南海放送アナウンサーとしての戒田節子

みかん一座に一番多く出演

南海放送 アナウンス室 室長(アナウンサー) 寺尾 英子

1990年、新人の私が産休明けの戒田さんと初めて会ったのは入社4カ月後。TVの初取材もその頃だったでしょうか。宿泊体験をする子どもたちの野外ロケでのこと、まだ打ち解けていないのか、キャンプファイヤーは今一つ盛り上がっていませんでした。「おまえ中へ入って盛り上げてこい」「えっ！ 私がですか？」それはディレクターの声ではなく、ロケ車のベテラン運転手さん。「節ちゃんだったらこの場をひとつに盛り上げるぞ」(……戒田さんにはなれない)アナウンサーという壁に、戒田節子という壁にぶつかった瞬間でした。28年も昔のことを今でも覚えているのは、戒田さんのサービス精神には見習うべきところが多く、それがいかに大切かを知り、そして、まだその域に達せられない私の秘めた護符として、場面場面で思い出し、勇気をもらっているからです。

戒田さんが「アナウンサー」という肩書に収まりきらないこと、皆さん気付いているはず。実際いろいろな肩書をお持ちだとは思いますが、節ちゃんは「アナウンサー」の仕事が好きで、誇りを持っていました。自分が枠に収まりきらない〝奇跡〟の存在であるとも気付かず……。

ちなみに、戒田さんを奇跡と呼ぶ田中和彦社長。私としては、2人が先輩後輩として出会い、数々の作品を生み育ててきたことこそが〝南海放送の奇跡〟だと思っているのです。

南海放送本社移転、最後の公開ラジオドラマより

テレビ番組、アナウンサー＆キャピー大集合

平成最後の「のど自慢大会」

入社以来、いろんな男性アナウンサーとコンビを組んで35年司会をしてきた。

3歳の頃の「えひめ憲一」くん

日切地蔵まつりのど自慢大会

ジワジワくる……。語りつくせぬ、節ちゃんのドジ。

顔を見たらしっかりしてそうだけど、実はみんな、節ちゃんのドジに青くなったり赤くなったり、笑い転げたり……、失敗談はたくさんある。その中から……

◆同期・山下泰則アナウンサーの証言

●台風情報を読むために夜中まで会社にいたら、ラジオの放送が変なので、おことわりコメントを入れるように連絡が入った。その番組は節ちゃんの「ミッドナイトランデブー」。節ちゃん、テープを逆にセットしたため、言葉が逆回転になり何語かわからないまま放送された。前代未聞の放送事故。

●夜勤中、会社2階の部室にいると、節ちゃんから電話。「夢中でラジオ番組の録音をしていたら夜中になってて、スタジオの外の電気が消えて真っ暗で怖くて出られない」。私は1階のスタジオまで走って迎えに行きました。

●会社内の階段を上がっていたら、荷物を抱え駆け下りて来た節ちゃん。階段を踏み外してこけそうになった時、私は手を差し延べ支えようとした。しかし…支え切れず…。節ちゃんは十数段きれいに滑り落ちた。

●節ちゃんとコンビでテレビショッピングを担当。ある生放送の時、節ちゃんは、双眼鏡を覗きながら「よく見えまーす!」と、大きな声で言ったが「それ、反対ですよ」と私が指摘すると、節ちゃん、真っ赤。
しかし、その商品はかなり売れた。

●JR松山駅からSLが宇和島まで走る。節ちゃんとキャピー2人がSLに乗ってリポート。私は、生放送のスタジオから呼びかけた。「今、列車の中ですか?」すると、節ちゃんの悲しそうな声。「お弁当買ってたら乗り遅れて……」
スタジオ中爆笑! キャピーの2人は忘れられない思い出になったそうです。

◆兵頭英夫先輩の証言

●本社が道後樋又にあったころ。報道の夜勤だった私のもとに、節ちゃんから電話。「帰宅中に護国神社前の道路の真ん中で車が止まった」という。私は、門田秀広アナウンサーと2人でとんで行った。原因はガス欠。節ちゃんを乗せた車を、私たちは後ろから押して会社まで運んだ。重かったー!

◆大阪支社 歌なし担当営業マンたちの証言

●パナソニック提供の「歌のない歌謡曲」は、毎年全国コンクールが大阪で行われる。方向音痴の節ちゃんは、いつも大阪支社まで来るのに迷うので迎えに行ったことも……。梅田駅から支社までは歩いて10分もかからないのだが……。
33年間通って最後の5回くらいは1人ですんなり行くことができたらしい。

◆昔のイベント担当者の証言

●昔のイベントで、節ちゃんは笑顔で「雪印のジャーポット」と紹介していた。それ、象印でしょ。

南海放送アナウンサーとしての戒田節子

機器で危機が来る

ブログ（節子の部屋より）２００６年12月6日

スタジオの機材がデジタル化し、パソコンが超苦手な私は、パソコンを使って録音をすると聞いたとたんに身震いして、じんましんが出るほどでした。だけど、仕事をするにはどうしてもやらないといけない。覚悟を決めて立ち向かったけど……。

13分の録音に4時間かかり、終わった時には目のまわりが真っ黒。殴られたんじゃありません。疲れて目がくぼみ、くまがひどくなり、失敗ばかりする自分が情けなくて悔しくて、涙が出てきて……。そんなこんなで、真っ黒になったのです。心の中は真っ暗でした。…このまま…しごと…つづけられないかも……。肩を落としてとぼとぼ歩く自分が小さく見えました。

でもね、でもね、「私はこの仕事が好きで続けてきたんだもの。頑張らないと！」と次の日、再びスタジオで録音。初日よりは時間が短くなった。よし！とにかく時間を短縮していこう……と緊張しながらの毎日。パソコンは、時々怪奇現象？が起きるので四苦八苦だけど、なんとかクビにならずにいます。

何かで壁に当たっているあなた、あきらめないで！ 努力したらきっと道は開けるから……。

私も今、そう言い聞かせて頑張っています。

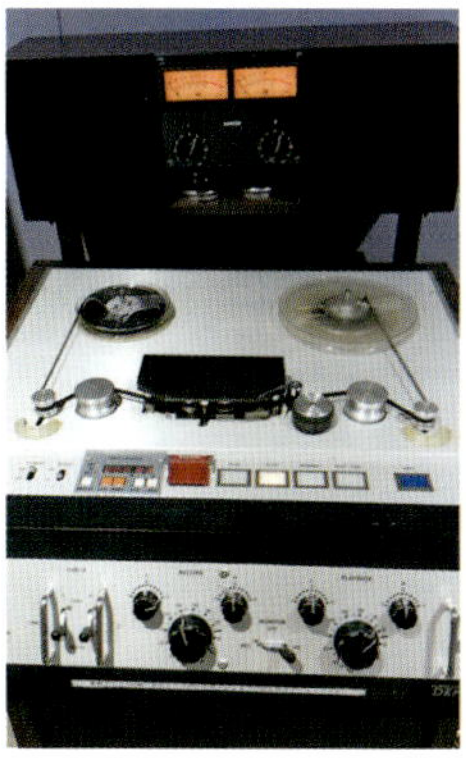

昔のオープンデッキ

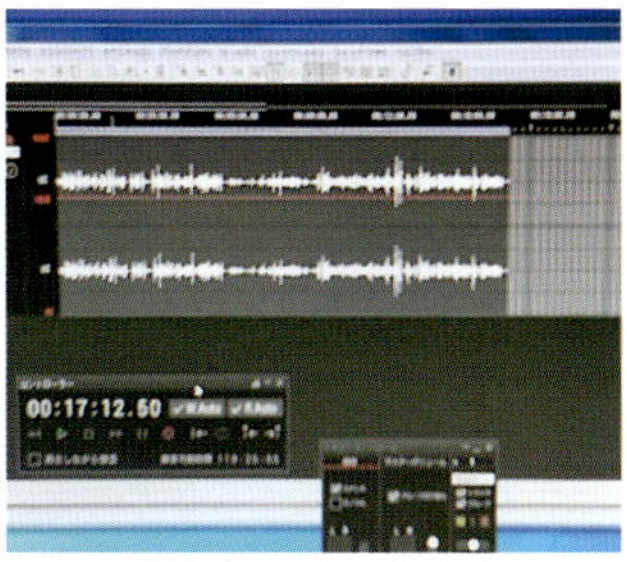

今はパソコンで仕事

南海放送創立60周年のイメージソングとして作詞・作曲をさせていただいた「感謝 感激 ありがとう」を、当時のアナウンサーの後輩たちと手話を交えながら歌って、テレビ放送されました。この映像は私にとってかけがえのない宝物になりました。

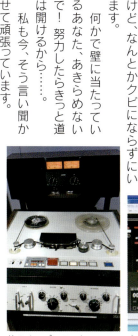

巻き込む力

初代メンバー・本書デザイン担当　福田　隆

「巻き込む力」だと思う。

「巻き込むなんて……、ひどい……！」

それが、僕と節ちゃんが、この本のタイトルについて話し合ったときの会話だった。僕は褒めてるつもりだったが、節ちゃんは傷ついたらしい。

でも僕は節ちゃんに巻き込まれたときの感動や快感を今も鮮烈に憶えているし、同じ感想を持つ人は多いはずだ。そうでなければ、しんどいだけで儲かりもしないミュージカル公演に協力しようなんて人はいない。

僕は節ちゃんと同い年。大学を卒業し、広告代理店に就職し、なぜか縁もゆかりもない松山に配属になった。あるクライアントから「あんた大学で演劇やってたの。戒田アナウンサーが劇団創るって言ってたから、覗いてみたら？」と言われ、「戒田節子」の顔も名前も知らなかった僕は、とにかく「松山のことを知らなければ」と南海放送に行ってみた。

その時、キラキラした人たちと出会った。特に印象に残ったのは、「ふくじゅそう」という姉弟デュオでCBSソニーからデビューし、松山で音楽活動をしていた和田耕一。何か新しいことをやりたいという元松山東高の生徒会長と副会長。そしてフリーライターのエメ。みんな同じくらいの世代で、スタッフとして参加している。「新しい何かをやりたい！」という熱気が渦巻いていた。

こんなメンバーを集めた戒田節子とはどんな人だろうと興味が沸いた。

だが、みんな思いはあるものの、演劇のスタッフ業務に関しては素人。特に大道具に関しては心もとない。それで僕は大道具の製作を買って出た。しかしみんな自分の役割に忙しくて手伝ってくれない。仕方ないので会社の寮の駐車場を占領し、同僚や友人をかき集めて作る始末。会社の先輩から苦情も出たが、みんな「仕方ない」と諦めてくれた。そういった意味では、僕も人を巻き込んだクチか。

この頃「松山ではちょっと前まで高校演劇が禁止されていた」という話を聞き、ビックリしたのを覚えている。思えば、当時は抑圧的な世相に対して日本中の若者が、「新しい何かをやりたい！」というエネルギーのやり場に困っていた時代だったように思う。

その後、僕と節ちゃんは、井上佳子さんのミュージカル劇団「イリュージョン」の立ち上げ公演「吸血鬼 in ジャパン」に恋人役で参加した。森田康二さんのミュージカル劇団「ＳＡＤ」の立ち上げ公演「ドラゴンクエストⅣ」には２人で敵《かたき》役で参加した。

もちろん、どちらも主役は節ちゃん。

ミュージカル劇団というのは、多くの人を巻き込み、巻き込まなければ成立しないもの。そして巻き込まれた一部の人たちはヤミツキになり、もっと演劇をやりたくなる。

そして僕が知っているだけでも「みかん一座」や「劇団イリュージョン」「劇団ＳＡＤ」のＯＢ、または次のミュージカル公演まで待てない多くの演劇人たちが、いろんな小劇団を創ったり、プロの役者になりたいと、東京の劇団に入団したりした。

坊っちゃん劇場の立ち上げ時にも節ちゃんは何かと越智社長の相談にのったりし、以後も協力関係にあるようだ。

つまり何が言いたいのかというと、戒田節子は多くの愛媛県民をミュージカルや演劇という依存性の高い世界に巻き込んだ、県内ナンバー・ワンの立役者ということである。

巻き込まれたことが、良いことか悪いことかは分からないが、いい気分になれた人、いい思い出を作れた人は結構いるんじゃないかと確信している。

ONE LOVE
〜ひとつの愛から〜

作詞 戒田 節子
作曲 能智 かおる

あなたがまいた ひとつの種が
芽をだし 葉をつけ 花を咲かす
そこからまた 種がおちて
いくつもの花が 開いてゆくよ
ワンラブ ひとつの愛
つなげれば 大きな愛になる

あなたが投げた ひとつの勇気
誰かにとどいて 心開かす
そこからまた 勇気がわいて
いくつもの笑顔 あふれてくるよ
ワンラブ ひとつの愛
つなげれば 大きな愛になる

「歌のない歌謡曲 金賞受賞 戒田節ちゃんを祝う集い」(2000年2月)

1984 ～1998

みかん一座のあゆみ

'84.12 ● **旗揚げ公演 ミュージカル「サンシャイン・アイズ」（松山市民会館中ホール）**
'86.07 ● **ミュージカル「吸血鬼 in ジャパン」（松山市民会館中ホール）みかん一座&イマジン**
'87.01 ● 「恋は魔法」（ラフォーレ原宿）劇団虹客演
'87.12 ● **ミュージカル「心に灯りがともるまで」（愛媛県県民文化会館）**
'88.08 ● **ミュージカル「キャプテン・ピーマンの島」（船上子どもミュージカル）**
'89.05 ● **ミュージカル「キャプテン・ピーマンの島」（唐子浜遊園地）**
'89.09 ● **ミュージカル「笑うまちかどラッキーカムカム」（松山市総合コミュニティセンター）**
'90.10 ● **ミュージカル「ドラゴンクエスト」（愛媛県県民文化会館）国民文化祭協賛、県内の劇団と共に**
'90.12 ● **ミュージカル「ジュンとアミの物語」（愛媛県県民文化会館）**
'91.07 ● **ミュージカル「心の奥の魔法の泉」（南海放送コアスタジオ）24 時間テレビチャリティー**
'91.10 ● **ミュージカル「心の奥の魔法の泉」（内子町内子座）内子座演劇祭**
'91.11 ● **ミュージカル「心の奥の魔法の泉」（県生涯学習センター）県演劇祭**
'91.12 ● **ミュージカル「サンタへの贈り物」（南海放送本町会館）市民クリスマスチャリティー**
'92.01 ● **ミュージカル「心の奥の魔法の泉」（松山市総合福祉センター）福祉センター祭**
'92.06 ● 子ども組を立ち上げる
'92.07 ● **ミュージカル「ひばりのこどもたち」（松山市総合福祉センター）献血キャンペーン**
'92.08 ● **ミュージカル「ひばりのこどもたち」（松山市総合福祉センター）24 時間テレビチャリティー**
'92.11 ● **ミュージカル「ひばりのこどもたち」（内子町内子座）内子座演劇祭**
'92.12 ● **ミュージカル「あしたがすき」（南海放送本町会館テルスターホール）市民クリスマスチャリティー**
● **ミュージカル「とっておきのおくりもの」（南海放送本町会館テルスターホール）**
'93.05 ● **ミュージカル「オランダおイネ・一番星咲いた」（宇和町文化会館）**
● **ミュージカル「オランダおイネ・一番星咲いた」（松山市総合コミュニティセンター）**
'93.11 ● **ミュージカル「オランダおイネ」（愛媛県県民文化会館）県民文化祭開会式**
'93.12 ● **ミュージカル「一日おくれのクリスマス」（南海放送本町会館テルスターホール）**
'94.08 ● 「道後温泉本館 100 周年記念イベント」（道後温泉特設ステージ）
● **ミュージカル「ひばりのこどもたち」（愛媛県生涯学習センター）24 時間テレビチャリティー**
'94.10 ● **環境ミュージカル「ゴミは町をよごしてる」（松山三越アトリウムコート）松山市消費生活展**
'94.11 ● **ミュージカル「ひばりのこどもたち」（県生涯学習センター）県演劇祭**
'94.12 ● **ミュージカル「夢見町・心の花を咲かすまで」（松山市総合コミュニティセンター）**
'95.04 ● **ミュージカル「春や昔、十五万石の城下のまちで」（松山市民会館）全国城下町シンポジウム松山大会**
'95.05 ● **環境ミュージカル「ゴミは町をよごしてる」（松山市総合コミュニティセンター）ゴミゼロフェスタ '95**
'95.06 ● **ミュージカル「ひばりのこどもたち」（味生第二小学校体育館）**
'95.07 ● 「いけないシンデレラ」（南海放送ラジオ）放送開始
'95.08 ● **ミュージカル「心の奥の魔法の泉」（松山市総合福祉センター）24 時間テレビチャリティー**
'95.09 ● **ミュージカル「心の花を咲かすまで」（三瓶文化会館）**
'95.11 ● 「ミュージカルコンサート」（三瓶文化会館）みかん一座&サスケ
'95.12 ● **ミュージカル「サンタクロースは誰だ」（松山市ハーモニープラザ）**
● ゲンさんのクリスマス出演（南海放送ラジオ番組）
'96.04 ● 「てくテクふるさとの春の伊予路祭り」（南海放送サンパーク）
'96.06 ● **環境ミュージカル「物の一生晴れのちくもり」（松山市総合コミュニティセンター）ゴミゼロフェスタ '96**
'96.08 ● もつとともロービクニック主演（南海放送コアスタジオ）
● 三瓶サマーフェスティバル（三瓶町）みかん一座&サスケ
● 「ONE LOVE」（南海放送コアスタジオ）24 時間テレビチャリティー
● 「ボランティア賛歌出演」（松山市総合コミュニティセンター）
'96.10 ● 本町会館 20 周年記念（南海放送本町会館テルスターホール）
● もぎたてテレビ出演（南海放送本町会館テルスターホール）
● **環境ミュージカル「物の一生晴れのちくもり」（砥部町中央公民館）**
'96.11 ● 「経済同友会」（アイテムえひめ）みかん一座&サスケ
● 「県民文化祭開会式」（愛媛県県民文化会館）
'97.01 ● 「愛媛の演歌を語る夕べ」（南海放送本町会館テルスターホール）
'97.03 ● 「いい色咲かそう得ダネフェア」（リーガロイヤル新居浜）
● 「銀天街で Nancy-On」（南海放送ラジオ番組）
'97.06 ● 愛歌クラブ「長屋の若様」出演（松山市民会館）
● **環境ミュージカル「ゴミおばけの出る町は」（松山市総合コミュニティセンター）ゴミゼロフェスタ '97**
'97.08 ● 「松山祭りミュージックナイター」（松山市営球場）
'97.10 ● 「ストリートコンサート」（大街道商店街）24 時間テレビチャリティー
● 出本秀の会出演（松山市民会館）
● **環境ミュージカル「リサイクルミュージカル」（愛媛県県民文化会館）**
'97.11 ● 「全国レクリエーション大会閉会式」（北九州市小倉北九州国際会議場）
'97.12 ● **ミュージカル「青い瞳を忘れない」（松山市総合コミュニティセンター）**
'98.01 ● **ミュージカル「並んで一緒に」（松山市総合コミュニティセンター）松山市男女共生フォーラム**
'98.03 ● 「ナショナル春ほんのり祭り」（リーガロイヤル新居浜）
'98.04 ● ラジオ番組「みかん星交響曲」放送開始（南海放送ラジオ）

1998 ～2002

'98.05 ●「全広連イベント」（岐阜県）
'98.06 ● **環境ミュージカル「わたしたちの地球だから」（松山市総合コミュニティセンター）ゴミゼロフェスタ '98**
'98.08 ●「幸せのプレリュード、それは今…」（南海放送本町会館テルスターホール）
●「サンパーク花火大会」（南海放送サンパーク）
● **環境ミュージカル「わたしたちの地球だから」（南海放送コアスタジオ）24 時間テレビチャリティー**
●「柳井町延命地蔵まつり」（柳井町公園）
'98.09 ●「全国レクリエーション大会閉会式」（南海放送サンパーク）
'98.10 ●「アナウンサー祭り出演」（南海放送本町会館テルスターホール）
●「しまなみ海道' 99 プレステージ愛媛」（愛媛県県民文化会館）
● **環境ミュージカル「今、始めよう、わたしたちにできること」（アイテム愛媛）県環境ミュージカル**
●「宮窪町秋祭り演芸大会」（宮窪町）
●「全国アイスフォークダンス前夜祭」（番町ホテル）三笠宮親王殿下の前で
'98.11 ●「倫理法人会いい夫婦の日イベント」（南海放送本町会館テルスターホール）
'99.01 ●「愛媛の演歌を語る夕べ」（南海放送本町会館テルスターホール）
'99.02 ● **ミュージカル「ひばりのこどもたち」コンサート「春よ来い」（愛媛県生涯学習センター）**
'99.04 ● 愛歌クラブ「母恋桜」出演（松山市民会館）
'99.05 ● 戒田座長＝愛媛県文化協会奨励賞受賞
●「ようこそ愛媛へ」全広連愛媛大会開会式（愛媛県県民文化会館）
'99.06 ● **環境ミュージカル「今、始めよう わたしたちにできること」（松山市総合コミュニティセンター）ゴミゼロフェスタ '99**
'99.07 ● 平成教育委員会コンサート出演（愛媛県県民文化会館）
●「ふれあいコンサートショー」（北久米小学校体育館）
'99.08 ●「松山祭りミュージックナイター」（松山市営球場）
●「経済同友会納涼会」（松山国際ホテル）
●「24 時間ボランティア参加」（南海放送本町会館テルスターホール）
●「歌って踊ってジャジャジャジャーン!」（市駅前特設ステージ）日切地蔵まつり
'99.09 ●「健康まつりと福祉大会」（内子町トレーニングセンター）
● **環境ミュージカル「今、始めよう わたしたちにできること」（三間町町民会館）**
'99.10 ●「宮窪町秋祭り演芸大会」（宮窪町）
●「しまなみ海道 '99 多々羅夢ステージ」（多々羅夢ステージ）
'99.11 ● **ミュージカル「ひばりのこどもたち」（愛媛県県民文化会館）**
● 県民文化祭開会式（愛媛県県民文化会館）
● ヴュルツブルク宇和町展オープニングセレモニー出演（ドイツ）
'99.12 ● **ミュージカル「ひばりのこどもたち」（三瓶文化会館）**
'00.01 ●「平成 12 年愛媛県年賀交換会」（愛媛県県民文化会館）
'00.02 ●「歌のない歌謡曲金賞受賞戒田節ちゃんを祝う集い」（南海放送本町会館テルスターホール）
'00.05 ●「松山ライオンズクラブ記念パーティー」（全日空ホテル）
●「経営研究会全国大会」（ホテル奥道後）
● **環境ミュージカル「たったひとつの地球だから」（松山市総合コミュニティセンター）ゴミゼロフェスタ 2000**
'00.06 ● まつやまふるさとウォーク「坂の上の雲を歩こう」（松山大学～松山城）
●「愛歌クラブ公演」（松山市市民会館）
'00.08 ●「松山まつりミュージックナイター」（松山市営球場）
●「ワニ夫のなみだ」上映会（南海放送本町会館テルスターホール）24 時間テレビチャリティー
● **ミュージカル「みかんの花が咲いている」（松山市総合コミュニティセンター）**
'00.09 ●「民教協パーティー」（南海放送本町会館）
'00.10 ●「第 43 回松山日商連全国大会」（愛媛県県民文化会館）
'00.11 ● 松山市観光協会おいでんか松山（TBS 会館前／東京都）
● 愛媛松山愛郷会総会&懇親会（赤坂プリンスホテル／東京都）
● 劇団四季芸術センターへ（神奈川県横浜市）
● **環境ミュージカル「今、始めよう わたしたちにできること」（野村町野村公会堂）**
'01.01 ●「ことばのちから」（松山市役所）松山市イベント
●「松山市国保事業 40 周年記念式典」（松山市民会館）
'01.02 ● **ミュージカル「ひばりのこどもたち」（瀬戸町瀬戸町民センター）**
● **環境ミュージカル「今、始めよう わたしたちにできること」（宇和町文化会館）**
●「河野兵市さん壮行会イベント」（南海放送本町会館テルスターホール）
'01.04 ●「韓・日文化交流祭」（韓国・ソウル）
'01.05 ● **環境ミュージカル「しあわせってな～に?」（松山市総合コミュニティセンター）ゴミゼロフェスタ 2001**
'01.08 ● **ミュージカル「オランダおイネ・一番星咲いた」（宇和町文化会館）**
●「愛媛だワッショイ!」（山口県きらら博会場）
'01.09 ●「愛媛県レクリエーション協会 20 周年記念」（南海放送本町会館）
'01.11 ●「愛媛県いよかんフェア」（東京駅・羽田空港）
'01.12 ● **ミュージカル「賢者のおくり物」ジュンとアミの物語（南海放送本町会館）**
'02.02 ●「ONE LOVE コンサート」重信町民会館大ホール
●「愛媛県みかんフェア」（東京駅・羽田空港）

2002 ～2008

みかん一座のあゆみ

'02.03 ●「大街道リニューアルオープンセレモニー」（大街道１丁目商店街）
'02.06 ● **環境ミュージカル「この地球誰のもの?」（松山市総合コミュニティセンター）ゼロエミフェスタ 2002**
'02.07 ● 松山市市民大清掃開会式「おそうじダンス」（番町小学校グランド）
'02.08 ● **ミニミニミュージカル松山青年会議所 50 周年式典出演　（愛媛県県民文化会館）**
'02.09 ● **ミュージカル「春や昔 十五万石の城下のまちで」（愛媛県県民文化会館）**
'02.11 ● **ミュージカル「並んで一緒に」倫理法人会いい夫婦の日（南海放送本町会館）**
● **環境ミュージカル「この地球、誰のもの?」（保内町文化会館）**
'03.01 ●「金子みすゞの世界」～私と小鳥と鈴と～（愛媛県県民文化会館）
'03.05 ● **ミュージカル「もったいないけん!」（松山市総合コミュニティセンター）ゼロエミフェスタ 2003**
'03.08 ●「24 時間テレビチャリティーコンサートショー」（南海放送本社コアスタジオ）
'03.10 ●「南海放送 50 周年記念イベントなつかしのメロディー」（南海放送本社コアスタジオ）
'04.01 ●「ふれあいコンサート」（生石公民館）
'04.02 ●「生涯学習フェスティバルプレイベント」マナビィフォーラム（愛媛県県民文化会館）
'04.04 ●「ドイツ公演発足会」（南海放送本町会館）
'04.05 ●「倫理法人会四国大会」（ホテル奥道後）
'04.06 ●「しまなみウォーク」（多々良ステージ）
●「第 22 回土砂災害防止推進の集い」（愛媛県県民文化会館）
'04.07 ●「シルバー人材センター四国中央市総会」（伊予三島会館）
'04.09 ●「経済同友会関西大会」（全日空ホテル）
'04.10 ●「ゆめみかん夕涼み会」（保内町文化会館）
●「ドイツ公演壮行会」（西予市宇和パーク）
●「松山里山ウォーク」（砥部総合公園）
● **日独国際文化交流事業／ヴュルツブルク市 1300 年記念／みかん一座 20 周年記念**
ミュージカル「シーボルトの娘イネ」（ドイツヴュルツブルク市マインフランケン劇場）
'04.11 ● **凱旋公演　ミュージカル「シーボルトの娘イネ」（松山市総合コミュニティセンター）**
'05.02 ● 小野ふれあいコンサート「みんなともだち」（小野小学校体育館）
'05.04～'06.03 ● 小野子どもの居場所づくり「ミュージカル教室」（小野公民館）
'05.08 ● **人権啓発フェスティバル 2005 ミュージカル「ひばりのこどもたち」（松山市総合コミュニティセンター）**
● 松山まつり 野球拳踊り（千舟町通り）
● コンサートショー“24 時間テレビチャリティー”（愛媛大学キャンパス）
'05.09 ● **戦後 60 年平和のつどい ミュージカル「どんな時も希望をすてず」（松山市総合コミュニティセンター）**
●「敬老会訪問コンサート」（特別養護老人ホーム愛寿荘）
'05.11 ● 西予市 明浜発「みかんのうた」製作発表（西予市歴史博物館）
'05.12 ●「慰問コンサート」（小規模多機能施設 福角）
'06.01 ● **松山市合併 1 周年記念ミュージカル「このまちで」（北条地区・中島地区）**
'06.03 ● **松山市ことばの力イベント ミュージカル「この街で～あなたと一緒に～」（松山市民会館中ホール）**
'06.05 ● 西予市 明浜町 南こうせつピクニックコンサート「みかんのうた」コンサート（明浜シーサイドパーク）
● 愛媛経済同友会「美しいまちづくり賞」受賞（愛媛県県民文化会館）
'06.07 ● カンボジア アライン村に井戸を贈る
'06.08 ● 三瓶 ロディオ前夜祭 みかん一座・サスケコンサート（西予市 三瓶町）
● 松山まつり 野球拳踊り（千舟町通り）
● 子ども文化サマースクール（愛媛県生涯学習センター）
'06.11 ● **3R 推進中国四国地方大会 環境ミュージカル「もったいないけん」（愛媛県県民文化会館 サブホール）**
● **県民文化祭 開会式 ミュージカル「漱石坊っちゃん」（愛媛県県民文化会館 メインホール）**
● RNB さよならイベント“ほほえみがえし”（道後樋又南海放送 コアスタジオ）
● 松山市環境パレード参加（大街道～銀天街）
'06.12 ●「夢へんろ～どんな時も希望をすてず～」発足会
'07.6.3 ● **ミュージカル「夢へんろ～どんな時も希望をすてず～」（東京吉祥寺 前進座劇場）**
'07.6.23・24 ● **ミュージカル「夢へんろ～どんな時も希望をすてず～」（松山市民会館）**
'07.07 ●「みんなで わくわく しませんか!」コムズコンサート（松山市男女共同参画推進センター）
'07.08 ●「我が輩は狸である」子ダヌキ参加（坊っちゃん劇場）
● 24 時間テレビ チャリティーコンサート（南海放送テルスターホール）
●「平成 19 年度 愛媛県地球温暖化防止活動 推進員等研修会」（えひめ共済会館）
'07.10 ● 松下電器「お江戸だ ワッショイ コンサート」（リーガロイヤルホテル新居浜）
● 南海放送ありがとうまつり!「歌って Eco しよ!」（南海放送テルスターホール）
● 戒田節子座長 循環型社会形成推進功労者として環境大臣表彰
'07.11 ●「地球温暖化防止フェスティバル 2007」（アイテムえひめ）
'08.01 ●「里山へ行こう! たぬきでごじゃる in 大黒座」（大黒座）
'08.02 ● みかん一座 南海放送賞を受賞（南海放送テルスターホール）
●「まつやま農林水産まつり」（アイテムえひめ）
● 戒田節子座長 環境大臣から 3R 推進マイスターを任命される
'08.03 ●「青い瞳を忘れない」西予市オーディション（西予市宇和文化会館）
'08.05 ●「ライブ アース まつやま」

2008 ～2010

	● エコ体操（愛媛 FC 試合会場 ニンジニアスタジアム）
'08.06	● エコ体操（マンダリンパイレーツ試合会場 坊っちゃんスタジアム）
	●「地球に Eco しょ! 体操」グランプリ in まつやま城（松山城山頂ひろば特設ステージ）
	● 愛媛県倫理法人会 20 周年記念パーティー（県民文化会館）
	● アサヒビール四国工場 10 周年記念コンサート」（西条市アサヒビール四国工場内）
'08.07	● **ミュージカル「青い瞳を忘れない」（西予市宇和文化会館）**
'08.8	●「松山ファミリー・サポート・センター」イベントでコンサート（コムズ）
'08.9	● エヒメエココンテスト 中予大会（エミフル松前）
'08.10	● エヒメエココンテスト 県大会（伊予鉄高島屋）
	● 人権啓発フェスティバルでふれあいコンサート「みんな友だち」（テクスポート今治）
	● こどもの城 10 周年記念式典でコンサート
	● 第 32 回全国育樹祭に出演
'08.11	● 愛媛県レクリエーション大会でエココンサート
	●「全国産業廃棄物連合会青年部協議会全国大会」でミュージカルエコショー（松山市総合コミュニティセンター）
'08.12	● 新居浜でエココンサート（泉川小学校）
'09.01	●「メッセまつやま2009」でエコショー（アイテムえひめ）
'09.02	●「エネルギー博覧会2009」でエココンサート（高知県）
	●「ストップ!温暖化 一村一品大作戦全国大会」に出場（東京品川）
'09.03	● 徳島県でエコショー
	● **ラジオ遍路シンポジウムでミニミュージカル（大黒座）**
'09.05	● 野点まつりでコンサート（東温市総合公園）
	● へんろ道クリーンウォークでお接待コンサート（大黒座）
	● 中予キッズプロジェクトでエココンサート（えひめこどもの城）
'09.06	● まつやま食育フェスタでミュージカルコンサート（松山市総合コミュニティセンター）
	● 南予キッズプロジェクトでコンサート（愛媛県歴史文化博物館／宇和）
	● 東予キッズプロジェクトでエココンサート（愛媛県総合科学博物館／新居浜）
'09.07	● 伊予農ひまわりまつりでコンサート（ウェルピア伊予）
'09.08	● **みかん一座 25 周年記念公演 ミュージカル「サンシャイン・アイズ～輝け瞳!」（松山市民会館中ホール）**
'09.09	●「不動産フェア 2009」でコンサート（伊予鉄高島屋）
	●「エココンテスト」（アイテム愛媛）
'09.10	● **「日本赤十字社愛媛県支部 120 周年式典」でミュージカル「ひばりのこどもたち」（松山市総合コミュニティセンター）**
	●「いよし健康&福祉まつり」でコンサート
	●「門屋組創業 100 周年記念祝賀会」でコンサート
	●「西条市レクレーション大会」
	●「福角会祭」でコンサート
	●「西予市食育イベント」でミュージカルコンサート（宇和文化会館）
'09.11	●「えひめ教育の日」（松山市大街道）
	●「留学生日本語スピーチコンテスト」でコンサート（南海放送テルスターホール）
	●「自在市イベント」でコンサート
	●「わりばしサミット」でエココンサート（香川県さぬきこどもの国）
	●「親子で体力アップ」でコンサート
'10.01	●「第 31 回全国都市清掃研究事例発表会」でエココンサート（ひめぎんホール）
'10.02	●「松山市も農林水産まつり」でコンサート（アイテム愛媛）
	●「禅を聞く会」でコンサート（伊予鉄高島屋）
'10.03	● **座・東京みかんミュージカル「この街で～あなたと一緒に～」に飛び入り参加（東京・高円寺 2）**
'10.04	●「みかん色コンサート」でサスケさんと共演（ビビットホール）
'10.05	●「慰問コンサート」（デイサービス「真心庵」）
'10.06	●「中山町ホタルまつり」でコンサート（中山高校）
	●「まつやま水道フェスタ 2010」コンサート・新曲「ぽっちゃんチャチャチャ♪」（松山市大街道）
	● 座長、アノンシスト賞で CM 部門・活動部門ダブル全国最優秀賞受賞
'10.08	● **「新・道後寄席」で安西徹雄作の民話劇「母子梅」（子規記念博物館）**
	●「中国四国九州ブロック全国地域活動連絡協議会指導者研修会」でコンサート（松山国際ホテル）
	●「慰問コンサート」（ラ・ナシカもりまつ）
'10.09	●「ことばのちから」シンポジウムで「この街で」を踊る（松山市総合コミュニティセンター）
	● **座・東京みかんミュージカル「この街で～あなたと一緒に～」飛び入り参加（東京・四谷区民会館）**
	●「四国へんろ道文化遺産化の会、創立 10 周年記念フォーラム」でコンサート（コムズ）
'10.10	●「四国ブロック PTA 研究大会」でコンサート（ひめぎんホール）
	●「生命の碧い星」15 周年記念交流会でコンサート（松山全日空ホテル）
	●「消費者フォーラム」でコンサート・新曲「かしこい消費者になりましょう♪」（イオン新居浜）
	●「お城下ウォーク」でコンサート（城山公園）
	●「えひめ教育の日イベント」でコンサート（松山市大街道）
'10.11	●「留学生スピーチコンテスト」でコンサート（南海放送テルスターホール）
	●「健康日本 21」イベントで食育ダンス（愛媛県武道館）

2010 ～2013

● 「小野小学校創立 120 周年記念」でコンサート（松山市立小野小学校体育館）
'10.12 ● 「枝さん、節ちゃん、日本一おめでとう！」祝賀会（ホテル茶玻瑠）
'11.01 ● 「青年塾ワークショップ」（坊っちゃん劇場）
● 「中山町女性塾」でコンサート（中山町農業総合センター）
'11.02 ● 「学校 CO_2CO_2 削減コンテスト in 四国」で「こつこつ・なかま♪」披露（香川県高松市）
'11.03 ● TV「四国コツコツ省エネ仲間」に出演（四国四県で放送）
● 完熟一期座公演「人生いろいろ五色姫」に子ども組出演。（坊っちゃん劇場・伊予市民会館）
● 東日本大震災街頭募金（松山市駅前）
'11.04 ● 東日本大震災復興チャリティー LIVE「スマイル復活ラジオデイズ」に参加（南海放送テルスターホール）
● 「きさいや広場」でコンサート（宇和島）
● ハーモニープラザで「ふれあいコンサート」
● 「伊台・五明おやじの会」主催「親子たけのこ堀り」イベントでコンサート
'11.05 ● 「トワエモワコンサート」に参加（松山市民会館大ホール）
● 「愛媛県体育指導委員協議会研修会」でコンサート（砥部町文化会館）
'11.06 ● 「まつやま水道フェスタ 2011」でコンサート（松山市総合コミュニティセンターこども館）
● 「津山さゆりコンサート」に参加（松山市民会館中ホール）
● 「食育イベント」で「はやねはやおき朝ごはん」ダンス
'11.07 ● **ミュージカル「この街で～あなたと一緒に～」公演（松山市民会館中ホール）**
'11.08 ● 「夏祭りふれあいコンサート」（保内町）
● 「慰問コンサート」（グループホーム森松）
● 「慰問コンサート」（グループホームほたる）
● 「和田重次郎」発足式（南海放送グレイスホール）
'11.09 ● 「食育イベント」でコンサート（ウエルピア伊予）
● 「幼稚園運動会」でコンサート（県武道館）
● 「環境イベント」で幼児とコンサート（今治しまなみヒルズ）
'11.10 ● **「和田重次郎顕彰会展示会式典」ミニミュージカル（坂の上の雲ミュージアム）**
● 「留学生日本語スピーチコンテスト」（南海放送テルスターホール）
'11.11 ● 「西予市役所新庁舎落成」でコンサート（西予市役所）
● 「生涯学習祭り」でコンサート（ひめぎんホール）
'11.12 ● **ミュージカル「オーロラに駆けるサムライ」～和田重次郎物語～（松山市民会館中ホール）**
● **ミュージカル「オーロラに駆けるサムライ」～和田重次郎物語～（内子座）**
'12.01 ● 「禅を聞く会」で「まけないタオル」合唱（ひめぎんホール）
● 「八幡浜文化協会合同研修会」（ゆめみかん）
'12.02 ● 「JA 厚生連健康フォーラム」コンサート（愛媛県生涯学習センター）
'12.03 ● 「南海放送まつり」でコンサート（エミフル松前）
● 「食育イベント」でコンサート（ダイキ本社）
'12.04 ● 「JA おちいまばり 15 周年記念交流集会」コンサート（グリーンピア玉川）
'12.05 ● 「南銀天街まつり」コンサート（南銀天街）
● 「和田重次郎」報告会（コミセン大会議室）
'12.06 ● 「水道フェスタ松山」コンサート（コミセンこども館）
● 「食育イベント」コンサート（ダイキ）
● TV 番組「みきゃんと探そう、集まれえひめの愛顔キッズ！」放送（子どもたち出演）（南海放送テレビ）
'12.07 ● 「和田重次郎」オーロラに駆けるサムライ発足会（日の出町公民館）
'12.08 ● まつやま祭り「野球拳踊り」（松山市千舟町通り）
● 「ふれあいコンサート（城辺町僧都小学校）
● 松山市手あらい・うがい・歯みがき推進ソング「元気で笑顔！」収録（松山市新玉小学校）
'12.09 ● 「四国交流フォーラム」コンサート（丹原文化会館）
'12.10 ● 「大和田建樹記念音楽フェスティバル」子ども組銀賞（南予文化会館）
● **「重次郎顕彰会総会」ミニミュージカル（伊予鉄会館）**
● メディアまつり「感謝感激ありがとう！」披露（南海放送テルスターホール）
● 「経済同友会西日本大会」コンサート（今治国際ホテル）
● あそぼうフェスタ「元気でえがお！」披露（城山公園）
'12.11 ● 「留学生日本語スピーチコンテスト」でコンサート（南海放送テルスターホール）
● 「えひめ山の集い～森のちから～」えひめ一受けたい森の授業ホームルーム（愛媛県生涯学習センター）
● 「和田重次郎顕彰碑 5 周年記念式典」コンサート（日の出公民館）
● 「わくわく健康応援まつり」出演（松山市保健所）
● 「えひめ生涯学習祭り開会式」コンサート（ひめぎんホール）
● 「すごいもの博」コンサート（城山公園）
'13.01 ● **ミュージカル「オーロラに駆けるサムライ」～和田重次郎物語～（坊ちゃん劇場）**
'13.02 ● 「慰問ほほえみコンサート（しげのぶ清流園）
'13.03 ● 「文部科学大臣表彰」を受賞（国立オリンピック記念青少年総合センター）
● 「かがやき松山大賞」を受賞（松山市民会館）
'13.04 ● 「愛媛県在宅介護研修センター」でコンサート（県在宅介護研修センター）

2013 ～2016

'13.05 ●「南銀天街祭り」コンサート（南銀天街）
●「笑顔あふれる病院ゆうわチャリティーフェスタ」でコンサート（松山西病院）
'13.06-7 ● 24 時間チャリティー募金（松山市銀天街）
'13.06 ●「防災イベント」でコンサート（ダイキ）
●「人権教育参観日」で「オーロラに駆けるサムライ」ミュージカル（素鵞小学校）
'13.07 ● TV 番組「みきゃんと探そう、集まれえひめの愛顔キッズ!」放送（子どもたち出演）（南海放送テレビ）
'13.08 ● ファミリーサポートセンターでコンサート（松山市男女共同参画センターコムズ）
● ディズニー公演に「オレンジマドンナ」チームが参加
●「水の週間記念シンポジウム IN 松山 2013 楽しく学ぶ水の教室」コンサート（松山総合コミュニティセンター）
●「愛媛県研究大会」でコンサート（松山大学）
● 坊っちゃん劇場・みかん一座チャリティーコンサート「未来よやってこい!」（坊っちゃん劇場）
'13.09 ●「観月祭」でコンサート（道後公園復元区域）
● 和田重次郎発起人会で「オーロラに駆けるサムライ」ミニミュージカル（坂の上の雲ミュージアム）
'13.10 ●「メディア祭り、感謝感激ありがとうコンサート」（南海放送）
●「第 2 回大和田建樹記念音楽フェスティバル」でコンサート（南予文化会館）
'13.11 ● 慰問コンサート（県在宅介護研修センター）
●「留学生日本語スピーチコンテスト」でコンサート（南海放送テルスターホール）
●「還暦イベント」でコンサート（南海放送テルスターホール）
●「県民総合文化祭えひめ生涯学習夢まつり」オープニングコンサート（ひめぎんホール）
●「動物愛護推進市民の集い」でコンサート（国際ホテル）
'13.12 ●「冬のフェスタ」でコンサート（国立大洲青少年交流の家）
'14.01 ●「ダスキン中四国大会」コンサート（ホテル椿館）
●「大進建設グループ合同新年会」コンサート（国際ホテル）
●「参川小学校閉校」コンサート（参川小学校体育館）
'14.02 ●「まつやま食育フェスタ」でコンサート（アイテムえひめ）
●「生涯学習探 Q まつり」でコンサート（生涯学習センター）
'14.04 ● フライブルグ姉妹都市提携 25 周年記念「くらしつながる環境フォーラム」でコンサート（松山市総合コミュニティセンター）
● 谷有二氏を偲ぶ会（松山市総合コミュニティセンターコスモシアター）
'14.05 ●「消費者の日」記念集会コンサート（エミフル MASAKI グリーンコート）
'14.06 ●「桑原小学校」でふれあいコンサート（桑原小学校体育館）
●「経済同友会四地区（東京・大阪・香川・愛媛）交流懇親会」で「オーロラに駆けるサムライ」ミニミュージカル（道後古湧園）
●「食育イベント」でコンサート（エミフル MASAKI グリーンコート）
'14.07 ● TV 番組「みきゃんと探そう、集まれえひめの愛顔キッズ!」放送（子どもたち出演）（南海放送テレビ）
'14.08 **● みかん一座 30 周年記念公演「瀬戸内海賊物語 in 愛媛」**
ミュージカル「君の瞳もっと輝け!」（松山市総合コミュニティセンター）
14.09 ● 和田重次郎カップ「チャリティーゴルフ大会」でミニミュージカル（エリエールゴルフクラブ）
'14.10 ● 松本紀生アラスカフォトライブ×岳人山（松山総合コミュニティセンターキャメリアホール）
'14.11 ● 留学生日本語スピーチコンテスト in 愛媛 2014（南海放送本町会館テルスターホール）
● 素鵞地区文化祭でコンサート（素鵞公民館）
● 動物愛護推進市民の集い「ありがとういのち」コンサート（国際ホテル）
● えひめ・まつやま産業まつり with メディアパーティー（城山公園やすらぎ広場）
● 松山市還暦交流集会 2014（南海放送本町会館テルスターホール）
● えひめ生涯学習夢まつり（ひめぎんホール）
'15.02 ● まつやま食育フェスタ（アイテムえひめ）
'15.04 ● 交流会コンサート（アラスカ　スワード高校）
● カルチャーエキシビジョン　アジア 8 か国交流コンサート（アンカレッジ　パフォーマンスアートセンター）
'15.05 **● ミュージカルアラスカ公演「オーロラに駆けるサムライ」～和田重次郎物語～（アンカレッジ パフォーマンスアートセンター）**
● 交流会コンサート（フェアバンクス ウエストバレーハイスクール）
● ミュージカル　ありがとう公演「オーロラに駆けるサムライ～和田重次郎物語～」（松山市民会館中ホール）
'15.06 ● 24 時間テレビチャリティー募金（銀天街）
'15.07 ● えひめふるさと塾（国際ホテル）
'15.08 ● 野球拳踊り（千舟町～堀之内）
● 24 時間テレビ愛は地球を救う（南海放送本町会館）
● ひぎり地蔵まつりキッズパフォーマンス中学生がソーラン節を踊る（日切地蔵前ステージ）
'15.09 ● ふれあいフェスティバル 2015（エミフル MASAKI グリーンコート）
'15.10 ● 食育「愛媛県学校給食会設立 60 周年記念特別講演会」（生涯学習センター）
'15.11 ● 留学生日本語スピーチコンテスト（南海放送本町会館テルスターホール）
● 桑中文化の日コンサート（桑原中学校）
● 動物愛護推進市民の集いコンサート（国際ホテル）
'16.02 ● 愛媛マラソン……戒田座長 42.195㎞完走　みんなで応援
● まつやま食育フェスタでコンサート（アイテムえひめ）
● 松山市生涯現役交流集会でコンサート（南海放送テルスターホール）
● 内子町知的農村塾で戒田座長講演とミニコンサート（内子町）

2016 ～2018

みかん一座のあゆみ

'16.03 ● 坊ちゃん劇場 10 周年記念「えひめ家族」コンサート （坊ちゃん劇場）
'16.04 ● 座・東京みかん「金子みすゞの語り」に戒田座長出演（東京新宿）
'16.05 ● 和田重次郎記念式典（松山市日の出町河川緑地公園和田重次郎顕彰碑前）
アラスカ公演記念交流会（えひめ共済会館）
'16.06 ● 24 時間テレビの募金活動始まる（銀天街）
'16.08 ● **ミュージカル「ひばりのこどもたち」（南海放送グレイスホール）**
'16.09 ● 人権ふれあいフェスタでコンサート （エミフル松前グリーンコート特設ステージ）
● 戒田座長、重次郎の銅像建立祝いに出席（アラスカのスワード）カナダ・アラスカを取材する
'16.10 ● 戒田座長、マレーシアドラマに出演
● 津山さゆり 15 周年記念コンサートに友情出演（松山市民会館中ホール）
● えひめ eco フェスタでコンサート（エミフル松前グリーンコート特設ステージ））
● 留学生日本語スピーチコンテストでコンサート （南海放送テルスターホール）
'16.11 ● **ハワイ公演（アラモアナショッピングセンターステージ）**
● すごいもの博2016出演（城山公園）
● 中国四国地域農業士研究会でコンサート（椿館）
● いのちの賛歌市民の集い、出演 （国際ホテル）
'16.12 ●「オーロラに駆けるサムライ～和田重次郎物語～」公演映像がハワイのテレビで放送される（ハワイ NGN）
'17.02 ● まつやま食育フェスタでコンサート（アイテムえひめ）
'17.03 ● コープ自然派四国でソーラン節を披露
'17.05 ● 和田重次郎記念式典 （松山市日の出町河川緑地公園和田重次郎顕彰碑前）
スワード重次郎銅像除幕式の報告会（松山市日の出町公民館分館）
'17.06 ● 24 時間テレビ街頭募金始まる（銀天街）
'17.07 ● 日本赤十字社愛媛県支部有功会でコンサート（全日空ホテル）
'17.08 ● 和田重次郎ミュージカル映像上映会（愛媛県生涯学習センター）
● 済生会姫原特別養護老人ホーム、夏祭りでコンサート
'17.09 ● えひめ憲一 5 周年記念コンサートに友情出演（松山市民会館大ホール）
● 座・東京みかん「この街で」に戒田座長出演（東京、座・高円寺）
'17.10 ● えひめ国体・みきゃん広場でコンサート（愛媛県総合運動公園）
● えひめの生物多様性まるごとフェスタでコンサート（伊予鉄高島屋）
'17.11 ● 地方創生ミュージカルフォーラムで戒田座長が講演（大分県ホルトホール）
● 日本大学校友会でコンサート（全日空ホテル）
● いのちの賛歌市民の集い、出演（国際ホテル）
'17.12 ● 絵本「ワニ夫のなみだ」が西条おもちゃ図書館「ぽけっと」の皆さんの手で布絵本に！
披露会に絵本の作者・戒田座長出席（西条市）
● 早坂暁先生の追悼番組 TV「最後のメッセージ」、再現ドラマに出演
'18.02 ● まつやま農林水産まつり（アイテムえひめ）
'18.04 ● **みかん一座公演「輝け命!」（松山市民会館 中ホール）**
'18.06 ● 24 時間テレビの募金活動始まる（銀天街）
'18.08 ● 松山まつり「野球拳おどり」参加
'18.09 ● **みかん一座「輝け瞳!」～この指とまれの35年～ 出版記念パーティー（松山全日空ホテル）……9月23日**

みかん一座関係の表彰

'99年 ◆戒田座長「愛媛県文化協会奨励賞」
'01年 ◆「民間放送連盟賞活動部門全国優秀賞」
～ラジオとみかん一座の連動～
'06年 ◆「愛媛経済同友会 美しいまちづくり賞」
'07年 ◆戒田座長、循環型社会形成推進功労で「環境大臣表彰」
'08年 ◆「南海放送賞」
'09年 ◆南海放送＆みかん一座
「ストップ温暖化一村一品大作戦全国大会」優秀賞
～「地球にEcoしよ！」～
'10年 ◆戒田座長、「アノンシスト賞
活動部門全国最優秀賞」
'13年 ◆「文部科学大臣表彰」
◆「かがやき松山大賞」
～「早寝早起き朝ごはん活動」～
'17年 ◆戒田座長、「アノンシスト賞
活動部門全国優秀賞」

文部科学大臣表彰

「かがやき松山大賞」授賞式

たくさんの思い出と
たくさんの応援を
ありがとうございました。

あとがき

「みかん一座の芝居には、みかん山がよく登場するね」と言われます。

子どもの頃、私はいつもみかん山で遊んでいました。山から下を見ると住んでいる町が見え、お天気のいい日には、はるか遠くに瀬戸内海がキラキラ光って見えました。そして、父と母がみかんを愛おしそうに収穫していました。それが私の原風景です。

また、みかん一座は、ほとんど方言で芝居をします。祖父母のことばが私の伊予弁のもと。そして芝居の原点は、祖父によく連れて行ってもらった温泉場の人情物の時代劇。子どもながら、それを観てよく泣いていました。

小さいころに染み付いたものが、私の芝居作りに大きく影響しているんだなあとつくづく思います。土のにおいのするミュージカル。そんな場にたくさんの人たちが集まってきてくれました。そして、知らない者同士が友だちになり、恋人になり、親子になり……。いろんな糸で結ばれていきました。

みかん一座は、なんだったのかな？　と考えたことがあります。

もちろん、それぞれが輝く場所であり、学びの場所だったり、居場所だったり。そして何よりも、人と人、人と物事が出会い、つながれる場所だったのかなと思いました。それはとても嬉しいことです。

私もつながれたこのご縁が、ずっと続きますようにと願っています。お会いしたことがなくても、この本を読んでくださった方々ともつながれるような気がします。

全ての出会いに感謝いたします。

最後に……忙しく走り回る私は、息子をはじめとする家族に、ときに寂しい思いをさせました。

特に実母にはずっと助けてもらいました。母がいなかったら、この活動はできていなかったと思います。

口では言い表せないほどの感謝の気持ちをここに書きます。

「おかあさん、長い間ありがとう！」

戒田　節子

感謝 感激 ありがとう

作詞·作曲 戒田 節子

あの日のこと 思い出したら
胸がキュンと 音をたてた
いくつもの こぼした涙
光になって 空を飛ぶ
街の景色は 変わっても
私 ずっと忘れない
あなたの笑顔 あなたの声
あなたの愛
感謝 感激 ありがとう
心を込めて ありがとう
感謝 感激 ありがとう
心を込めて ありがとう

アルバムを 開いてみたら
小さな私が そこにいた
喜び悲しみ 重ねながら
長い道を 歩いてきた
街の景色は 変わっても
命の歌は 続いてる
つないだ手と手 交わす笑顔
希望の声
感謝 感激 ありがとう
心を込めて ありがとう
感謝 感激 ありがとう
心を込めて ありがとう
心を込めて ありがとう

みかん一座　輝け瞳！　～この指とまれの35年～

「みかん一座 輝け瞳！」出版実行委員会（あいうえお順）

安部 やすみ／今井 典子／岡 晴香／戒田 あゆみ／河端 恵子
木原 真由美／小糸 啓子／塩見 幸美／関家 千春／曽我部 富美枝
田中 真貴子／浜辺 多佳恵／堀田 優子

【編集スタッフ】

designer 福田 隆／editor 中村 英利子／writer 川崎 佳代子／writer 土井中 照

【写真提供者】

林 逸雄／林 美幸／堀田 俊祐／吉村 靖／細川 博美
渡部健二郎／西川 暁／ほか

発行日　2018年9月23日

著　者　戒田節子

発　行　アトラス出版
〒790-0023　愛媛県松山市末広町18-8
TEL･FAX　089-932-8131
E-mail　atlas888@shikoku.ne.jp

印　刷　岡田印刷株式会社

【みかん一座ホームページ】　http://www.mikan-ichiza.com